单氏六合螳螂拳

赵国忠　著

中国海洋大学出版社

·青岛·

图书在版编目（CIP）数据

单氏六合螳螂拳／赵国忠著 . —青岛：中国海洋
大学出版社，2023. 9
ISBN 978-7-5670-3609-3

Ⅰ. ①单… Ⅱ. ①赵… Ⅲ. ①螳螂拳－基本知识
Ⅳ.. ① G852. 18

中国国家版本馆 CIP 数据核字（2023）第 177333 号

SHANSHI LIUHE TANGLANGQUAN
单氏六合螳螂拳

出版发行	中国海洋大学出版社			
社　　址	青岛市香港东路 23 号		**邮政编码**	266071
出 版 人	刘文菁			
网　　址	http://pub. ouc. edu. cn			
电子信箱	94260876@qq. com			
订购电话	0532-82032573（传真）			
责任编辑	孙玉苗		**电　　话**	0532-85901040
印　　制	青岛国彩印刷股份有限公司			
版　　次	2023 年 9 月第 1 版			
印　　次	2023 年 9 月第 1 次印刷			
成品尺寸	185 mm × 260 mm			
印　　张	13. 5			
字　　数	200 千			
印　　数	1 ～ 2800			
定　　价	66. 00 元			

发现印装质量问题，请致电 0532-58700166，由印刷厂负责调换。

齐白石为他刊印,梅兰芳向他学武,傅作义聘他为教官,许世友赞他"正宗正派"。

他武功精绝,擂台上所向披靡,早年就名震黄邑,驰名北平。

他侠肝义胆,疾恶如仇,济弱扶危,高风峻节。

他气宇轩昂,超凡脱俗,一言一行都让人如沐春风。

他师承名门正派,广交武林俊杰。

六合螳螂拳,因他最早在北平打响而誉满全国,也因他兼收并蓄而独树一帜,更因他桃李满园而发扬光大。

他,就是一代武学宗师——单香陵。

谨借此书缅怀恩师单香陵。

赵国忠

我的父亲单香陵与六合螳螂拳

　　我的父亲单香陵是民国时期著名的武术家。父亲7岁时,便在山东黄县(今龙口)老家向家聘拳师吕孟超先生学习枪棍术和通背猿黏拳;15岁时,又拜丁子成先生为师学习六合螳螂拳;23岁时到了北平,在此一住20年。

　　我的祖辈在北京大栅栏开了个粮店,叫"元兴隆粮店"。粮店到我父亲这辈已历经五代,由我的大伯单丕猷经营。父亲到了北平就在粮店学徒。父亲生来好动,在山东老家经常与人交手,有时几个人都打不过他。他来北平后比武的事就更多了。每逢父亲让我母亲熬小米粥、烙饼时,母亲便知道父亲这是又要去比武啦。

　　父亲渐渐有些名气,被广和楼、广德楼聘为"管事先生",以震慑流氓和"地头蛇"。

　　一次,父亲偶然和"跤王"宝三交了手,宝三被我父亲一掌拍倒,两人因此交了朋友。宝三建议我父亲说:"你这么能打,只在下边打不行,要上擂台打。"于是,宝三帮我父亲联系报名,并作为担保人。父亲终于参加了1933年在北平举行的北方国术擂台赛,并以不败战绩获得了第一名,从此名声大了起来。京剧名家萧长华和梅兰芳聘我父亲为富连成戏社科班武术教师。梅兰芳和他的琴师徐兰沅及叶盛章、叶盛兰、萧盛萱、李世芳等京剧界的名流都向我父亲学习过武术。

　　父亲兼任火神庙第一国术馆顾问。中央国术馆馆长张之江先生曾邀请父亲到中央国术馆任教,傅作义将军也曾邀请父亲到部队任教,但由于梅兰芳先生的挽留,父亲均未上任。在北平期间,父亲几乎与武林各门派的一流高手都有交往。在切磋与交流中,他学到了不少技艺,积累了很多经验。他将所学融入六合螳螂拳之中,使得拳风有所改变,内家拳的味道更足一些,形成了自己的风格。

　　我姊妹5个,有3个姐姐、1个妹妹。因为家里就我这么一个男孩,所以父亲让我练武。20世纪50年代初期,我开始习武,基本功、套路、打法、器械都练过。上初中功课紧了,练功时间就少了。后来我中专毕业分到包头工作,由于工作累、时间紧,父亲又不在身边,习武半途而废。回想起来,我非常遗憾。

　　幸有师兄弟们还在传承着我父亲的武学。有的在默默传承,有的如马汉清、李秉慈、马有清、刘敬儒早已声名远扬。可喜的是,我父亲最得意的弟子赵国忠先生也出山了,他是我父亲提及最多的弟子。父亲几次说:"赵国忠练得不错,最能传承我的武学。赵国忠人厚道。"

1984年春天，父亲在包头去世。10月份，我送骨灰回黄县老家安葬。我和三叔家的哥哥单石基、单磊基商量，通知父亲的得意弟子参加葬礼。葬礼当天，有一件非常重要的事情要做，就是我父亲不在了，要选出一位掌门人，带领大家传承和发扬我父亲之武学。师兄弟们和我们家属一致推举赵国忠先生为本门掌门人。

赵国忠先生性格内向，不擅张扬，故不为圈外太多人知晓。但是圈内尤其是门中人都知道，他的功夫最能体现我父亲的风采，他所学到的六合螳螂拳及刀、枪、剑、棍等的功法、套路、对练、打法等，是最多、最好的，其中有些是濒临失传而其独享的。

赵国忠先生珍藏着我父亲送给他的许多宝贵资料，其中有父亲的《六合螳螂手法真传秘诀》拳谱（此拳谱封面题字，是由父亲的好友——书法家山之南先生书写的），有父亲的拳照和父亲珍藏的历史照片，有山之南先生给父亲写的一些书法作品，等等。

赵国忠先生是在我父亲身边习武时间最长的弟子，与父亲的感情很深。父亲离开老家外出时，都与其通过书信联络。因为赵国忠先生对家父之了解，以及他所见证和承继的家父之武学比其他人更为系统全面，所以门内的师兄弟和我们家属，一直期盼赵国忠先生在传承发扬六合螳螂拳方面多做贡献。

此书客观真实地重温了历史，再现了父亲及其武学之风貌，也澄清了一些不实记载和传闻，对继承发扬正统的六合螳螂拳会产生积极而深远的影响。作为单香陵的家属，我们为单香陵之武学后继有人而感到庆幸和自豪。感谢本门师兄弟们，感谢赵国忠先生。父亲在九泉之下也会欣慰的！

单毅基

2021年12月

前言
Preface

　　《单氏六合螳螂拳》一书，首次真实而全面地记述了一代宗师单香陵先生和他所传之六合螳螂拳，为单氏六合螳螂门首部传承典籍。

　　单香陵是民国时期杰出的武林人物，是武术之集大成者，武师之典范。因为他幼年便得到身怀绝技的太平军将领吕孟超的传授，又得六合螳螂拳名家丁子成之正传，且结交高人并向人学习，所以从他一人身上，便可了解19世纪50年代以来的武林情况，包括多个著名武术门派的技艺。若不是他42岁回了山东黄县（今龙口）老家，单香陵在北平武林中的地位和声誉将会更高。当年，梅兰芳先生每年都要给单先生唱一场大戏作为酬谢，这是那个时代武林人士的殊荣。

　　本书以广泛的第一手资料为基础，详尽记录了单香陵先生不平凡的人生经历和他鲜为人知的感人故事，以及具有传奇色彩的武林旧事。对事件、人物以及六合螳螂拳的记述，完全遵照历史原貌，不做演绎。

　　书中图片，丰富而珍贵，绝大部分是首次披露。例如，1917年所立六合螳螂拳第二代传人林世春墓碑（墓碑已遗失）上刻有林世春的九大弟子，这是六合螳螂门最早的传承记载。本书公开了此墓碑的照片。本书公开的还有单香陵先生的拳照，拳谱、书信、练功器械的照片，先生于20世纪30年代与梅兰芳等梨园界名流合照，先生家人70多年前照片，以及著名书法家山之南先生为先生书写的中堂和条幅等。

　　本书对螳螂拳的渊源流变进行了系统阐述，特别是对六合螳螂拳的内容、风格、特点及传承情况做了较为详尽的介绍。本书公开本门拳、械之部分谱系，如单香陵先生手书的《六合螳螂手法真传秘诀》拳谱部分内容，《三合剑谱》《六合刀谱》《底盘六合棍谱》，单氏六合螳螂拳全部套路名称、套路中的动作名称及与其他六合螳螂门派相关内容的对照及注解。

　　本书为六合螳螂拳的爱好者或研究者了解单氏六合螳螂拳、单氏门派的传承情况和一代武学大家单香陵的真实人生提供了可靠资料，以期激浊扬清、抛砖引玉、踵事增华。

　　编写本书过程中，单香陵先生的家人和我的师兄弟们给予了无私的帮助，北京市武术协会螳螂拳专业委员会还为此召开了专门会议并提供了资料,包头市的白冰、郝健康二位师侄及弟子赵焕玉、张茂忠、李学军、鲍立斯等给予了大力支持,王有权教授为本书题写了书名,在此谨致谢忱!

由于作者水平有限,书中不足之处在所难免,敬请读者赐教。

赵国忠

2022 年 3 月

时代成就了我的师缘

人人都愿拥有美好的童年和少年时光。

我的童年赶上三年困难时期。此时大哥上大学,二哥上中学,爷爷奶奶都已年老。父亲原本在青岛开医院,后来公私合营,在单位多说了两句实话被错划为"右派分子"赶回了老家。父亲从来没干过农活,家里生计主要靠母亲拼命维持。艰难的日子不堪回首!

我家门前有个铁匠铺。放学后,我总爱站在炉旁,看那红红的炉火,嗅那浓浓的煤烟味,听那叮叮当当的打铁声。铁匠铺的二掌柜叫李文明,章丘人,练过武术,常常给我讲一些武林中的故事,还教给我一些武术基本功。

很快,一场"文化大革命"的到来,把我少年时的憧憬带到了另一个境地。本来我是挺爱学习的,在全班成绩数一数二,也有着自己美好的梦想。可是,受家庭背景的影响,我失去了上高中念书的机会。

知道消息后,从小坚强的我大哭了一场!父亲难受得不敢看我。母亲一边劝我,一边陪着我哭!这一幕至今历历在目。当时我不懂事,只知道自己的前途完了,却不知父母比自己更难过。

恸哭过后,我陷入沉思:怎么办?干什么?突然一个念头涌上心来:练武!

为什么要练武?当时幼稚的想法是,练武可以不受别人欺负,能够保护家人,像侠客一样,除暴安良,闯出一片天地。现在看起来这想法是个笑话,可当时我是认真的。

村里有两位算是武林前辈:一位是人称"城南乡武功第一人"的周师傅;另一位是他的弟弟,当过骑兵,会些武功。他们经常讲武林中的故事,其中讲的最多的是一位传奇人物——单香陵。说者无心,听者有意。我第一次听说单香陵,有几件事记在心头:

"单香陵的螳螂拳最厉害。"

"单香陵家的房子很高。老伴让孙子上房捅烟囱。没等孙子搬来梯子,单香陵一跺脚,飞身上了房檐,捅起了烟囱。"

"单香陵有一次发火,用脚将门前多棵碗口粗的树踢断了。"

…………

我听得心里痒痒,崇拜之情油然而生。

这时,我已不满足于跟铁匠李师傅学那点"三脚猫功夫"了,下决心要跟这个神一般的单香陵学习武功。于是,我把拜名师习武的想法跟家里人说了。父母起初不同意:一是过去讲"穷文富武",学武要花钱,而家里经济窘迫;二是那时生产队集体劳动,每家靠出勤率挣饭吃,学武误工;三是我们家世世辈辈都重视念书,不应该习武。

挨了当头一棒,我仍不死心,多次向父母表示会多干活,以弥补学武带来的损失,强烈要求去试试。后来,父母对于我因家庭背景问题没能上学而感到愧疚,终于答应了我的要求。

我怀着兴奋、激动又忐忑的心情找到了单香陵先生的家。当敲开这扇令我敬畏的大门时,我终于见到了心目中的偶像。60多岁的单香陵先生,身材瘦瘦的,个子有一米七八,长脸嶙峋,两肩耷垂得厉害。他身着宽松的黑裤和稍长的黑褂,脚上穿一双黄色"解放鞋"。老先生两眼冷峻,一副超凡脱俗的样子。

他精通正骨拿环医术,经常有人找他治疗骨伤及腰腿痛的。先生站在门口,问我有什么事。我说:"想跟您学武术。"先生问我是哪里人,我答:"城南周家庵的。"先生又问了一句:"离这里多远?"我答:"十四五里地。"先生最后说了句:"我这里不教武术,请回去吧。"我还想说话,先生已把门关上了。

犹如晴天霹雳!泪水瞬间盈满了眼眶。我呆站了好久好久,才情不自愿地离开了先生家的门口。

回来的几天,我一直在想:这是为什么呢?我越想越不甘心。到了第六天,我鼓足勇气,再次来到了先生家。

这次,先生居然让我进屋说话!他问了我的家庭情况和为什么要练武,我如实回答了。先生叹了口气说:"村里有人跟我学了几天,就在街上贴小字报,说单香陵开黑店教武术,气得我把他们撵了,自己村里人一个不要。本来我已关门不收徒了,看你这孩子这么诚心爱好,家里这种情况还支持你,那你就先来练练看吧。"

于是,每个星期我到老师家里学习一个下午或两个下午,10多年来从未间断。

老师家的房子又高又大,共五大间。东边一间是卧室,西边一间盛农具和草,剩下当中三间用作练功场地。地面是土的,没有铺砖也没有抹水泥,但家里很干净。老师家的屋门门槛很高,我们练功累了,经常坐在门槛上歇息。房子的前院不大;后院挺大的,栽有两棵苹果树,树的品种是那时刚刚兴起的新品种"印度香蕉"。记得1974年苹果树第一次结果实,只长了三四十个。师父师母舍不得吃,让我装了十几个送给在城关北巷村居住的好友林枫副县长。

我练功初期,老师家里常去的只有单爱萍、冯蕴敏、冯读俭。这三位都是老师的亲戚。几年后,又有咸曙光、林大生、咸新、尹新利、曲鹏飞几位向老师学拳。后来,于燕燕等几名儿童到老师家里学习。偶尔来老师家的也有拜访或讨教的人。

老师每年都外出,少则十天半月,多则一两个月,一般是到包头或哈尔滨的儿女家,还经常到北京，因为北京有他的侄子和许多朋友。由于老师的儿女都在外地，家里的日常活计，主要由他的两个侄子负责。有时，我们也帮着干点零活。如我和冯读俭经常相约一起到老师家里练功，练功前必定先将水缸挑满水。水井在村东头河西岸，水位不高，井上没有辘轳。每次取水，只能用担杖钩钩住水桶将水提上来，然后挑回家去。后院两棵苹果树最吃水，浇一次要七八担水。那时，夏收和秋收时，生产队都给每家分配粮草。只要赶上分粮草，我们都主动去北边的场园往老师家里搬。

练过武的人都知道，习武是个吃苦流汗的活，而且枯燥乏味。只有目标明确、有追求，练功才会有动力。每次练功，都练到筋疲力尽。有时从老师家骑车回家，怕忘了新学的动作，半路上都要停下来操练一番。如是年复一年，持之以恒，每天的练功时间不少于 3 个小时。

起初，因有动机而努力练武；后来，因有兴趣而更加刻苦。一路走来，有老师的教导和陪伴，让我学会了武术，也学会了做人。

回想起在老师身边 14 年来的点点滴滴，记忆犹新，回味无穷！虽然从师至今已 50 余年了，往事如烟，但是恩师英武之气概、大家之风范以及温和的音容笑貌，仍历历在目，铭刻心间！

要写这本书的想法已有许多年了，它一直像一块沉甸甸的石头压在我的心头。原因有二：一是我在老师身边习武时间长，与老师朝夕相处，老师与我情同父子；我对老师之高超武功、高尚武德以及日常生活、言谈举止等了解甚多，如抱清芬。二是在恩师去世的吊唁仪式上，本门师兄弟及老师家属推举我为掌门人，我重任在肩。这些都让我感到压力巨大。

因为本人不愿出头，做事相对谨慎，所以几次试着拿起笔，但又都放下，只感觉负担沉重，怕写不好。近年来，老师家属和我的师兄弟又多次催促我动笔。他们的鼓励与鞭策，给了我信心和动力，使我越来越感到这不是个人的私事，而是对本门应负的责任和应尽的义务，也是对这段历史的尊重。话说大一点，六合螳螂拳是螳螂拳这一国家级非物质文化遗产中一枝奇葩，是数百年来一代代先辈们经过创造、继承、充实和提高过程而留下的智慧结晶，是不可多得的武术精华，若失传将造成无法挽回的巨大损失！因此，整理这本书势在必行。尽管自己的年龄已大，也没上过几年学，但还是鼓起勇气，振作精神，倾力而为。

在 5 年多的写作过程中，本人还多次专程到包头、北京、哈尔滨等地，拜访老师的家人和师兄弟，了解情况并收集第一手资料，旨在留下一部内容翔实、系统全面的单香陵传记，并为单氏六合螳螂门留下传承的典籍。

如能偿我所愿，此生则不胜欣慰！

赵国忠

2021 年 12 月

目录
Contents

上篇
一代宗师单香陵

单香陵生平简介

单香陵(1906—1984),原名单丕薰,山东黄县(今龙口)邹家村人,中国著名武术家,六合螳螂拳第四代传人。

1906 年 6 月 28 日,单香陵出生在一个富裕家庭。他幼年随赵景清学习长拳。7 岁开始,他跟随家聘武师吕孟超(时年 72 岁,身怀枪棍绝技,曾是太平军将领)习练通背猿黏拳和枪棍术,历时 8 年,得其真传。吕孟超告老还乡,单香陵转投武术名家丁子成习练六合螳螂拳,一学又是 8 年,全面掌握了六合螳螂拳,还学到了丁子成只传家人、不传外人的正骨拿环医术。

单香陵早年就武功出众,常与人交手,无有不胜,即便以一敌多,也从未失手。龙口市民间流传着"文有山之南,武有单香陵"一说。

1929—1948 年,单香陵定居北平。他初在祖辈传下来的位于前门大栅栏附近的"元兴隆粮店"学做生意,不久到广和楼担任司账,之后担任北平四大戏楼中的广德楼、广和楼两家戏园子的武术教师和"管事先生"。他多次教训到戏院闹事的地痞流氓,声名鹊起。人送他"两广总督"的美称。

1933 年,由"跤王"宝三推荐,单香陵参加了在北平举行的"北方国术擂台赛",以不败战绩夺得第一名。从此他名震北平,声传华夏。

单香陵不但拳术好,枪棍技法更为一绝。擂台赛后不久,作为北方队的代表,他参加了在南京举行的南北兵器对抗赛,以其出众的枪法战胜了多名选手,包括当时名气颇高的枪术名家——冯文斌教官。然而,正趋夺冠之时,由于特殊原因,单香陵不得不退赛,遗憾地与冠军擦肩而过。在哈尔滨,单香陵用大枪挑飞过以枪法著称的第十四武术馆馆长王某的大枪;在北平,他以"十面埋伏棍"棍法,击败过闻名来访的一位熟习九国拼刺术的日本教官。

北平擂台赛后,梅兰芳、萧长华二位梨园界的翘楚,亲聘单香陵为"富连成戏社"科班武术教师。单香陵任此职至 1948 年该社解散。梅兰芳、徐兰沅、叶盛章、叶盛兰、萧盛萱、李世芳等京剧界名流,均向其学过武术。他们将舞台艺术与武术有机结合,进而实现艺术创新,提高了艺术水平。

在"富连成戏社"任教期间,单香陵兼任火神庙第一国术馆顾问。傅作义将军曾邀其到部队任教,中央国术馆张之江馆长也曾邀请其任教,但由于梅兰芳先生的挽留和斡旋,单香陵均辞不就职。

20 世纪 30 年代末，单香陵曾为火神庙第一国术馆仗义出手，以"底漏圈"之招法，一拳将前来踩场的某位高手打昏在地，一时成为北平武术界的头号新闻。在北平，单香陵曾挺身而出，为太极拳名家杨禹廷先生抱打不平，震慑了那位不可一世的高手。此举在当时的太极、形意和八卦门中影响广泛。他还在富连成戏社以单掌劈碎 7 块砖之举，化解了北平梨园间的矛盾，成就了一段佳话。

梅兰芳曾将亲笔题诗作画的扇面赠送单香陵，并许诺每年为其唱一场戏作为酬谢。齐白石也曾为单香陵精心刊过印章。

"九一八"事变后，单香陵出差途经大连。当他目睹 6 个日本兵酒后在一家店铺强取货物、殴打店员时，义愤填膺，迅疾出手将他们打翻在地。

抗战期间，单香陵曾为抗日部队培训过大刀队。日军登陆天津时，大刀队曾大显身手。

1948 年，单香陵回到胶东故里务农。1952 年，山东省第一届民族武术运动会在莱阳举行，单香陵登台将六合螳螂拳中的"短捶"和"双封"这两个较长套路合并一起演练，博得观众的热烈掌声。当打到"螳螂点睛"时，在主席台上观看表演的山东军区司令员许世友拍手称赞："好拳法，正宗正派！"表演结束后，许司令特邀单香陵做客。二人以武结缘，成为朋友，"文化大革命"时期还互通信件。

1958 年，哈尔滨市体育运动委员会聘用单香陵为专职武术教练，但不久他便辞职回了山东老家。

单香陵精通正骨拿环医术，一生治愈过无数病人。20 世纪 60 年代初期，他曾与山之南、范恕之、姜子方在黄县城南大街合开过一家集文、武、医的综合门头，由单香陵教授武术和为人正骨拿环。

1962 年，单香陵被聘为北京市武术运动协会委员。

1963 年 6 月至 1980 年 12 月，单香陵被推选为政协黄县第三、四、五届委员、常务委员。

在北平期间，单香陵有机会与全国各地的高手切磋交流，从中学到一些其他门派的武术精华。他结合自身丰富的实战经验，将所学与六合螳螂拳融会贯通，使其六合螳螂拳的灵活性、连贯性进一步提高，暗刚暗柔成分有所加大，内家拳的味道更浓，凌厉性更强，逐渐形成独特风格。他的拳法被称为"单氏六合螳螂拳"。

单香陵培养了一大批武术人才。他的这些弟子主要在他的家乡山东龙口，以及包头、北京、哈尔滨、香港和台湾等地。弟子中，有的早已蜚声武坛，把六合螳螂拳传到世界各地。

单香陵晚年将自己积累的丰富经验、擅长的拳法和兵器技法传给后人，使这些濒临失传的武学瑰宝得以传世。他的绝技主要有"螳螂勾刊""底漏圈""扫边手""逼贴手""搅江手""直钩钓鱼""垂钩钓鱼""小金枪""撸手棍""十面埋伏棍""斜步捶鞭"等。他还将自己的《六合螳螂手法真传秘诀》拳谱，武术器械，他演练六合螳螂拳的录像、讲解的录音、演示的拳式，书写的拳谱、剑谱及其他武术理论资料，一些珍贵的历史照片，有价值的往来信件，书法家山之南为他写的多幅书法作品，分别赠给他得意的弟子赵国忠、冯读俭、马有清、马汉清、白存仁、冯蕴敏、单爱萍、林基友、封在忠、郭焕鑫等人，留下了宝贵的文化遗产。

1984 年 3 月 5 日，单香陵先生因病在包头去世，享年 78 岁。

第一章　听父命　初步武林

第一节　单香陵身世

山东省烟台市龙口市,山川秀丽,物华天宝,钟灵毓秀,人才辈出。文彦武俊,代不乏人。文人,历史上有淳于髡、王时中、范复粹、贾桢;武将,有李忠、太史慈。近代,文人丁佛言,官至黎元洪总统府秘书长;武杰当属民国时期北方国术擂台赛冠军单香陵。

1906 年 6 月 28 日,即清光绪三十二年五月初七,单香陵出生于山东黄县一户富裕人家。他的祖辈于明朝初年由高密迁到这里定居,到他这一代已经是第十八代了。他的高祖单国儒粗通文墨,而不墨守成规,曾任清朝从九品小吏,由于勤俭持家,积攒了一些钱财,便大胆进京经营粮店,跻身黄县粮商行列。

其时,黄县人在京城做粮食生意已有 200 余年的历史了,在北京小有名气的粮行足有十几家之多。黄县人在京城开的最早的粮店,是明末清初马姓人家在齐化门创办的永裕粮店。最初,黄县人在京城开的粮店被称为老米堆房,一般是前店后坊,即临街是售粮和面粉的店铺,后边是把粮食加工成面粉的磨坊。老米堆房大都与皇亲国戚等京官家有关系。每年这些达官贵人从朝廷领来粮折后都交给老米堆房,由老米堆房代到国库提取粮食并予以加工。老米堆房可以一次性到国库将粮食提出,而达官贵人是按月需或旬需到老米堆房取粮。这样,老米堆房就可以把达官贵人寄存的粮食用于商业周转,从而节省周转金,用小钱做大买卖,使得利润最大化。一般说来,经营粮店,只要有关系,是不需要太多资金投入的。

借鉴这些乡亲多年的经营经验,单家在前门大栅栏开的"元兴隆粮店"很快便站稳了脚跟,并循序渐进,日趋兴隆,家境也日渐殷实。

曾祖单寅清,是单国儒的长子,从小就得到良好的教育。单寅清少年进县学,考取庠生(秀才),又进乡学,弱冠之年便进清朝最高学府国子监,成为全国为数不多的太学生。太学生享受皇粮及考取功名的优先待遇。于是,单家亦成为标准的儒商。经过 4 代人的辛勤耕耘,到父亲单复垲接管粮店时,生意已做得风生水起,拥有固定员工 20 多人。

黄县老家因北京经商也成了富贵之家,在邹家村北第二道街偏东拥有古色古香的七间大房。房子东边是自家花园,花园中有池塘、假山。1929 年单香陵到北平居住后,此老宅留给了在家的弟弟。单香陵返归故里后重新购置了房子。

单香陵,名丕薰,成年后以字行。母亲是大户人家出身,知书达礼,为人和善,是村中出名的贤妻良母。单香陵兄弟三人,他排行老二。哥哥单丕猷,长他2岁;弟弟单丕晹,少他3岁。哥哥随父亲在北平经营粮店,他和弟弟在家随母亲生活。单家家教甚严,规矩不少。

单香陵出生的年代,正值清政府垂亡之时。清政府腐败无能,对外频频割地赔款,对内不断加重对老百姓的盘剥,致使民不聊生,盗贼滋炽,杀人越货司空见惯。黄县境内,绑匪猖獗,绑票的事时有发生,令有钱人家提心吊胆、谈匪色变。单家虽然土地不多,但是为求自保,专门雇用了两位长工:一位负责田里和家里活计;另一位是保镖。这位保镖名叫赵景清,有一定的拳脚功夫,虽不能于江湖中行侠仗义,但看家护院还是称职的。当时家中有一辆马拉轿车,单香陵的母亲每次外出都由赵景清赶车随行。

赵景清每天都早早起床练习拳脚。受斯人熏陶,单香陵从小就对武术情有独钟,每天看到赵景清操练,便在旁边一本正经地跟着比画。父亲看在眼里,盘算在心里。单香陵精力充沛,双目炯炯有神,长得虎头虎脑,腿粗,胳膊长,天生就是练武的材料。于是父亲便从其所好,从他5岁起就让赵景清教他练功。父亲的初衷是,身逢乱世,自己又在他乡经商,孩子学点功夫,即使不能成为武林高手,也可以强身健体、保命安身,还可以多一样谋生的本领。父亲没想到的是,单香陵这一学,遂一生与武术结缘。

母亲非常支持父亲的想法,每天都安排充足的时间让赵景清教儿子练武。单香陵7岁的时候,父母看他功夫练得有模有样,不再满足于赵景清的教授,四处延师。恰在这时,一位武林高手进入了单家人的视线,这个人名叫吕孟超。

第二节　吕孟超其人

说起吕孟超,那可了得,是太平军将领。民间关于他的传闻甚多。有人说,有一年,吕孟超路遇响马劫道。他先用铁棍在地上划一圆圈并在圈内站定,而后用藐视的口吻大喝一声:"你们一块上吧!"结果一哄而上的10余名响马竟不能取胜,反被吕孟超打得落荒而逃。虽然传闻未必可靠,但吕孟超确实身怀绝技,有着以刀枪论生死的真本领。

吕孟超年轻时,曾在绿营军当骑兵,因看不惯军中恶习,打死一名欺凌部下、胡作非为的军官而投太平军。他作战勇猛,机智灵活,连连升任,成为太平军将领。太平天国运动失败后,吕孟超隐姓埋名,四处奔波,一贫如洗。

在太平天国从军期间,吕孟超巧遇一位高人。这位高人姓刘,名字不详,是吕孟超的上司、太平军将领,精通枪棍之术。吕孟超与之诚心相交,博得刘将军之信任。刘将军遂将枪棍技艺传与吕孟超。在太平天国末期的一次战斗中,部队被清军包围。刘将军带领手下突围,紧急关头,一骑战六枪。但终归敌众我寡,部队几乎全军覆没。刘将军化装成道士逃了出来,从此再无音讯。

刘将军之枪棍术,得之四川大名鼎鼎的棍师周山。周山是位奇人,力大无比,常常提棍进山打猎。他打虎时,能将棍头扎入虎皮之内;与人较技,无有不胜。虽然周山独步武林、技冠时辈,但所传弟子不多,且弟子也多在战场战死。唯有刘将军有幸活了下来,并将所学及战场搏杀经验传授给了吕孟超。

转过话来。吕孟超初来黄县时，发生在他身上的一段武林轶事，听起来玄乎，但确有其事。这事单香陵老师曾对我们说过多次。

1913年，72岁的吕孟超已在江湖闯荡多年，身心俱疲。他路过黄县时，身上的盘缠花光了，于是在"西阁里"摆摊卖艺。

黄县自古就有经商习武之传统，盛行时几乎村村有拳坊，聘请拳师授艺。仅清代200多年间，黄县就出了武进士和武举人68人。

丁氏家族是黄县的首富，其房屋有近3000间，覆盖大半个黄县城。现存的"丁氏故宅"仅是丁氏家族建筑的一小部分，已被国务院确定为国家级文物保护单位。"西阁里"位于"丁氏故宅"南邻，离老城墙不远，当时是商贸文化中心。

吕孟超说明来意，抱拳施礼并表演了一趟"通背猿黏拳"。围观的人们连连鼓掌叫好，但没人给钱。吕孟超又练了一趟"底盘棍"，还是没人给钱。他只好怏怏收场。

吕孟超提着大棍刚走不远，有人跟随其后，悄声对他说："老先生的功夫不错啊！看来是遇到困难了。不是我们不同情，是不能破坏他们定的规矩，不敢给钱啊！"老先生问明缘由，才知道是"十虎"——10位横行当地会些武功的人当道，谁都不敢得罪他们。

第二天，吕孟超又来到原地，在地面上画了一个大圈，留作表演场地。看热闹的人越来越多，有的还带刀带棍。老先生站在圈内说道："昨天初到贵地，听说贵地有10位英雄。吕某有所冒犯，这里有礼了。"说着话他躬身抱拳。场边一片寂静，像什么都没发生一样。吕孟超觉得不能这样下去，于是说："不知10位英雄今天来了几位？老朽不才，愿意领教。"人群中只有嘈杂声，没人出面。先生有点按捺不住："如果是真英雄就下场比试一下，不然，你这'英雄'，是让'英（鹰）'飞了，只剩'雄（熊）'了！"

叫板之后，黄县"十虎"之首——"十虎"中个头最高、力气最大的山某，气冲冲地提着三节棍冲上来，要教训一下这个不知深浅的老头子。山某举棍就劈，说道："给你脸你不要，就别怪我了！"他的三节棍又粗又长，棍头裹着铁箍。

吕孟超急退一步，同时前手持棍一个"点磕"，打中三节棍的棍环（棍与棍连接之铁环）。只听啪的一声，山某的三节棍即刻脱手，刚举起之棍头倒砸向了自己的头！山某跟跟跄跄，捂着头灰溜溜地下场了。

接着，董某提着一条没镶枪头的大枪上来。他在"十虎"中排行老二，以花枪闻名。没等来到场地中央，他便端枪吼了一声，直刺吕孟超胸部！

董某的枪比吕孟超的棍要长一段。练过武术的人都知道，大枪最厉害，"百兵之祖"嘛，有"一寸长一寸强"之说。武道讲，"中平枪，枪中王"，是最难防的一种枪法。这次董某一上来就用"中平枪"枪法，想一枪取胜。但董某不知吕孟超身怀枪棍绝技，戎马一生，是从战场上拼杀出来的。但见吕孟超一个"缠封棍"劈中董某握枪之手。"啊！"的一声，董某疼得甩手。手脱把，枪落地！吕孟超之棍头早已点在董某锁口穴上。

见两位哥哥吃了亏，知道这老头厉害，没等董某退场，又一"虎"冲了上来，举刀蹿向吕孟超，意在偷袭，想拼个死活！上场的是个和尚，名叫西若，双刀使得好。"玩刀看手，玩剑看走"，使刀剑的人讲究身法、步法灵活，遇到长兵（长器械），疾速靠近方能发挥刀剑的威力。说时迟，那时快，吕孟超后退中"含胸拔背"，一个"金鸡独立大头挑"，手起棍到。

和尚手中的刀被挑飞,手腕受伤,当即认输。

至此,在场人群中一片哗然,没人再敢上场。

看到这里也许有人会问,吕老先生发棍的同时,为什么还要"金鸡独立"呢?岂不发力没了力量,重心不稳吗?其实不然,这正是先生技艺高超之表现。只有练过先生传下来的"十面埋伏棍",方知"金鸡独立大头挑"这招的厉害,可防、可打、可变。

"十虎"当天摆下酒宴,想拜吕孟超为师。吕孟超借故莱阳老家有事,委婉地回绝了他们的请求。

第三节　得枪棍真传

吕孟超棍打"十虎"之事,很快在黄县传开。耳听为虚,眼见为实。单香陵的父亲在亲自拜访过吕孟超之后,便迅速与村里几个富户商量好,大伙集资,他出大头,把吕孟超请到村里,教单香陵等几个子弟练功。

吕孟超所教之拳是"通背拳",也叫"通背猿黏拳""通背沾黏拳"。通背门通常指白猿门、通背猿门、行门等。"通"就是通达、贯通;"背"乃人的脊背。所运之力由脊背而发,向上通于肩、肘、腕、手;向下通于腰、胯、膝、足。这种拳法,讲究通背击远,探肩松背,内外贯通。

吕孟超除了教拳,还教枪棍之术,包括枪法、棍法和枪棍混合使用之法。按照传统,先教棍法后教枪法。他的棍法名字叫"底盘棍",也叫"底盘六合棍"。练功所用之棍,按棍的长短来分,高过头顶的叫"大齐眉棍",低于头顶的叫"小齐眉棍"。"底盘棍",从名称上便能知道,是在下盘用功(腿屈蹲,姿势低)。这套棍法使用的棍大、粗,练起来非常累人。别说是小孩子,大人做几个动作腿都会发软。

棍法简单,没有抡棍、抛棍、背棍、亮棍、挟棍飞腿、挟棍空翻和挟棍旋子等漂亮的动作。孩子们学着不起劲、不好玩,练习时大都在应付,唯有单香陵练得认真。

孩子们哪里知道,吕孟超教的这些东西,乃是真正中国古老技击术之精华,是战场上生死搏斗经验的积累。老先生的棍法,没有几个套路,没有几个动作,但大道至简啊!他的棍术中的名称也再简明不过了:"大头劈""小头劈""大头推""小头推""倒把(滑把)"……

孩子们练功靠兴趣,没兴趣就练不下去。随着时间的推移,旷课的孩子也越来越多。到后来,只有单香陵一个坚持下来,练得像样。

父亲看到单香陵这么喜欢练功,挺争气的,高兴之余,便和吕孟超商量专门教自己的孩子。吕孟超虽然觉得只教一个少了点,但通过这段时间的接触,小小的单香陵已给他留下了深刻的印象:敏而好学、能吃苦、有毅力、守规矩、懂礼貌。吕孟超已经喜欢上这个孩子了。另外,吕孟超觉得单家人厚道,便答应专门培养单香陵。

老先生传授的棍法和枪法看似简单,但很吃功夫。比如:练习"底盘棍",既要练腿部的力量,又要练腰部和手臂的力量;既要练脚下有根,又要练行如流水;既要练棍随人行,又要练人随棍走。练习"倒把""大头劈""小头劈",每天必须练上几十遍上百遍。虽然所练名曰棍法,但实为棍法与枪法之混合——三分棍法、七分枪法。熟练之后,棍在手中不丢、不落、不脱把，要长（伸）有长，要短（收）有短，随心所欲。老先生告诉单香陵，只有练得纯熟，真正到了战场上才不会手忙脚乱。

功夫不负有心人。几年下来，单香陵的功夫大有长进，一趟"通背拳"练下来，张弛有度、发力饱满，其劲力运行已达暗刚之程度。拳术和枪棍技艺相辅相成。他的枪棍技艺也已功深底厚。

吕孟超80岁那年是1921年。这时的单香陵刚刚15岁，已在吕孟超身边练了8年。吕孟超提出要回老家度晚年。单家人欲留不成，便备下了丰厚的礼品，送其回了莱阳老家。此后，单香陵每年都去看望师父。4年后，吕孟超老先生便与世长辞。

图1-1　冯读俭、赵国忠使用单香陵先生传下来的大棍练习对棍

第二章 遵师嘱 再拜名师

第一节 螳螂拳初传黄县

吕孟超前脚刚走，单香陵的心里便一下空了起来。没人陪练"通背拳"的拆打、枪棍术的对练对打，也没人耳提面命为自己做技术指导、讲江湖故事、说里短家常。无奈之下，单香陵只能独自练习，却又时不时怀念老师。吕孟超临走时对他的嘱咐"丁子成先生的螳螂拳不错，你可以去学学"又在耳边响起。

单香陵曾见过丁子成来家里拜访吕孟超。吕孟超生于 1841 年，长丁子成 38 岁，按年龄或武林辈分论，吕孟超应该大丁子成一辈或两辈。二人过从甚密。丁子成非常敬重吕孟超，一是因为吕孟超的年龄和资历，二是因为吕孟超的武功。当然，这还与丁子成与人为善、尊重他人的个人修养和良好家风有关。吕孟超也很赏识丁子成，赏识他的厚重义气、聪明才智以及他的不拘一格的螳螂拳。

终于有一天，单香陵跟家人商量，要拜丁子成为师，学习六合螳螂拳。

丁子成是黄县首富"丁百万"的后裔，属丁家 17 代孙，长支丁瑚第 7 代孙。所谓"丁百万"，不是一个人的名号，而是丁家昌盛时期人们对其整个家族的称呼。很多人把丁子成说成是"丁百万"的儿子或孙子，这是不确切的。

丁氏故宅始建于雍正初年，鼎盛时期丁家建筑覆盖大半个黄县城。丁氏家族，世代重视读书、做官、经商，先后有 380 人考取功名，五品官衔以上者达 149 人，当铺和钱庄遍布全国 11 个省，其资产在清代居山东省之首，长盛不衰。

图 2-1 原黄县"丁百万"家族之东便门

丁子成受家族丰厚文化底蕴的影响,自小勤奋好学,悟性很高,无论是学文还是习武,上手既快又扎实。说到丁子成习武的事,必须提及一个人。此人就是黄县家喻户晓的"王二老爷"王云溪,正是他首先把六合螳螂拳引入黄县。

民国期间,黄县流传着一本《海岱风云》,书中以清代邑内真人真事为原型,塑造了一位勤政爱民、惩治邪恶的知县。其中用较长篇幅记述了光绪年间黄县"王二老爷"与其孙王吉臣的武林传奇故事。此书印量不大,外边知道的人不多,但书中的故事在黄县民间盛传。今选民间盛传、富有传奇色彩的"王二老爷与傅通的故事",与读者共享:

招远县傅家村有位远近闻名的武林高手傅通,绰号"铁指钢拳"。傅通少年时在少林寺学艺,艺成后,仍习武不辍,四处访友。傅通早就听说黄县王二老爷是位侠义之人,不但武艺高超,而且广交天下豪杰,很想前往拜访。

后来,终于有机会来到黄县,找到了城南菜园泊王二老爷的家。只见高大的房子,青砖碧瓦,古色古香,一派大户人家的气象。大门前宽敞而整洁,一条光滑的大石条上坐着一位老者,粗布着身,看样子像个看门人。

傅通说:"我是招远的傅通,特来拜访二老爷,烦请通报一声。"老者说:"不巧,老爷出门了,一时半刻回不来。您有什么话可以让我转告老爷吗?"傅通想了想说:"怕您记不住,我还是写在这石条上吧,等二老爷回来一看便知。"

说罢,傅通扎下骑马蹲裆式,伸出右手,晃动腰身运气。然后,用食指在石条上比画几下便点在石条上,挥动手臂刻起字来,但见伸出的食指立刻变成一支钢筋铁笔!瞬间,一块硕大的青石条上,被深深地挖出了两行字:"招远傅通,久仰大名,来访不遇,惜哉惜哉!"

傅通拍了拍手上的石粉,看了看写好的字,一副满意的样子。正待转身离开,老者忙上前道:"傅先生不要客气,区区几个字,老朽能记得住,这么光滑的石条挖得沟沟道道不好,我还是把它擦去吧!"说话间,老者挽起袖子,伸出右手掌按在石条上,只见唰唰几下,老者的手像刮刀一样,竟把石条上的字抹没了!又是轻抹几下,石条变得平又光滑。

傅通见此情景,大惊失色!急忙朝老者纳头便拜,口中说道:"二老爷恕罪,傅通有眼不识泰山,得罪了!"老者立刻上前握住傅通的手说:"傅老先生多礼了,王某久闻您的大名,如雷贯耳,今得一见,我之大幸!刚才是我们见面的一个特别的介绍,望傅老先生多多包涵,我们来日方长。"二人紧紧抱在一起。

王二老爷一生结交侠士无数。这些侠士,有的是慕名前来拜访,有的是遇到困难投奔而来。他们在王家都受到了应有的尊重和挚诚的款待。为了感恩,许多侠士都将自己的武艺甚至绝技传给了王家的人。例如,当年有一个逃犯身受重伤,生命垂危,投奔王二老爷,在王家隐藏治伤。伤好后,为感谢王家厚恩,他将4种治病秘方相赠王家。又如,河北的崔禹老师将他的少林罗汉门武艺传给了王二老爷的孙子王吉臣和王二老爷家的亲戚丁子成等人。

林世春的老家,是位于招远县与黄县交界处的一个小山村——川里林家村。村里人经常到黄县赶集。有一次,在黄县一集市上,林世春与一伙地痞交了手。打斗中,林世春的腰带突然折断。他一只手提着裤子,独臂而战,仍将20余人打得四散溃逃。

王二老爷得知林世春功夫了得,便请他来府上传艺,教授孙子王吉臣和亲戚丁子成。林世春欣然应允,因为王二老爷的为人他早已听说。

林世春初到黄县任教时,发生了一件让人始料未及而结果又出人意料的事。事情的起因,是王吉臣没把这个将要当自己老师的不起眼的老头子放在眼里,提出比试一下。林世春明白自己是要通过"考试"才能被录取的。从王吉臣粗壮的骨骼、健硕的肌肉,以及走路的姿态和流露出的眼神,林世春断定,这位壮小伙子不但练过功夫,而且功底不浅。俗话说:"没有金刚钻,别揽瓷器活。"他欣然同意一试,心中也很快有了谋划:与这样的年轻人动手,不能靠力胜,不能打持久战,而且不能造成伤害,还必须让他知道厉害。

当王吉臣一拳打向林世春的面门时,林世春没有招架来拳,只是将身子一缩,躲过拳锋,同时出拳捅在王吉臣锁口下方。王吉臣一个后仰趔趄,差点倒地!林世春用的是以逸待劳之法,"撑"之即打,就是把来拳撑出去的同时打到对方。看似简单的一招,若没有得到高人传授,没有下过功夫,不可能这样恰到好处地出手,后发而先至。

王吉臣并没有气馁,卷土重来,连拳带步猛冲过来!说时迟,那时快,林世春侧身就是一拳,插击其肋,迅猛异常!王吉臣疼痛难忍地喊了一声"哎呦",一只手捂着肚子,一只手摆了摆——不打了。

稍息片刻,王吉臣有点缓过劲来,不解地问:"你的拳怎么这么硬,像用钢钉打我一样?""什么钢钉,我就是用这个。"林世春说着握了个锥子形的拳头给王吉臣看。所谓钢钉,也叫铡钉或穿钉,为一尺多长的锥形钢制长钉,是过去铡草工具铡刀上的一个部件,用以拴连刀身与刀槽的轴杆。

后来单香陵老师给我们讲这段故事的时候说:"锥子捶,也叫点捶、破骨捶。"此捶五指握拳,中指突出成锥形。锥拳在六合螳螂拳直拳中使用最多。用此拳打肋部,能把肋骨打断或打入两根肋骨之间;打眼睛,比平捶杀伤力更大,能把眼睛打瞎;打锁口,能将锥尖插入穴道,令人绝气。

虽然林世春用的是锥捶,但他出手有数,留了余地。即便这样,王吉臣还是承受不了。只这一下,便让他对林世春有了敬畏之心,服服帖帖地跟随、学习。

过了一段时间,丁家同王家协商,把林世春转聘到丁家西悦来当铺为拳师。这样,林世春在丁家一住便是15年。期间,他教了丁子成、丁文廷、王吉臣等弟子。

林世春到黄县的过程,近些年来传有不同说法。上述的是单香陵老师所讲的。

六合螳螂拳由魏德林(人称"魏三",约1780—1873)传林世春,林世春传丁子成、赵同书等人。后来,丁子成传黄县一支,赵同书传招远一支,发展形成招远和黄县两大支派。

林世春辞世后,弟子们于1917年为其立了墓碑。墓碑上记载了林世春的九大弟子。

丁子成的家出门不远便是圣人殿。这是一座古老的建筑,一派庄严。门前一对大狮子,正门内两侧矗立着多块高大的刻有碑文的石碑,一棵棵古松古柏苍翠荫翳。西边有厢房20余间,后来被丁子成辟作拳坊。

图 2-2　20 世纪 30 年代,丁子成先师与弟子在"圣人殿"前合影

第二节　拜师丁子成

单香陵带艺投师,省去了通常学习一些基本功的过程,很快掌握了六合螳螂拳的全部内容。俗话说"练武不练功,到老一场空"。单香陵时刻遵循老师的教诲,从难从严操练。说到当时练功情况,单香陵老师对我们说:

"那时在你师爷家,铁球功一定要练,每次抛抓 100 多下。插豆桶、打沙袋(打坐袋和吊袋)也是必练之功。"

"打吊袋,经常是两个人一起打,一边一个。你打过来,我打过去,打到浑身没劲。你师爷家的吊袋,是用牛皮做的,不是圆柱状的,是扁方形的,吊在一进门的架子上。"

"我练功不偷懒,还给自己加'小灶',经常晚上加时练。晚上练功,要看着时间,不能练得过晚:9 点钟关闭城门,晚了出不了城,回不了家。有几次老远看着人家正在关城门,便大声吆喝让他们稍等一会儿。这种情况下,只得多给人家说好话。"

丁子成先生的家在黄县城内西北隅村,离北城墙不到 1000 米。单香陵的家在城北,离城约有 2000 米。每次练完功出了北城门,单香陵便边走路,边练拳。他练得最多的是"三捶",经常"一步三捶"打到家。

这里说的"一步三捶",是六合螳螂拳的基本拳法,也是主要的基本功法,称为"母拳"。此拳法在六合螳螂拳中的重要性,犹如太极拳的站桩、形意拳的三体势、八卦掌的蹚泥步。

俗话说:"曲不离口,拳不离手。"在丁子成老师的指导下,单香陵一年四季行走坐卧不忘练功。几年下来,拳脚威猛凌厉,招法连贯巧妙,每每得到老师和师兄弟们的称赞。铁球功、豆桶功、铁砂掌功,功力日渐深厚。单香陵可将 6 千克重的铁球单手抛入空中,任其下落,随时抓在手里(是向下抓,不是接)。方砖、鹅卵石等硬物,他一掌便可拍碎。他双手一插,能插到装满绿豆大桶的桶底。用他的话说,自己的两只手,就像是两把匕首的感觉。

不但如此,他的两只手臂练到了刚柔转化自然的程度,松软起来如棉花、似柳条,坚硬起来如钢筋、似铁骨。

单香陵能成为功夫高手,乃至一代大家、一代宗师,与得师之真传有关,也与其练就扎实深厚的基本功密不可分。

图2-3 20世纪20年代黄县外城平定门

单香陵跟随丁子成学习六合螳螂拳,一学就是8年。二人虽是师徒,却情同父子,丁子成将他当年跟随林世春学拳时师徒俩整理的《六合螳螂手法真传秘诀》拳谱传给了单香陵。这本拳谱,记载了六合螳螂拳技击精要。单香陵如获至宝,一直珍藏在身边,不断学习和研究。

丁子成还将治疗跌打损伤、正骨拿环的方法传授给了单香陵。20世纪60年代初,单香陵曾用这些医术在黄县城挂牌"教授武术、正骨拿环",为无数病人解疾去痛。

丁子成治疗跌打损伤的秘方,一般只传家人,不轻易外传。他有3个女儿。女儿将此秘方继承下来,代代相传,现已传至四五代。2012年,我拜访过丁子成三女儿丁士春的大儿子曹思寿先生。曹先生1938年生人,他的儿子开了多年诊所,诊所门头所挂的牌子仍然是"骨外伤专科·子成秘方"。曹先生还给我讲了他姥爷丁子成的一些故事。曹先生说,听他姥爷丁子成说过,本门的螳螂拳是"六合快螳螂"。

龙口市档案馆还存有几份1935年的《黄县民友》报纸,其上广告页载有:"黄县各大药铺销售林世春秘传·丁子成秘方两种:柳条膏和六合散。柳条膏可治跌打损伤、刀剁斧砍、瘰核疔毒、妇人乳疮等多种疾病。"

丁子成看重单香陵,可能有两个原因:一是单香陵聪明伶俐、一表人才;二是他枪棍功夫好。

一次,丁子成问单香陵:"你的枪棍不错,可不可以教教门里人?"单香陵回答:"师父让我教我就教。"

丁子成1926年创办了"黄县国术研究会",免费授业。有时他也到学校教武术。因时局动乱,"黄县国术研究会"中断过,也重开过。

1929 年单香陵离开黄县到了北平。因此，丁子成 20 世纪三四十年代教的学生与单香陵不是都熟悉，甚至有的没见过面。

自古以来，江湖险恶。对丁子成诋毁之类的事情也发生过。丁子成是大度之人，一般不予理睬，也不告诉弟子。特别是像单香陵这样性情刚烈的弟子，更是不能告诉。即使这样，单香陵从北平回来听到消息，也要找人问个明白，甚至因此动过手。

丁子成思想开明，常邀请名家传授，引进多门派之技。八极门的李书文，八卦门的宫宝田，螳螂门的纪春亭、曹作厚等，均来"黄县国术研究会"传艺。单香陵的枪棍术，虽然传承面不广，但也被列入丁门之范畴。

单香陵老师后来教我们枪棍时说："我们的枪棍术实用起来可以应对任何兵器。遇到长枪时我们用什么，遇到刀剑时我们用什么，遇到带钩带刺的兵器时我们用什么，遇到绳鞭这些软兵器时我们用什么，这些我们都应该知道。"这里的"用什么"，是指技法的得当应用。单香陵的这些技法，源于吕孟超先生的传授，得益于丁子成先生的培养。

20 世纪 80 年代末，龙口市体委曾召开过螳螂拳专门会议，我的两位前辈高振华(高守章)和刘忠信也参加了。当时 80 多岁的高振华谈到他的师兄单香陵时对我说："你师父香陵的功夫好啊！螳螂拳和杆子都好。"毕竟他们是那个时代的见证者。

第三章　敢出手　名震黄邑

山东省烟台市龙口市,有着悠久的历史。西周时期已在这里建立莱国,国都建在莱山脚下。秦朝设置黄县。1986年,撤销黄县,设龙口市。

龙口市地处胶东半岛西北部,水陆交通发达,久负盛名的"龙口粉丝"就是由这里的龙口港分销到世界各地。这里物阜民丰,商业发达,素有"东莱古国金黄县"之称。

在这片富庶且文化积淀丰厚的土地上,留下了许多动人的故事和美丽的传说。单香陵的事迹便在其中。

第一节　故里扬名传佳话

从20世纪20年代至今的百余年里,单香陵的传奇故事在黄县民间广为流传。我少年时就听说过:

"单香陵一跺脚就上了房子。"

"他用脚能踢断碗口粗的树。"

"他脚尖向内一勾能贴到腿上。"

"瓦片在他手中能被捏成粉末。"

"你刚要打他,找不到他人了。他不知怎么到了你的身后。"

…………

这无疑反映了当地民众对单香陵的喜爱和崇拜。但传闻总归是传闻,是真是假很少有人能说清楚。我师事单香陵后,这些谜才得以破解。

跺脚上房子的说法不是事实。单香陵家的房子,古色古香,高脊横卧,脊角昂翘,青瓦扣垄,有着大红色的方椽子,梁头长,比一般人家的要高出一头。不单是房子高的缘故,他练的不是以跑跳为主的"时迁"式功夫。所以,老师是跳不到房子上的。

曾有人说,他一蹿,伸手就能抓到椽子,可以两手倒换抓着椽子在房檐下行走,一翻身就到了房上。要说这个,难度倒不是很大。只要个子高、弹跳力好、手上有把力气的人都可以做到。但老师从未说过这个他能。

"上房捅烟囱"的说法也被传得绘声绘色:"老伴让孙子上房捅烟囱。没等孙子搬来梯子,单香陵一跺脚便上了房檐,捅起了烟囱。"然而,他没有孙子。

踢断碗口粗的树的事情，我也没有见过。过去老辈用的碗，一般直径为十七八厘米。这样的树也是够粗的了。虽然他练过铁砂掌的功夫，也练过踹腿、撞腿、铲腿、排打、斧刃脚等腿上的功夫，踢断树完全可能，但他从没说过有此事。当然，也可能他"好汉不提当年勇"。

脚尖回勾贴到腿上的事情是不可能的。这受人体生理条件所限。

将瓦片捏碎，还是容易做到的。本门基本功有铁砂掌、握豆子、插豆桶、抓铁球等，久练可显著增强手指的抓捏力。

最后一个传闻不是空穴来风。和单香陵交手，打不到他，他神出鬼没。看过或接触过单香陵功夫的人，对他的手法、步法和身法之灵活，都会感到惊叹。他动作起来，猿猴般的灵活，在人面前忽隐忽现，有形似无形，出手让人发不及觉，躲闪迅疾。

单香陵70多岁的时候，仍然动作矫健，不用说年轻人，练武人也鲜有达到这个境界的。我们有幸在他身边习武多年，有机会和他交手。俗话说"行家伸伸手，便知有没有"。还没等单香陵伸手，我们便感觉"空"和"恐"，茫然不知所措！他那鹰隼般的眼睛把我们死死盯住，似乎能把我们看穿。想攻击他，感觉攻不进去，不敢攻；想躲开他，感觉逃不掉。我们几乎预判不出他要出腿、出手或出什么招，更预判不出他要打你哪个部位、怎么打。正所谓，有形有象都是假，无形无象方为真。

有人认为，师徒之间，徒弟永远放不开，永远不会下狠手。这话倒是有一定的道理。在与老师练习"打法"时，徒弟主观上没有放狠或故意伤害的意思，但有强烈的学习念头，有摸摸老师底的想法，希望能学到绝招。因此，徒弟在行动上不是保守的，而是进取的。

也许有人认为，是我们的水平低、体力差、没有打斗经验或是根本不会打。这种看法虽然有些道理，但也未必尽然。毕竟我们跟老师这么多年，老师还是技击名家。就说我吧，体力还可以。我做过多年的水泥搬运工，可以抱起150千克的水泥，踩着斜板装到大卡车上；100多千克的石砘，双手一掂能扛上肩头。交手切磋的事也时常有。我曾一人同时与5个小伙对抗过撂跤。1975年冬天，蓬莱一位身材魁梧且练过拳击的谢姓司机滋事打人，当时5个搬运工伙伴一齐上前，竟没能把他按倒，反被他挥臂击出。在他意欲脱身之际，我追上去只一拳便将他击倒休克。我那时年轻，不服人。但在师父面前，我就是使不上劲，找不到好的机会，找不到发力点，总是扑空。

了解单香陵的人都知道，他是脚踏实地的人，不喜欢吹嘘张扬。对那些没有真本事或故弄玄虚之人，他不屑一顾，甚至不给一点面子。他有一说一，不是那种只提"过五关"不提"走麦城"的人；他不畏强暴，豪侠义气，疾恶如仇。

单香陵的传奇故事很多，今择几件我所知道的，以飨读者。

第二节 惩菜霸显身手

历史上，黄县是商业之乡，经济发达。20世纪20年代中期，黄县的农贸市场设在南城墙边（今天的南大街）。周边百姓每逢集日都来这里赶集，人流如织。

城东北有个小家疃村，全村人几乎都以种菜为业。其中有一户范姓三兄弟也以此为生。哥仨在村里是有名的壮汉，一担100多千克的菜，挑到城里肩都不用换。因三人力大无比、脾气不好、品行不良，村里人都不敢招惹，背地里称他们为"范家三虎"。

有一年初冬，正是卖大白菜的季节，兄弟三人在市场各自摆开菜摊。因为抢占摊位与邻摊菜贩发生争执，范老大虎目圆睁，凶相毕露。对方一看惹不起，收摊移到远处。

恰巧单香陵的弟弟单丕晶在旁边看到了这一幕，随口说了句："都来赶集不容易，用得着这样吗？"范老大余怒未消，见有人插嘴，瞥了一眼便开口就骂。"你怎么张口骂人呢？"单丕晶据理力争。范老大一把抓住单丕晶的前胸衣领，厉声道："骂你怎么？还打你呢！"话音未落，一巴掌将单丕晶扇倒在地！

单丕晶本来岁数就小，个子也不高，被这一巴掌打蒙了，没敢反抗，爬起来气哼哼地跑回了家。他把事情的经过告诉了二哥单香陵。单香陵二话没说，拉着弟弟就走。

来到了菜市场，找到范家的"大虎"，单香陵问道："你为什么打我弟弟？""大虎"知道是来找他算账的。他一打量来人，块头比自己差不少，于是歪着脑袋用藐视的口吻说："是我打了又怎样？你还不服气，想比画比画？""看来你是真不讲理啊！你敢动我一下试试？"单香陵已下决心教训这个大块头了，先用激将法让其出手。"看你小样，好大的口气，动你怎么了？"话音未落，"大虎"伸出左手抓向单香陵的衣领，同时擎起右拳砸向他的头部。单香陵将身子一侧，顺势一拳，"大虎"应拳身子一歪，软塌塌倒在地上——休克。众人惊愕！

单香陵打的这一拳，在六合螳螂拳中叫"八翻捶"，即一手将对方伸来之手挡开，同时另一手用拳挑击对方下颌。下颌挨上拳，轻则倒地，重则休克。这个拳法类似拳击中的上勾拳。

一个照面，从两人搭腔到交手，不到一分钟。人们还没看明白，战斗已结束。人们七嘴八舌："大块头打不过小块头！""天外有天，遇到茬子了！""昏过去了，不会死人吧？"

单丕晶害怕了，推着哥哥说："我们快走吧！"单香陵说："不用怕，死不了人，一会儿就会缓过来。"话音刚落，"大虎"睁开了眼，慢慢坐了起来，浑身还是瘫软的样子。单香陵同弟弟缓缓离开了现场。

两人走到市场旁边一家饭馆门前，开店的王掌柜认识单香陵，却不知刚才发生的一切，邀请其到饭馆里坐坐。单香陵犹豫间，背后传来嘈杂声。但见前面的人提着扁担，大步流星地奔过来！

单香陵不知道"大虎"还有两个弟弟也在市场卖菜，也不知道拿扁担的"二虎"后边还有个"三虎"。还没等单香陵踏进饭馆门里，"二虎"已撵到离他只有几米远的地方，喊了一声"站住"，同时举起扁担迎头劈来。单香陵一闪身跨进了饭店，扁担砰的一声砸到了地面上，溅起一股尘土。"三虎"随即也追进了饭馆，抓起杯具，砸向单香陵的头部。单香陵非常警觉，眼的余光早已扫到了"三虎"抓杯砸向自己的动作，瞬间闪过。瓷杯砸到墙上碎落满地。单香陵一记回身反背掌，将"三虎"击倒在地。此时"二虎"的扁担已捅向单的胸部。单香陵一手搂开，同时跟进一脚将其踹出门外。被单香陵反背掌打倒的"三虎"迅速爬起，抓起凳子朝其头部猛砸下去。单香陵侧身躲过，凳子砸到了桌子上。砰的一声，桌子上的杯碗被砸碎，噼里啪啦溅了一地。

一场混战正打得热乎,单香陵突然觉得后边有人靠近自己,不待其触碰到,便猛一回身,不管三七二十一,上边抹头、下边捧腰将此人托起扔出门外!王掌柜喊叫着被摔到了地上,单香陵瞬间知道搞错。王掌柜是上前劝架的。他嘴里喊着"不要打啦",想从后边抱住单香陵。可单香陵感觉有人靠近,本能地做出反应,保护自己。

"三虎"急眼了,跑进厨房找了把菜刀操在手里,要出来拼命。单香陵顺势操起一个桌子腿。"三虎"犹豫间没敢上前。王掌柜爬起来挡在他俩中间,观战的众人也过来劝阻。这场打斗就此结束。

第二天,单香陵来到饭店,向王掌柜道歉,提出包赔一切损失。王掌柜说:"你没把我摔死我就算幸运的了,东西损坏无所谓了。"单香陵坚持给了些钱。范家兄弟有个还住了医院,但没有再找单香陵纠缠。

图 3-1　20 世纪 20 年代黄县城南大门环翠门

第三节　东河岸边打赌

黄县东侧城墙外有条绛水河,城里人习惯叫它东河。滔滔河水由南部山区顺流而下,穿过城边,一路向北进入渤海。

绛水河两岸店铺鳞次栉比,内中有一"王家面馆",招牌醒目,生意兴隆。

面馆的掌柜姓王,身材魁梧,不光会做生意,还是一个摔跤好手。绛水河东西两岸,没人能摔得倒他。

王掌柜老家是招远县的,来黄县做生意已有几年了。他从客人口中多次听到黄县功夫最好的丁子成有多么多么厉害,并不相信。他没见过丁子成的武功,又觉得丁子成已年过半百,就是有点功夫也打不过自己。他经常在客人面前说大话:"丁子成弄不了我,你们不信让他来试试。我能摔死他!"

这世上,有时"不怕没好事,就怕没好人"。王老板的这番话,很快传到了丁子成的耳朵里。他的徒弟们都很生气,要去找王掌柜算账。丁子成一律不准他们去。

不久,单香陵从北平回老家探亲、看望师父。有个师弟当着丁子成的面对单香陵提起这事。单香陵说:"在黄县还有人敢欺负到咱们头上!我去会会他。""算了吧,嘴是人家的,说去吧。"丁子成淡然地说。"师父,我去看看究竟怎么回事,是不是捎话有出入。我们要敢于面对。"单香陵再次向师父阐明自己的态度。

丁子成知道这个弟子的脾气,知道他认定的事一定要做,也知道他是个讲理的人,且在外闯荡这么多年,深谙处世之道。还有一点让丁子成放心,就是单香陵仗打得多,有经验,到北平这几年技艺又有提高,即使与人交手,也不至于吃亏。于是,丁子成同意了,并嘱咐单香陵不要轻易与人动手,即使在万不得已的情况下动了手,也要手下留情,不要造成伤害。同时,丁子成还要派两个弟子一起去,以防万一。单香陵说:"不用去那么多人,不然人家会说咱们打群架呢。师父放心,我去就行了,我有数。"

第二天,单香陵找到了"王家面馆",先招呼跑堂儿的上了一碗面条,然后问跑堂的:"哪位是掌柜的?"跑堂的用手一指说:"那位就是我们东家。"

单香陵起身直奔过去:"您是掌柜的?"王掌柜以为是顾客,礼貌答道:"是。请问您需要什么?"单香陵说:"听说您会摔跤,很厉害,想跟您学习;也听说您说过丁子成都不是您的对手,您能把他摔死。"王掌柜一听,哈哈一笑说道:"我是开玩笑说的。不过丁先生真找我比一下,我也愿意试试。你问这个什么意思?"单香陵终于搞明白了是怎么回事,于是欲擒故纵地说道:"丁子成在黄县很有名气。我本来想跟他学功夫,看来不用了,跟你学就行了。能教我吗?"

王掌柜不知来人葫芦里装的是什么药,打量一番单香陵——虽然人挺精神,但块头比自己小,便说:"你是真想学还是想试试?"单香陵说:"既然教我,就得让我服气吧?我还没看到你的功夫究竟多厉害呢。不管怎么说,得打得过我才行吧?"

王掌柜看到对方就一个人,且还没遇到过对手,便说:"让你服气算什么。不客气地说,打你这样的两个不在话下。""那好,你让我服就行。不过,你输了怎么办?"单香陵在步步引诱对方。"笑话,我输给你?!我若输了,你想怎样都行。你输了怎么办?"王掌柜也非常自信地说。"我若输了,就地磕头叫师父。你输了呢?"单香陵许下承诺,并要求对方给予具体的承诺。王掌柜也不甘示弱:"好!我输了,这面馆你可以随便来吃,天天吃都行。"

有了君子协定,二人等吃饭的客人走了,便出门到了街心。王掌柜问:"好了没有?你来吧。"单伸手做了个承让的手势:"你先来。"

王掌柜没客气,上前一步,"打手抢把",探抓单香陵的肩头。单香陵灵活一退,令王掌柜抓空。王掌柜紧追上去,继续出手。单香陵随即旋臂迎手撑开王掌柜的手臂,同时侧身一掌劈到王掌柜的胸脯!这一掌打得突然,王掌柜禁不住倒退几步。

王掌柜有拔山扛鼎之力,又得摔跤之道,与人交手,从来没有这么窝囊,刚一接手就差点被人劈倒。他瞬间意识到,眼前这个不起眼的人有两下子。其实,他哪里知道,此人何止有两下子,在北平都打出了威名,不知有多少门派的高手都败在他的手下。论摔跤,单香陵也得过高人指点。他和跤王"宝三"是要好的朋友,经常在一起交流和学习。

一招失利,岂能甘心。王掌柜气势汹汹,卷土重来!可还没等靠近使招,便被单香陵一个侧踹,踹出三四米远。王掌柜仰面倒地,一时爬不起来。

这是转身踹，拧腰侧身增加了踹的力量。王掌柜躺在地上什么都明白了。"好了，打不过你。你赢了。"王掌柜摆手叫停。单香陵过去把王掌柜拉了起来。看热闹的人拍掌叫好，应该是赞单香陵不仅武功好，还有武德吧。

王掌柜当场宣布："我说话算数，这面馆只要不黄，你可以天天来吃。"大家为王掌柜的慷慨诚信又一次鼓起了掌！

单香陵拱手致谢，有些不好意思地说："对不住了，王掌柜，得罪了。这次来，是给我师父丁子成讨个说法的。过几天我还要回北平。不打不相识，我们是朋友了。不过，你的饭我单香陵不会白吃你一顿。倘若到你这里落个脚、喝点水，你能给个方便就行啦。"王掌柜诧异地喊道："啊，原来你是单香陵！久闻大名，久闻大名！您随时来，随时来！"

第四节　支前路上小插曲

1947年，华东野战军打响了著名的孟良崮战役。之前，黄县政府一面组织征集粮食，一面组建支前大车队，奔赴鲁南战场支援前线。征集的粮食主要是苞米面和黄豆面，根据区域，分点集中，统一装车，统一起运。一时间，路上送粮的小车络绎不绝。

单香陵正好从北平回乡探亲，便投身支前，先筹粮装袋，后集中装车，送到粮食集中点石良集。

单香陵推的是橡胶独轮车，车上放置两麻袋粮食。这种车后头有左右两个车把，两个车把间用襻连接。人在中间，两手端握车把，将襻挂套在脖子和两肩。

单香陵在路上遇到同去送粮的诸由观村的5个小伙子。他们个个都是车把式。看他们驾轻就熟的样子，单香陵很是敬佩。因为自己从小没干过多少农活，所以推起车来掌握不好平衡，一路上东倒西歪，跌跌撞撞，还累得满头大汗。

几个小伙子见状说起了风凉话："你看他是怎么推的车，没干过活呀！""没干过活也得干，小姐身子丫鬟命。"

本来就让这车子折腾得够烦，又听到他们讽刺自己，单香陵气不打一处来，把车子一放，喊道："站住！"

听到喊声，几个小伙子怔住了，都慢慢停下车。

单香陵指着他们说："你们怎么说话的？"小伙子们哈哈大笑起来。"不行就不行呗，还不让人说啊？"其中一个搭话。单香陵反问道："你们行，你们样样都行吗？推车行，打仗行吗？哪个敢说会打仗？"其中一个说："看样子你还会两手。能打几个？"单香陵要找回面子，也没有谦虚，满不在乎地说："那要试试看了。"

几个人一听，此人口气不小。看他的岁数并不年轻，身材并非膀大腰粗，从刚才推车的样子看，力量也不大，于是有人说："别吹了，我们几个能捏死你！""既然你们这样说，咱们就比一下。我输了你们随便打我一顿。你们输了，把我车上的粮给我捎去就行了。怎么样？"单香陵直接摊牌了。小伙子们当然满意了，于是凑到一起交换了下眼色就要动手。

"慢！"单香陵摆手道，"我们是朋友，只比撂跤不讲打。你们5个，我撂倒3个就算你们输行不行？"几个人异口同声："行！"

本来"不靠身打法""伸手不见手打法"是单香陵的拿手活,但在这里,他既不能用拳打、用脚踢,也不能用擒拿法和必杀技。即使用摔法,也不能用"大背""倒口袋"等,因为路面是硬的,会伤到对方。

这几个小伙子一拥而上,采用搂抱、抓推等方式向单香陵发起攻击。单香陵一闪身,至靠近自己的那个人身旁,用"捆摔手"(上捆手,下扣腿),将其摔出2米远!

一人两手抓住单香陵的两肩用力一推,企图将其推倒。单香陵立即抓住对方双臂。二人顶牛瞬间,单香陵突然两手向后一拉。对手怕被拽倒,向后一挺。单香陵顺势向前一推并向侧一拨,一腿早已插入对方腿后,将对手绊倒!

没等单香陵调整好身体重心,又一人猛扑过来猫腰搂腿。单香陵急向侧方移一步,同时压低重心,一手扯住对方肩颈,一手抵住其背部,顺着他头部方向,连压带拽将其牵倒,让其来了个"嘴啃泥"。

已有3人倒地,大家都遵守约定停了手。其中一个说:"原来你真有两下子啊,厉害!能告诉一下你是谁吗?"单香陵说出了自己的名字。几个人几乎同时喊了起来:"天哪,你就是单香陵!"于是,他们把单香陵车上的粮食分装到自己的车上。单香陵则推着空车,跟着这些送粮的小伙子们,一路上说说笑笑,好不惬意。

第五节　免交保护费

1949年前后,黄县最大的牲畜交易市场设在南部山区的石良镇上。这里东邻蓬莱,南邻栖霞,西邻招远,四通八达。因此,这里每逢集日,人山人海。

有交易有钱的地方,就会有人觊觎。地痞巧立名目,敲诈勒索,对来交易牲畜的人收取"秩序维护费",即"保护费"。不交费,他们就会找麻烦。这种现象越演越烈,他们肆无忌惮,说收多少就收多少。

单香陵的一位朋友,经常来市场买卖牲口。逐渐增加的保护费令他苦不堪言。万般无奈,他找到了名气大的单香陵,想请他帮忙去说说情,省点钱。

从北平回来不久的单香陵听到这事,想去探个究竟。于是,两人来到了市场。

朋友刚谈妥了一桩买卖,正欲行交接,那帮地痞小哥便过来收钱。朋友说:"掌柜的,能不能少收点?最近生意不好。"小哥毫不犹豫地说:"不行。没时间跟你啰唆,快交!"单香陵插嘴道:"你们干什么收那么多钱?"小哥斜了单香陵一眼,"干什么收那么多钱?告诉你吧,"说着话,他凑到跟前,贴着单香陵的耳朵,恶狠狠地大喊一声,"你管不着!"随后他又补上一句:"冲着你这句话,再加一份!"

单香陵哪能受得了这窝囊气。本来朋友找自己来帮忙,这可倒好,事与愿违,帮了倒忙。这怎么能行?单香陵尽管年龄大了些,但眼里容不下沙子。他目光犀利地盯着这个年轻人,用软中带硬的口气说:"这位小兄弟,人在世上,说话办事要留有余地啊!假如我不给你呢?"小哥一听,瞪起圆眼,露出了凶相:"不给?我看你老骨头痒痒了!"说着便招手示意不远处的同伙过来。朋友一看事情要闹大,有些害怕,推着单香陵说:"我们给他钱吧,别闹翻了。"

单香陵知道,这个仗非打不可。他一手拨开朋友的手说:"我来,你到旁边去。"他转脸指着几个地痞说:"你们想打群架是吧?可以,我陪你们打。要钱没门!""你好大的口气!我们不打你对不住你,让你知道土地老是石头的!"一个地痞说罢,几个同伙迅速凑拢过来。

靠前的一个张开双手猛扑过来。单香陵早已准备好,趁势"顺手牵羊",把他牵倒在身后3米远的地方,让他实实在在来了个"嘴啃泥"。

紧随其后的一个迅速出拳,被单香陵一个撞腿(窝心腿)蹬出数步之外。那人仰面倒地。

旁边一个想从侧翼搞突然袭击。拳头似到未到单香陵之头部时,那人就被单香陵的"骇电手"(螳螂拳里的一招:由里门先击其面后开其手)连削带打击倒。

剩下两个一看情势不好:刚刚交手的三位兄弟都是被秒杀的,这人的手脚太麻利了!他们犹豫间不敢靠前。刚才倒地的三个都吃到了苦头,狼狈不堪、疼痛难忍。他们怵然惊心,知道碰上硬茬了。

这时,有人喊:"他会功夫!"这句话再次震慑了几个地痞。他们当即没了脾气,服了软。得知此人是久闻大名的单香陵时,几个曾经不可一世的地痞,又是鞠躬,又是作揖,一口一个师傅叫着,并说有眼不识泰山,连连保证以后再不收没良心的钱了。

第六节　瞬间的街斗

这件事发生在20世纪60年代初期。这是目击者张先生亲口讲述的。

张先生是个厚道本分、有文化、有素质的人,在东莱文化街经商。东莱文化街与我家近邻。闲暇时我经常逛此街,看看古董字画,在朋友店里喝喝茶、下下棋、聊聊天。我和张先生就是这样熟悉的。

张先生回忆说:"事情发生在黄县原北校场北边的老城墙根下。老城墙是个刀把形状,向西不远有个朝北的便门,东西是条大道,北边有片小树林。那年我10岁,刚巧走到那里,看到6个小伙子和一个老头打架。没打1分钟,小伙子中便倒下了3个,剩下3个散开跑了。有人说这个老头是单香陵。"

我问张先生他们是怎么打的。张先生说:"我那时候小,第一次看大人打仗,也不会看什么门道。只见几个人刚靠上去打时,立刻有个人倒在地上,不知老头是怎么打的。老头边退边打,又倒下两个。我也没看清那俩人是怎么被打倒的,只看到老头的胳膊挥了挥,身子一闪一晃,退的时候不是直退,而是斜来斜去。剩下那3个中好像还有个受伤的,有个跑的时候捂着脸。"

张先生说:"那个老头是个瘦高个儿,高矮胖瘦和你(指着我)差不多。那次过后,单香陵这个名字我是记住了。长大后才知道,单香陵是个了不起的人物。"

张先生还反问起了我:"老先生当时用的是什么招法打人,我一直困惑不解。你是否知道?"

当年，单香陵老师教我们时，不单单教一对一的打法，还教授一人敌多人的打法。人们常说"以一当十"，但在格斗实战中，一个人要对付几个人，并非容易的事，除了要有强壮的身体，还要掌握实用打法和具有良好的心理素质。

发生这件事的时候，单香陵已是56岁的老年人了。根据我对他的了解，他肯定是遇到了不能容忍的事才不得已出手的。

群战之法，无非是移动战法、速战法。单香陵老师传授群战之法时说："实战中，不管有多少人打你，离你最近的只有一个。首先要解决离你最近的这个。要根据他与你所处的位置和角度，能打就打，动作一定要快，不能拖泥带水；不容易打就先躲开。躲闪不是为了逃跑，而是找准机会反击。""当你闪至对方身旁和身后，可避实就虚，攻其不备。""自己背后不能有人，即使是围观的人也不行。不能让任何人靠近身边，要保持一定的距离，以防袭击。""还要知道进退。我每退后一步，对手几个人便会排成一个扇形，离我远的人多，靠近的只有一二人。想法对付靠近的人就是了。""要多练习后退时打迎击拳，多练习闪躲技术。""不要和对手纠缠，要速战速决，出手要果断，打法要连贯。实在打不了，想法跑开。""用轻巧的手法打人快，但必须打要害。""要节约用力，把力用在刀刃上。""不管遇到多么危急的情况，都要镇定。镇定下来气不浮。气不浮，才灵活、有力量。""敢于下手，不要犹豫，往往是勇者胜。""人体有16个部位能打人。"

我把这些话讲给张先生听时，张先生茅塞顿开，惊喜地说道："原来这么多窍门啊！我终于明白了当年你师父打的那仗为啥那么利索，我也长见识了。"

图3-2　黄县城墙遗址

第四章　展身手　驰名北平

第一节　掌拍宝三

1929 年，风华正茂的单香陵遵父命去北平，到自家粮店学做生意。从此以后，他传奇的人生便翻开了新的一页。1929 年至 1948 年，单香陵在北平一住就是 20 年。这 20 年，是他人生中步履铿锵、波澜壮阔的 20 年，是他在中国武林大显身手、成就辉煌的 20 年。这期间他留下了一串串闪光的足迹，在武林谱写了一篇篇动人的华章。

单家祖辈创办的这所粮店，位于前门大栅栏一带。这里向南不远就是天桥。民国初期，天桥热闹非凡，是"三百六十行，行行显身手"的地方。"天桥的把式，光说不练"是流传在民间的一句谚语，用以讽刺人没有真才实学。天桥的摔跤，却是一张响当当的名片。这里摔跤的都有真把式。

天桥地界有三大跤场，最著名的是宝三跤场。宝三是八旗子弟，姓博尔济吉特，民国后改姓宝，名善林，在家排行三，人称宝三。他曾拜善扑营的总教练宛永顺（宛八爷）为师，学习撂跤。清朝康熙八年至清朝灭亡，善扑营功夫代代相传。晚清时期，宫廷中的跤手开始在前门外红庙设馆授徒。此后，跤术传到了民间。

宝三有粗壮有力的手臂，掌握了灵活多变的技法，能进行诙谐幽默的解说，创立了独特的摔跤艺术，终成一代跤王。

单香陵到北平后，学习生意之余最大的爱好就是与武林中人交流学习、切磋武功。他常常把前门一带小有名气的武林中人搞得尴尬，也曾将拿大顶、耍中幡的大力士打趴在地，名声渐渐大了起来。

有一次，单香陵在一胡同口看下棋，刚好宝三路过。有人背着单香陵悄悄告诉宝三："这人功夫厉害。你认不认识，敢不敢和他试试？"

宝三知道单香陵，两人还算熟悉。单香陵在天桥打过架，但未与宝三交过手。两人都是血气方刚的小伙子。有人这么一说，宝三心血来潮，上前拍了单香陵后背一巴掌，拔腿就跑。单香陵毫不犹豫，起身追赶。追到后，单香陵手起一掌，啪的一声将宝三拍倒在地。宝三说："和你开个玩笑，干吗下手这么狠？"他当即脱下白褂，后背现出清晰的巴掌印。单香陵也觉得这掌打得狠了些，给宝三道了歉。两人从此成了朋友。过后，宝三问单香陵，那天拍的那一掌力量怎么那么大，声音像炸雷一样响。单香陵告诉宝三，自己练了 10 年铁砂掌。

单香陵非常佩服宝三的跤术，两人经常交流。单香陵说："撂跤我不是你的对手。让你抓上，谁也跑不了，非倒不可。"宝三谦虚地说："打和摔不是一回事，有区别。"宝三跤法灵活是单香陵最为欣赏的。有一段时间，闲暇时他便到宝三那里学习撂跤，"挂腿""别子""抹袖子""背口袋""连环绊"等跤技，单香陵都学过。

一天，宝三突然对单香陵说："你功夫这么好，光在下边打不行，要上擂台打才行。"单香陵问："我也想上擂台，可怎么去？"宝三说："这事交给我。"

不久，宝三出面，为单香陵联系报名参加1933年在北平举行的北方国术擂台赛。宝三作为担保人，并亲历了这次比赛。

第二节　擂台摘冠

1933年，单香陵参加了在北平举行的北方国术擂台赛，时年27岁。这是他首次参加这么隆重的大规模比赛。

比赛共进行3天，头两天是无差别淘汰赛，最后一天是获胜选手决赛。经过一场场艰苦拼搏，单香陵以不败的战绩进入了决赛，与另一位选手刘书琴一决高下。

刘书琴是早已蜚声武林的形意拳巨擘刘维山和刘纬祥的弟子。1890年，大名府（在今河北省邯郸市大名县）一带匪众气焰日盛，朝廷发出悬赏捉拿的榜文。张晓岚的三大弟子刘维山、杨扶山和刘纬祥揭了皇榜，平息了匪祸。朝廷赏赐三人黄马褂，赏刘维山五品军功蓝翎顶戴。刘纬祥又拜以半步崩拳打遍天下的郭云深为师，技冠时辈，担任保定国术馆馆长职务。

刘书琴是傅作义部队铁甲军武术教官，曾在保定国术馆、北平国术馆执教，大名鼎鼎。这年，刘书琴47岁。这个年龄还能上台打擂，仅这一点就让人敬畏。他的功夫着实了得，曾经在北平的历次打擂比武中得过7个第一，是北平武林的常青树和传奇人物。在以往的擂台上，常有与他对决的选手主动弃权的情况。在头天的比赛中，北平一个很有名气的国术馆的馆长孟某，在擂台上刚立了个"小开门"式，便被刘书琴插进两步打了7拳，下了擂台！

单香陵身高1.77米，体重76千克，两肩有些耷垂，但肩头圆圆的。用他自己的话说，两个肩头像扣了两个大馒头。

两人相比：经验上，都身经百战，一个擂台上打得多，一个民间实战多；打法上，两个拳种各有千秋，一个主刚猛威力，一个主灵活快速；功力上，二人都功深底厚，得到本门之真传，有自己的绝招；而年龄上，当然单香陵占了优势。

因为是决赛，主席台上坐满军政界的大老，观众席上也是座无虚席。上场后，二人先向主席台和观众行礼，再向裁判员行礼，最后二人对行礼。裁判员喊"开始"后，两人同时跨出各自的小圈，进入中间的大圈开始比赛。

刘书琴抱着形意门标志性的三体式，以逸待劳。单香陵率先以蹿跳步接近，突然下腰来了个扫堂腿。这一腿打得脆快。刘书琴急退步，前腿还是被扫起。好在刘书琴身体重心调整得快,随即一个鹞式下潜,扑向还未起身的单香陵。单香陵一腿跪地,随即滚身摆腿击打刘书琴的头部。刘书琴闪躲开,旋即以猛虎扑食之势按向单香陵!单香陵反应快,两手顺势采住刘书琴之手臂,用力向侧牵拉。刘书琴失去重心倒地。裁判鸣哨叫停。刘书琴起来再战,以擅长的形意崩拳开路,步步为营攒着打。单香陵则躲闪灵活,并以他拿手的"螳螂逼贴"和"垂钩钓鱼"技法,防中带打。很快第1局结束,二人没有分出高低。

休息片刻,第2局开打。双方打法改变不多,互有点数,成僵持状态。这时,单香陵率先做出了改变,使用"大展拍"连环腿法,踢到刘书琴的两腿上,差点将其踢倒。刚好第2局时间到。

有了第2局结束时的好效果,第3局开始,单香陵故技重施,用"大展拍"腿法又踢了刘书琴两腿。刘书琴下三路吃了亏,加紧了上路的攻击。他快速贴近,不给对手出腿击打的机会,并倾其力连环出拳。雨点般的崩拳令单香陵忙于招架。一个有意思的场面出现了:一个用崩拳,一个用螳螂勾刊手法,你打我抓,我抓你打,来来往往四五个回合,谁都打不到谁,谁都不敢变招。这真应了那句武林谚语:"不招不架就是一下,犯了招架十下八下。"突然,单香陵收手,两臂抱拳竖起护住中门,被刘书琴砰砰两拳打中手臂。迎着来拳,单香陵两臂由上向前猛力扣抓,抓到了刘书琴的面部。场上裁判立刻喊停,通告抓脸犯规。刘书琴的面部明显受了伤,但他示意裁判要打下去。于是二人接着比赛,单香陵得到了教训,用闪骗步法拉开距离,以"大展拍"腿法左闪右踢、右闪左踢,连续踢了对方4腿。刘书琴明显处于下风,勉强坚持到比赛结束。

裁判们经过短暂商量后决定:双方平局,并列第一。

关于这次擂台比赛,后来在社会上出现了多种传说。"张学良听到台上吵闹声,知道裁判判罚不公,运动员罢赛,便说希望他们再打两场,都是冠军。""冯玉祥让裁判判两个都是第一。""单香陵战胜了刘书琴,获得了冠军。""单香陵甘让第一,屈居第二。"如此等等。不论哪种说法,均与单香陵老师告诉我们的有出入。对于擂台比赛的细节,包括双方使用的技法,一直未见有人提及。

我问过单香陵老师怎么能两个都是第一。老师说:"我用'大展拍'一共踢了刘书琴8腿。他不知道该怎么来防,最后有些支撑不住了。谁都看出我赢了,可我抓脸犯规被扣了分。尚云祥是裁判,和刘书琴是形意门的师兄弟,所以我们两个都是第一。下了擂台,我不高兴。马步周(马礼堂)摆了酒席,把我们都请去,替尚云祥说项。后来我们都成为朋友,我再没计较此事。"

我也问过老师:"为什么用'扫堂腿',这不是很初级的东西吗?"老师详细地做了解答:"规定不准打头,而螳螂拳就是打头厉害。不让打头我们就吃亏,形意拳正好得劲。当时我想用腿干扰一下,打乱他的节奏,没想到人家反应那么快。我刚下腰扫过腿,还没来得及起身,就被人家扑过来。好在我练'扫堂腿'下过功夫,'扫腿''圈腿'都是连起来练。我的胯就是在这次拧腰摆腿时受伤的。"

擂台上,刘书琴对单香陵一照面用"扫堂腿"开路,也感到意外。赛后刘书琴说:"早就听说你是螳螂门,没想到你能先用'扫堂腿'!"

对刘书琴,单香陵老师大为赞赏和钦佩。他说:"人家的功夫就是好,崩拳打得又快又有力量。我腾不出手来打人家,他也不敢变。我急中生智,运用了'藏花'里的手法,两手一竖,让他打在我的手臂上,我便抓到他的脸上。"

谈到用腿法取胜时,单老师说道:"我们的'大展拍'腿法,在其他门派中还没见到,所以刘先生才吃了亏。想当年,魏三宗师就是用这个腿法踢遍黄河两岸,未逢对手。"

第三节 "两广总督"称号

广和楼和广德楼被列入京城四大戏楼。

广和楼始建于明末,光绪年间两次着火,重建后由茶楼改为戏园,称"广和楼戏园"。清末民国初是广和楼的黄金时代,梅兰芳、周信芳、马连良、谭富英、雷喜福等名角都在此登台献过艺,富连成戏社的戏班常年在此排练或演出。中华人民共和国成立后,广和楼改名为"广和剧场"。

广德楼也有着悠久而辉煌的历史,是北京现存古老的戏园之一。当年程长庚、余紫云、余三胜、梅巧玲、汪桂芬等京剧界的祖师爷们,以及"喜连成""双庆社"和"斌庆社"等戏班都经常在此演出。1949年后,广德楼改名为"北京曲艺厅"。

广和楼和广德楼位于前门外大栅栏附近,离单香陵家的粮店不远。戏园的人也都是粮店的老主顾。广和楼戏园股东王玉堂得知单香陵为人厚道大气,且有一身好武功,又看到粮店生意有些萧条,便登门邀请单香陵到广和楼担任司账。

一次,一伙地痞没买票硬闯戏园,继而大打出手。单香陵闻讯赶到现场并愤然出手,打得这伙地痞狼狈不堪。这件事情过后,单香陵声名鹊起,王玉堂把他由司账转为了专职的管事先生。

很快,广德楼也来请单香陵做管事先生。广和楼岂能同意?广德楼掌柜亲自找到王玉堂商量,诉说了广德楼近来秩序不好,经常有人闹事的状况。他说:"你们广和楼能这么平安,完全得益于单香陵这面'大旗'。我们想请单香陵帮忙,坐镇维持一下。"王玉堂不好意思驳老朋友的面子,又舍不得放人走,思量片刻,提出了一个折中的意见:让单香陵做两边的管事先生。

于是,单香陵奔走于广和楼和广德楼之间,有时还教园子里的人练习武功。那段时间,只要单香陵在园子里一站,地痞流氓没有敢来找事的。时间一长,人们便称单香陵为"闲督管""两广总督"。

在做"两广总督"时,一件有意思的事被人们传为佳话。这件事,就是单香陵一掌拍晕大黄狗的传奇故事。

事情的起因与广和楼股东王玉堂有关。王玉堂经常邀请单香陵到家里做客。这件事正是单香陵第一次到王玉堂家时发生的。

王玉堂的家是个四合院。初次来做客的单香陵,看到大门虚掩,便敲了两下门钹,随后推开了门。抬脚正要迈进门槛时,突然窜出一条齐腰高的大黄狗,直扑胸口!单香陵眼疾手快,急忙退步,同时出手,一掌劈到狗的面门上!这条大狗打了个趔趄,晕倒在地上,继而慢慢爬起,晃晃悠悠地夹着尾巴向回逃去。

王玉堂和夫人听到声音，立刻跑向院子，与逃回来的大狗撞了个照面。单香陵这时也进了院子。王玉堂见单香陵一脸杀气，又见这狗低着头躲在主人身后，便明白了刚才发生的一切。王玉堂马上道歉："不好意思，忘了给狗拴链子，让您受惊了，真对不住您了！"单香陵有些哭笑不得："哎呀，王先生，还有这么待客的？若换作别人，说不定您得送人家去医院呢。"

此后，单香陵再到王玉堂家时，这条大黄狗便乖乖地躲到一边。

第四节 "富连成"教头

富连成戏社，简称"富连成"，成立于1904年，前期称为"喜连成"。该戏社是中国京剧的摇篮，最具影响的京剧戏社科班，培养出了难以计数的京剧名家，如雷喜富、侯喜瑞、马连良、于连泉、马富禄、谭富英、裘盛戎、叶盛章、叶盛兰、萧盛萱、孙盛武、袁世海、李世芳、谭元寿、冀韵兰。梅兰芳和周信芳也曾带艺到富连成戏社进修过。

富连成戏社的艺术家们在得知单香陵在"两广"的事迹和擂台夺冠的消息后，觉得人才难得，决定聘请单香陵为富连成戏社科班武术教师。梅兰芳和萧长华两位京剧界顶级人物出马，约请了单香陵，真诚表达了此意。随后，他们又与广和楼、广德楼两家进行了协调。当时富连成戏社和梅、萧二位，不但在北平梨园界，在全国都很有影响力。所以，没费多大周折，单香陵便从"两广"来到了富连成戏社，担任科班武术老师，直至1948年该社解散。

当时在富连成戏社成长或已成名的许多京剧名家，叶盛章（富连成戏社社长叶春善之三子，名丑）、叶盛兰（叶春善之四子，小生全才）、萧盛萱（萧长华之子，名丑）、李世芳（梅兰芳弟子，四小名旦之首）等，都向单香陵学习过武功。他们中不少人把武术与戏剧舞台艺术有机融合，使其表演艺术有所创新。如叶盛章在其拿手戏《打瓜园》和《三岔口》中运用的拳脚式及打法、拿法，在《酒丐》一剧古庙一场中使用的剑术，皆得益于单香陵的传授。梅兰芳和他的琴师徐兰沅，也非常喜欢单香陵的武术，并向其学习过。

富连成戏社发生过单香陵"掌劈七砖化干戈"的故事，长期被梨园界传为美谈。

当时富连成戏社很多演出设在广和楼。有一次，戏社内部产生了严重矛盾，矛盾双方唇枪舌剑，剑拔弩张。戏社的领导及广和楼的人士都上前劝架，但无济于事。就在双方已有肢体接触，纷争加剧的关键时刻，单香陵恰巧赶到。随着一声大喊"住手"，他冲进人群，拨开双方。大家见单教头来了，都惊了一下，也暂时停了手。单香陵用诚恳而威严的口气对双方说："今天各位为点小事就大动干戈，大可不必。你们都是有见地的人，有事可以商量着办。今天请诸位给我个面子，到此为止，有事坐下来谈或放到以后谈。你们都站在对方的角度想一想，退一步能咋的？都退一步吧。"单香陵见大家在听他说话，便软中带硬说："若还有愿意打的，算是不给我面子，那就先来打我一顿吧。能给你们解解气也行。"

话都说到这份上了，双方人都不愿出头争吵而赚个不是。单觉得时机成熟，趁热打铁，立刻让人搬来一摞青砖，共7块。大家不明就里。单香陵站在砖前，两手抱拳，面对大家说："为了让大家消消气，我给大家献个丑。表演完了，也请大家回去吧。"说罢，他两腿扎下马步,嗨的一声,单掌劈下去,7块砖无一不碎!众人无不鼓掌喝彩,紧张的气氛一下缓解下来。

梅兰芳、尚小云和萧长华等几位梨园巨擘刚好来到现场。他们目睹了刚才的一幕,深为赞叹。矛盾的双方都悄声自行散去了。

第五章　有担当　行侠仗义

单香陵的父母正直善良,单香陵的两个师父都铮铮铁骨、疾恶如仇。在父母的言传身教和师父的熏陶下,单香陵从少年时代就豪爽仗义,一身正气。大凡能伸张正义与惩恶扬善,他都将个人安危置之度外,义无反顾,慷慨为之。

第一节　痛打倭凶有胆气

1931 年,日本侵略军发动了震惊中外的"九一八"事变,东北三省沦陷,生活在这片黑土地上的人民陷入了水深火热之中。

"九一八"事变后不久,单香陵路过大连,住在西岗区一个亲戚家里。亲戚家开了个店铺。一天,单香陵看到 6 个喝得醉醺醺的日本兵到店里强取货物,店员让其付钱却遭到殴打。单香陵顿时怒不可遏,挺身而出,以迅雷不及掩耳之势挥拳将这几个日本兵打倒在地。随即,他便离开大连返回了北平。

这件事后来传得沸沸扬扬,越传越奇。例如,2011 年出版的《东莱今古》一书中,曾这样记述:

单香陵怒不可遏,一步闯向前去将几个日本兵打得东倒西歪,夺回了货物。几个鼻青脸肿的武士道徒回兵营招来 20 多人与单香陵在街心摆开了阵势。日本兵中也有会柔道、劈刺的,但都不是单香陵的对手,一个个被打得鬼哭狼嚎,人仰马翻。正打得难解难分,人丛中走出个穿和服的年轻人,用日语喝退日本兵。又用中国话询问了单香陵的姓名与住址,并致以歉意。

单香陵接到一张日本驻大连海军最高指挥官儿子发来的请柬。亲友一看都傻了眼,说准是'鸿门宴'。单香陵却从容不迫,大模大样地应邀届时'光临'。

原来,这位日本小衙内看中了单香陵的一身好武术,要向他讨教,并表示要结'秦晋之好',以胞妹相许。单香陵一看这来头,更坦然了。心想:你们这些小鼻子把中国人祸害得不轻了,还想把中国的武术学到手去欺负中国同胞?我家自有糟糠之妻,不当鬼子女婿!

…………

诸如此类的登载,在书刊、报纸及网络上并不少见。这些宣传虽是为了鼓舞民族士气、惩恶扬善,但是实事求是和尊重历史更为重要。这正是单香陵做人的操守,也是他对弟子的要求。单香陵老师常常告诫我们:"做人要本分,做事要实在。"

1983年4月16日《体育报》、1984年第8期《武林》杂志,均对此事做了简要真实的报道。尽管如此,至今还没有一份资料对此事有客观的详细的讲述。比如,单香陵是用什么招法打这几个日本兵的?当时的具体情况究竟如何?

我们曾经问过单香陵老师这件事。他说:"有6个日本兵来到店里,其中一个拿了东西。店员要他付钱,他嘴里嘟囔着,回手打了店员一巴掌,紧跟着又一拳打在店员的脸上。店员满脸是血!见状,我的火气一下上来了,过去一拳将他打倒。其他几个一看我打了他们的同伙,蜂拥过来和我交手。又打倒几个后,我赶紧脱身,坐车回北平了。"

通过刨根问底,我们了解了当时的情况。

当第一个日本兵被打倒后,其他几个急冲过来。靠前的两个,被单香陵左右开弓两拳击倒。单香陵用的拳法是六合螳螂拳中的"左右圈捶",此捶类似拳击中的"左右平勾拳"。因为是在屋里,周旋空间不大,所以几乎几个人都靠了身。单香陵又使了一招"背剑式",打倒两人。这个招法是上面用肘拐,同时下面用手撩。被肘拐击下巴的一个,头一歪,便倒在了地上;被撩裆的一个,立马蹲下,动弹不得。这时,剩下的一个和爬起来的一个,从两侧夹击过来,被单香陵用"螳螂点睛"手法,左右开弓,轻巧凌厉点中。二人立刻捂着眼,低头哀叫。

单香陵迅速离开,返回北平。他临走时还喊店员:"你马上离开,他们不会善罢甘休!"过后单香陵才知道,最后大连当局出面,把单香陵说成是过路人,事情总算摆平了。

我们问过单老师:"当时那种场面,他们那么多人,你不害怕?"老师说:"看到他们欺人太甚,我忍不了,也没害怕他们几个,没想那么多。好在他们不在岗,没有带枪,又都喝了酒。估计被我点睛的两个,眼会受伤。"

无论是在道义、在爱国情怀方面,还是在练功方面,这件事都给了我们很大的影响和启发。比如关于"螳螂点睛"实用技法,过去我们没有深刻的理解,只知道动作挥洒飘逸、连环快速就好。老师讲了这件事,我们练功的心态发生了变化,明白了这个手法轻与快的科学道理,以及这个手法打击要害的优势,因而更加注重了对这一手法的准确性、凌厉性和杀伤力的训练。

第二节 一拳扬名护正气

20世纪30年代末(有人说是40年代初),北平发生过一件在武林中轰动一时的事。

其时,正值日伪统治时期,武术界有人借助执掌北平体育部门某人的势力和自己的武功,意欲在武林中称雄。他们常以交流的形式踢馆踩场,搞得武术界不得安宁。当时北平的武林,或慑于其势力,或屈于其武功,鲜有人站出来与之抗衡。唯有一次,他们栽了跟头。让他们栽跟头的人,就是敢于站出来仗义扶弱的单香陵。

事情还得从当时为北平十大国术馆之一的火神庙第一国术馆说起。该馆设在崇文门花市大街火神庙处。该国术馆由武培卿、唐风亭创立,尚云祥、张长发、李星阶、骆兴武、单香陵等名家都给予了大力支持。

　　有一天，国术馆里突然来了一伙人，指名要与武培卿比武。武培卿知道这是来踢场子的，毫不犹豫地站了出来，同意和他们比试。对方出战的是一位高手。双方没怎么搭话便交了手。没想到，刚一交手，武培卿便被其一拳打倒，败下阵来！

　　正好那天单香陵也在场，见状立刻上前征问刚刚取胜的这位高手："你来跟我动动？"这位高手年轻气盛，功夫又不错，与人交手从未吃过亏，刚刚热了一下身，就轻松打倒了名门之后的武培卿，正在兴头上，便毫不犹豫地同意了。

　　这位高手早已抱定格斗势。此势中定，两手稍微撑开护在胸前，中门有空隙，这是故意为对手设下的陷阱。此格斗势，是其门中极为重要的基本功和独特技法。

　　顷刻间一片寂静。两人精神集中，盯住对方，并移动步伐调整身位，伺机寻隙进攻。突然，单香陵进步、闪身、出手一气呵成，用一记圈捶将对手打倒。那位高手当即休克！瞬间，比试结束。被击倒一方没有武艺更高的人，又因双方人数差不多，所以群战他们也赚不到便宜，何况当务之急是救人。于是，那伙人救起躺在地上的人便离开了国术馆。

　　关于这件事，20世纪90年代初传出了一种不同说法，说单香陵是"乘人不备""窜出"，使"黑拳"，却"被人双掌一触后背，击到丈外的墙壁之上"。针对这种说法，下面提供几则史料，以还史实。

　　原建筑材料工业部副部长、螳螂拳家陈云涛所写的《螳螂拳略论》一文中记述了这件事。文中直接提到了上述高手和其师父的名字，以及掌管北平体育部门某人的名字和涉及的拳种。其中一段话这样记述（引文隐去了原文中写明的高手姓名，代之以"某人"）：

　　……武术社被打者已有数家，武界无不惊悚。当第一国术社社长武丕卿（李复祯弟子，车毅斋徒孙）为某人打倒时，适单赶到，义愤填膺，挺身而出，甫一交手，而某人为其底漏圈之手击于地下，半晌方苏……

　　陈云涛是国家高级干部，书法好，写东西原则性和逻辑性强。他不但练梅花螳螂拳、六合螳螂拳，还练太极拳。他的太极拳是20世纪50年代后期跟随杨禹廷学习的。他写这篇文章的时候，知道这件事的老一辈武术家、文中所指的高手和单香陵都在世。

　　曾有媒体披露过此事，内容大致如陈云涛所述。八卦掌名家刘某说：

　　发生这件事时，唐凤亭的徒弟田秀臣、陈传友等均在场。陈传友先生还亲自跟我谈过这件事。冯志强、李秉慈、唐振荣、马有清等人都知道这件事。当时的报纸都报道过……

　　太极拳名家李秉慈说得很详细，并让人为他录制了视频：

　　单老师手上有功夫，胳膊不粗但很硬，像铁棍一样不敢碰，碰了第二天都疼。单老师当年打某人（上述同一人。本书隐去姓名），用的是"底漏圈捶"，一拳将其打倒。到了医院，医生问是用什么打的，怎么像用铁棍打的样子？

　　前些年，有一次在北京的刘云龙先生家里做客。被单老师打过的那人的弟子，在饭桌上提到了那件事："不是说单老师被某人打了吗？"刘先生当即不高兴了："是某人打了单老师，还是单老师打了某人？你们知道吗？你们不知道。"

　　关于事后怎么解决的，李秉慈说："事情轰动很大，双方都有人（李秉慈当时说了人名和当局部门，本书隐去），由官方出面解决的。"

　　单香陵老师说过这件事，与陈云涛所说基本一致。他还说："他们有势力，我不怕，梅先生(梅兰芳)支持我。"单老师曾给我们示范过交手的具体情况,并为我们讲解:"他两手抱门户,中间有空(隙)。我出手一点,他向里一逼。我要(引诱)出他手,一个圈捶将他打倒。"这里的圈捶,指六合螳螂拳中的"底漏圈捶"。此捶有多种用法,若带上投手使用,则叫"投漏圈捶"。圈捶似拳击中的摆拳。

从此捶的技术特点分析,单香陵运用这个手法的针对性强。对手采用"抱门户、中间有隙"的战术,单香陵则欲擒故纵,出手一点,速进速回,并不深入和纠缠。引出彼手后,单香陵则一手勾采,一手圈击。采手、圈击与步伐几个动作同步进行,一气呵成,充分展示出单香陵精绝的功夫和六合螳螂拳的打法风格。

第三节　遏制强暴行侠义

杨禹廷是吴式太极拳第三代主要传人之一。从20世纪20年代初期,杨禹廷先后在北平建国门外的智国寺、太庙(今北京市劳动人民文化宫)和中山公园等地教拳,培养了一大批人才。有些弟子后来在发扬太极拳方面做出了突出贡献,如马汉清、李经梧、马有清、王培生、李秉慈。杨禹廷还教过不少政界官员及社会名流,如刘秀峰、李星峰、周学鳌、傅作义、楚溪春、叶浅予、戴爱莲、赵君迈、李万春、张云溪、曾维祺、陈云涛,为吴式太极拳的传承和推广奠定了基础,扩大了影响。

太极拳研究会设在太庙。20世纪三四十年代,杨禹廷一直在太庙教授太极拳。日伪时期的北平,民不聊生,人们大都忙于生计,学太极拳的人自然减少。杨禹廷收入微薄,家境不好。为了节约开支,他坚持每天步行十几里路到太庙教拳。

有一天,杨禹廷找到单香陵,说:"最近几天,某人(在火神庙第一国术馆被单香陵打过的高手,本书隐去姓名)经常带着一帮人来踢我的场子,目的是赶我走。他们想占据我的地方。您也知道,他们有势力,我惹不起他们。可我已是一忍再忍了,看来那地方我是待不下去了。实在没办法我才来找您,请您帮忙想个解决的办法。"

单香陵和杨禹廷有着多年的交情。单香陵敬佩杨禹廷的厚重品行,杨禹廷也敬佩单香陵的豪侠为人。

单香陵看到杨禹廷那无奈与期待的样子,知道他遇到了很大的困难,不然不到万不得已不会张这个口。单香陵心中马上盘算好该怎么做了:"杨先生不用怕,这事交给我。我再会他们一次!"

第二天一大早,杨禹廷照例到场教拳,单香陵也在场边的长条凳子上坐下,以待不速之客。他身着黑色长褂,头戴礼帽,两腿搭在一起,一副悠闲的样子。外人根本看不出这里已是"山雨欲来风满楼"。

不一会儿,某人一伙6个人来到离杨先生教拳不远的地方,开始装模作样地活动身体。某人指着杨禹廷并对身边人说:"你们看看他教了些什么,都是挨打的架子,是跟师娘学的吧!"跟从的人随声附和,用轻蔑的眼神看向杨禹廷。杨禹廷装作没听见,继续教他的学生练功。

单香陵起身走向了那伙人。某人一眼便认出了单香陵,惊愕之余即刻笑脸相迎:"单先生，您也在这！"

　　单香陵阴沉着脸，目光犀利。他没接对方话茬，直接厉声问道："怎么了，人家杨先生在这里教拳这么多年，碍你们什么事了？非要赶人家走，你们没地儿啊？要把杨先生撵到哪里去？杨先生是我的朋友。你说杨先生是跟师娘学的，我想领教一下你们跟师父学的有多么厉害。我们试试？"

　　这位和单香陵不打不相识。在火神庙第一国术馆被单香陵一拳打倒昏厥后，他深深领教了单香陵的厉害，也知道单香陵是有背景的人。上次那件事，好不容易才摆平。这次，单香陵又突然到场抱打不平，令他猝不及防。有了上次的教训，他不愿纠缠，于是赔着笑脸说："您误会啦！我们是跟杨先生开玩笑的。"寒暄了几句，那伙人便悻悻离开了。

　　从此以后，他们再没有来打扰杨禹廷。

第六章 尚道义 名家交谊

从老家黄县到北平，再从北平回故乡，单香陵不仅以其高超的武功和崇高的武德饮誉北平和山东半岛武林，还以其坦荡的胸怀和淳朴敦厚的人格魅力吸引了许多军政贤达和社会精英与之交游。

第一节 艺苑存知己

一、梅兰芳、齐白石与单香陵

1933 年，单香陵在北平打擂获胜后受萧长华、梅兰芳之请，在富连成戏社任武术教师。单香陵豪侠仗义，赢得戏社众人的尊敬。大家习武过程中也得到了很多启示，提高了戏曲舞台表演艺术水平。

梅兰芳把单香陵高超的武功和高尚的品德看在眼里，渐渐地有相见恨晚的感觉。于是，他与他的琴师徐兰沅一起向单香陵学习武功。梅兰芳身体柔韧性好，武术基本功不错，喜欢舞剑。单香陵将剑的一些技法教给他。梅兰芳深谙个中要领，并将其融于武戏表演之中，使其武戏表演更加出神入化。

梅兰芳与单香陵见证了中华民族腥风血雨的时代，经历了社会上错综复杂的局面。路遥才能知马力，共事才能成知己。梅兰芳最钦佩单香陵为人侠义和大气，二人关系更加紧密。梅兰芳的事情，单香陵一马当先，义不容辞；单香陵有什么事情，梅兰芳总是尽力去办。

前面提到的在火神庙第一国术馆单香陵出手打了有势力的高手那件事，最后也是梅兰芳从中斡旋，由官方出面解决的。

傅作义将军曾邀请单香陵到他的部队任教。单香陵当时已在富连成戏社任教。梅兰芳舍不得让其走，对他说："兵荒马乱的，部队打仗多危险。我看您还是哪里也不要去，就在这里吧。"傅作义那里也是由梅兰芳代单香陵斡旋和婉拒的。

中央国术馆馆长张之江欲聘请单香陵任教。梅兰芳知道后对单香陵说："您去那里好吗？我看还是这里舒服。"过后不久，梅兰芳又对单香陵说："您是我的老师，'富连成'外班只有您一个，我想每年为您唱一场戏。"单香陵当即谢绝："我的钱够花，每月 120 块（大洋)用不完。"单香陵老师曾对我们说过:"那时看梅先生的戏,一场门票7块大洋,比一袋白面都贵。梅先生戏可了不得啊!梅先生每次提起要给我唱专场,我都拒绝。"

梅兰芳曾送给单香陵一把折扇,折扇上有自己画的梅花和题诗。可惜这些文物在"破四旧"运动中遗失。

1948年,富连成戏社解散,单香陵回到山东老家居住,但他与梅兰芳的交往并没有中断,两人一直有书信往来。中华人民共和国成立后,单香陵每年都去北京,直到梅兰芳去世(1961年)。每次去,梅兰芳只要知道,总要请单香陵到家里吃饭叙旧,分别时还要送单香陵礼物。

说到单香陵与齐白石的交往,也源自梅兰芳。梅兰芳与齐白石结识早,二人的交情更深。当年,单香陵经常受邀到梅兰芳家里做客,偶尔齐白石也在。

齐白石和梅兰芳是中国画坛和梨园界颇负盛名的代表人物,两人的交往遂成佳话。20世纪20年代初期,齐白石还没有后来那么大的名气。一天,齐白石由好友齐如山引荐去拜见梅兰芳,梅兰芳在自己家的书斋"缀玉轩"招待了齐白石等人。梅兰芳铺纸研墨,请齐白石画草虫。随后,梅兰芳又即兴为众人唱了一段《贵妃醉酒》。

齐白石的回忆录中写道:"有一次,我到一个大官家去应酬,满座都是阔人。他们看我衣服穿得平常,又无熟友周旋,谁都不来理睬。我窘了半天,自悔不该贸然而来,讨此没趣。想不到兰芳来了,对我很恭敬的(地)寒喧(暄)了一阵。座客大为惊讶,才有人来和我敷衍,我的面子,总算圆了回来。事后,我很经意的(地)画了一幅《雪中送炭图》,送给兰芳,题了一诗,有句说:'而今沦落长安市,幸有梅郎识姓名。'势利场中的炎凉世态,是既可笑又可恨的。"

他们交往几年后,梅兰芳正式拜齐白石为师学习作画。当时,梅兰芳在京剧界如日中天,时间繁忙,除了演出和应酬外,抽空便到齐白石那里学画。梅兰芳的字和画,本来就有名人教授,加上自身的天分和勤奋,已经达到了较高的水平。经齐白石指点后,梅兰芳的书画艺术更上一层楼。

梅兰芳家里养了许多花,牵牛花最多。每到花开的季节,齐白石也会到梅兰芳家里赏花、画花。在梅家作画,齐白石的心境不一样,作出来的画也别有风格。后来,在齐白石的花鸟画中,牵牛花成为他具有代表性的题材之一。

齐白石还精心为梅兰芳画了一幅牵牛花,题曰:"畹华仁弟尝种牵牛花数百本,余画此赠之,其趣味较所种者何如?"梅兰芳非常喜欢这幅作品,并一直将它挂放在起居室里。

齐白石与梅兰芳是书画结缘,单香陵与梅兰芳是武术结缘。齐白石与单香陵都是梅家熟客。他们聊得最多的是书画,有时也聊聊戏曲与武术。单香陵没有进过高等学府,对书画也没有深入的学习研究。但是他睿智,有着触类旁通的天资,自小受大户人家氛围的熏陶,有着较好的素养。另外,他在北平又得天独厚地接触到文化底蕴深厚的京剧艺术,并有机会与文坛名家交流交往。因此,他的文化水平有了很大提高,并饱谙处世之道。因此,他与齐白石、梅兰芳这些大艺术家相处时,不失风雅,非常自然。

齐白石很喜欢单香陵,赞其"儒雅帅气""武人文范""大将风度""真人不露相"。在评价武术时,他对单香陵说道:"自古文武一家,文武一理。我们同道。"

有一次,梅兰芳当着齐白石的面对单香陵说:"您应该有一枚好的印章。"说者有意,听者用心。单香陵心领神会地对齐白石说:"能否向齐先生请一枚?"齐白石谦逊地说:"只要您不嫌弃就好。"没过多久,单香陵便得到了齐白石为他刊的印章。

这方印章较普通印章大些,使用鸡血石为料。年逾古稀的书法家林久江先生说:"山老师(林久江的老师山之南先生)很欣赏这方印,说齐白石'大家就是大家'。"

二、萧长华、徐兰沅与单香陵

萧长华(1878—1967),京剧丑行表演艺术家,卓越的戏曲教育家,被誉为丑戏万派之源的丑行宗师。萧长华曾在富连成戏社任教30多年,培养了一批批优秀戏曲人才。他的这些学生遍布全国各京剧团体。

徐兰沅(1892—1977),京剧琴师。他一生主要为谭鑫培和梅兰芳两位京剧艺术大师操琴,为京剧音乐的革新与创造做出了重要贡献,被梨园界誉为"胡琴圣手"。

萧长华、徐兰沅二位京剧表演艺术家与单香陵的关系非同一般。

20世纪30—40年代,单香陵在北平梨园界和武术界声名鹊起,担任富连成戏社科班武术教师的同时,还被聘为火神庙第一国术馆顾问。火神庙第一国术馆是单香陵等一些武术名家常去的地方。这些名家都以各种方式给予国术馆支持,使国术馆日渐兴旺,名声在外。

有一次,单香陵请京剧名家唱戏,以资助国术馆。萧长华演崇公道,有位小有名气的旦角李某唱《苏三起解》。李某见自己的戏份少,不高兴。单香陵对他说:"凭你的资格,萧先生能给你配演崇公道吗?你不懂,这是把你抬起来啦!"戏后,单香陵为他们封了红包。

萧长华的儿子萧盛萱,也在富连成戏社跟随单香陵练过武功。"文化大革命"时期,刚刚上演了样板戏《智取威虎山》,戏中扮演栾平的就是萧盛萱。那个时期演出的戏曲主要是样板戏,知名艺人露面的不是很多。当时单老师告诉我们那是他的徒弟,我们都感到激动和自豪。

单香陵和徐兰沅既是武术方面的师徒关系,又是亲密的朋友,还是邻居。

单宝珍女士是单香陵的二女儿。2020年,90岁的单宝珍回忆说:"(20世纪)30年代末,徐先生和我们家同在永光街。我们住对门,两家关系特别好。我那时小,他很喜欢我。我经常跑到他家里玩。"

1948年单香陵回到胶东故里定居,也没同徐兰沅断过往来。每年单香陵都要到北京看望自己的大哥单丕猷。虽然单丕猷家里有地方住,可徐兰沅还经常邀请单香陵到家里住。徐兰沅经常送给单香陵礼物。例如,本家弟弟单丕传保存有徐兰沅送单香陵的自己题字的扇面。我还保存着一张单香陵老师收到的徐兰沅孙女的照片。

单香陵家里一直挂着他和梅兰芳、梅兰芳夫人、萧长华及徐兰沅等人的合影。我们这一代人没有好好收藏这些珍贵资料,现在悔之晚矣!

赵国忠收藏照片

图 6-1　萧长华在京剧《群英会》中饰演蒋干剧照

这张由萧长华题写"单香陵先生惠存"的照片，使用老式厚纸板装裱。由于照片年代久远、保管不善，有的字迹已脱落。

单香陵　徐兰沅　梅兰芳　傅芝芳　白存仁收藏照片

图 6-2　单香陵先生与梅兰芳夫妇等人合影（包头市白存仁提供）

第二节　军中有知音

一、傅作义与单香陵

乱世英雄辈出。自古以来，但凡能成为英雄，离不开天时、地利、人和等因素。所谓人和，不是单指人脉的资源。事在人为，有信念、有信心、有骨气的人才能成就大事。这些人中，很多人都习过武，或与武术结缘。

傅作义将军对武术情有独钟。20 世纪 20 年代后期，傅作义担任天津警备司令时，曾挂职河北省国术馆董事，后来还向杨禹廷学习太极拳。20 世纪三四十年代，傅作义与单香陵也有过交情。

傅作义部下有位上校刘书琴,是"铁甲军"拼刺与格斗的总教官。1933年,北方国术擂台赛上,刘书琴与单香陵最后进入决赛,并列第一。从此两人成为挚友。刘书琴曾向傅作义提起过单香陵,对单香陵的武功、人品和性格大加赞赏。傅作义觉得单香陵是个人才,问刘书琴能不能请单香陵到部队来做事。当刘书琴把傅作义的意见转达给单香陵时,单香陵有些为难,说:"我与'富连成'有约,不能随便走啊。"

没过多久,傅作义观看梅兰芳的演出。演出结束,梅兰芳请傅作义喝茶。傅作义突然想到了单香陵,于是试探性地问:"听说你这里有个叫单香陵的功夫高手?"梅兰芳说:"是啊,将军。"傅作义提到了刘书琴和单香陵比武的事,并说:"这个刘教官,我很器重。他向我推荐单香陵先生,想请他到部队任教。"梅兰芳一听,明白了,略加思索后说:"原来将军是来抢人的啊!您若非抢不可,我也只能恭敬不如从命。说实话,我们这里也需要他。"傅作义听了有些不好意思,便说:"我哪能夺梅先生所爱呢!你们都夸此人,想必他有过人之处,有机会我想认识一下这位单先生。"

梅兰芳立刻让人把单香陵请来与傅作义见面。傅作义与单香陵都是侠义之人,军人与武人自有相通之处,会面中更有梅兰芳恰如其分的搭讪,使得傅作义与单香陵的第一次见面自然亲切。傅作义当即邀请单香陵有时间去他的部队看看,指导一下官兵的格斗训练。

一次,傅作义邀请梅兰芳做客,正赶上部队进行格斗比赛。傅作义特别指出请单香陵一同前来。单香陵作为嘉宾,观摩了格斗比赛的现场。傅作义请单香陵提出意见。单香陵对部队简单实用的训练方法非常赞同。过后,单香陵针对训练中的技术和方法,直接向刘书琴提出了自己的看法和建议。刘书琴由衷钦佩并表示感谢。

2001年出版的由慕昱、林宜腾所著的《一代宗师单香陵》一书用了大量篇幅写傅作义、梅兰芳和单香陵三人的关系。其中有一段话是这样写的:"傅作义通过梅兰芳将单香陵请去教自己的孩子,傅作义与单香陵两人经常下棋,关系莫逆。"

二、许世友与单香陵

说起许世友,人们都知道他是作战勇猛、战功显赫的开国上将,也有人知道许世友曾在少林寺学艺多年,是位有着传奇色彩、会武功的将军。从20世纪40年代初期到中华人民共和国成立,许世友一直在山东一带指挥作战,曾任山东纵队参谋长、胶东军区司令员、华东野战军第九纵队司令员、山东兵团司令员、山东军区司令员等职。

许世友和单香陵曾有一段故事,也很有意义。

单香陵与许世友的第一次见面,是在1948年莱阳地区运动会上。当年,单香陵刚从北平回到黄县老家,便应邀参加了运动会的武术表演。他表演了六合螳螂拳中的"短捶"和"双封"两套拳。本来是两个较长的套路,单香陵演练时把它们合二为一,一气呵成。这也体现了单香陵深厚的武术功底和充沛的体力。单香陵精湛的技艺,赢得阵阵掌声,当演练至"螳螂点睛"时,在主席台上观看的许世友情不自禁地喊道:"好拳法,正宗正派!"

表演过后,许世友邀请单香陵到他的办公室。两人聊了很多武术方面的事,很投机。虽然是初次交往,但是两人像老朋友一样,惺惺相惜。兴致上来,许世友让警卫员拉开桌子,亲自练上一套"少林拳"。

许世友得知单香陵在北平的情况，很是钦佩，挽留单香陵改天再走。刚巧第二天部队进行篮球比赛，单香陵便随许世友一起观看。他的警卫员当着单香陵的面问许世友："司令怎么对单先生这么好？"许司令笑着说："我们是行道亲，我俩是师兄弟。"

许世友问单香陵愿不愿意来部队干或是有什么需要，单香陵婉言谢绝。此后，两人偶有书信往来。"文化大革命"时期，单香陵对有些事情不理解，曾写信给时任南京军区司令员的许世友。许世友回信给以慰藉。

小时候曾听人说，"少林寺弟子，要打出山门，还要通过层层考试，合格后才能出山。首先与寺里功夫浅的武僧打，再与功夫高的武僧打。每赢一场，便能出一道寺门。最后是与教头或师叔辈的打，赢了才能出山门成为少林寺出山弟子。许世友就是这样打出山门的。"

当然，这些是民间传说。我曾好奇地问单香陵老师许世友的功夫究竟如何。老师说："他的力量大，功夫正宗，是明白师傅教的。不过他的功夫没有外边传说的那么神。"

近些年来，对于单香陵参加这次运动会的时间，外界报道出现了错误。如流行的一种说法认为："单香陵参加了1952年在莱阳举行的山东省第一届民族武术运动会，表演的螳螂拳赢得许世友司令员'好拳法，正宗正派'的称赞。"

究竟莱阳的这届运动会是哪一年举办的？是什么运动会？单香陵和许世友是哪一年相识的？在这里澄清一下。

单香陵老师说过，1952年，他参加过在济南举办的山东省民族形式体育大会的武术表演，也参加过1948年在莱阳的武术表演。所以，他参加的是这两次活动。

解放战争中，莱阳是胶东的枢纽，乃兵家必争之地。1947年莱阳成为解放区，烟威地区的军队及党政领导机关逐渐迁往莱阳。1950年，成立莱阳专区。所以，1948年的这次运动会，是莱阳地区运动会。此时许世友也在胶东地区。

1983年，《体育报》登载了一篇文章《武林隐贤单香陵》。文中提道："1948年单香陵应邀参加山东省莱阳专区运动大会，精湛的功夫引起阵阵掌声，当打到'螳螂点睛'时，在主席台上观看的许世友同志情不自禁地喊道：'好拳法，正宗正派！'过后许世友同志和他就武术方面的事聊了好大一阵子，并约请他去部队任教。"《体育报》登载这篇文章是在1983年春天。单香陵老师和我们一起看过这篇文章。

第三节 同门过从密

20世纪50年代，陈云涛曾任建筑材料工业部副部长。他少年时入黄县崇实中学读书，后赴青岛，1926年成为共产党员。他一生投身革命事业，根据党的需要，多次变换工作角色。他多才多艺，精于书法、绘画和作曲，还是一位螳螂拳家。

陈云涛原名陈迈千，与单香陵同岁、同为黄县人，同是丁子成早期的弟子，二人关系一直不错。大连解放初期，陈云涛出任副市长时，还特别邀请单香陵到大连传授螳螂拳。20世纪50年代，陈云涛在北京工作，单香陵每年进京办事都与之见面，有时到包头儿女家路过北京，也到陈云涛家里看望叙旧。1962年，北京市武术协会成立，不在北京的单香陵被破例聘为委员，这与单香陵早年在北平的武术成就有关，也与陈云涛向北京市武术协会的提议有关。

陈云涛不但练六合螳螂拳，还练梅花螳螂拳和太极拳。他的梅花螳螂拳（称"郝家螳螂拳"或"太极梅花螳螂拳"），师承烟台的郝恒禄；他的太极拳，师承杨禹廷。

1959年，杨禹廷介绍自己的弟子马汉清向陈云涛学习螳螂拳。为了让马汉清更好地深造，陈云涛征得单香陵同意后，让马汉清拜单香陵为师，学习六合螳螂拳。1962年，在北京中山公园举行了隆重的收徒仪式，陈云涛代替不在北京的单香陵正式收马汉清为徒。同台收徒的还有吴图南。他收马有清为徒。这也是陈云涛介绍的。

同台的这两场收徒仪式，在北京武术界引起轰动。两位徒弟都已小有名气：马有清已获得北京市武术比赛形意拳和八卦掌的冠军；马汉清已担任北京体育师范学院的武术总教练和什刹海体校武术教练。这两位也都已是名师之徒：马有清师承太极名家杨禹廷和形意及八卦名家唐凤亭、骆兴武、王继武；马汉清师承太极名家杨禹廷、弹腿及查拳名家马云龙。收徒的两位老师都是重量级的人物：吴图南是吴鉴泉、杨少侯的弟子，第一届国家武协委员，后人称为"太极泰斗"；单香陵虽然退隐武林多年，但他20世纪三四十年代在北平的武林地位早已确立，他是以实战能力强而饮誉北平的国术高手。收徒仪式的主持人是第一届北京市武术协会副主席兼秘书长刘佩伟，北京市武术协会主席李光亲临现场见证。武术界及有关人士上百人参加。

2008年我到北京看望李秉慈师兄。他拿出一本泛黄的笔记本给我看。其中，1962年11月25日的日记《'二马'拜师记》记录了收徒的详情，包括吴图南先生在仪式上讲的吴式太极拳精要。

20世纪50年代末，陈云涛从单香陵手中借去《六合螳螂手法真传秘诀》拳谱。此拳谱是丁子成传给单香陵的。陈云涛看后将原本留下，给单香陵重新抄写了一本。

"文化大革命"时期，陈云涛赋闲在家，整理出多篇武术理论：《螳螂散手》《论肘法》《踢法简论》《翻天覆地及其它》《双锦拳》《小活（虎）燕》等。

陈云涛多次劝说单香陵把六合螳螂拳整理成书，并在1975年提前为单香陵拟写的书写好了序言《螳螂拳略论》。

《螳螂拳略论》一文，是陈云涛先生用毛笔所写，简介了螳螂拳的渊源，以及"七星""梅花""六合"三大螳螂门派特点，还介绍了单香陵其人其事。

从《螳螂拳略论》序言中，我们不单领略到了陈云涛先生高深的武学造诣，还欣赏到了他丰厚的文化底蕴：语言精练，逻辑性强，字写得漂亮。遗憾的是，单香陵年龄大了，不愿动笔，最终没能成书。但《螳螂拳略论》，为螳螂门派留下了宝贵的理论资料。

1983年，在香港定居的马有清先生，在《武林》杂志第12期发表的《部长笔下的双锦拳》一文中，介绍了陈云涛习武经历以及与单香陵的师兄弟关系，还影印了陈云涛的手迹《双锦拳》。1983年12月19日，单香陵老师在哈尔滨女儿家，专门为此事给我寄来一封信，让我买一本这期的《武林》杂志看一下。

图6-3　20世纪70年代,单香陵(右)与陈云涛

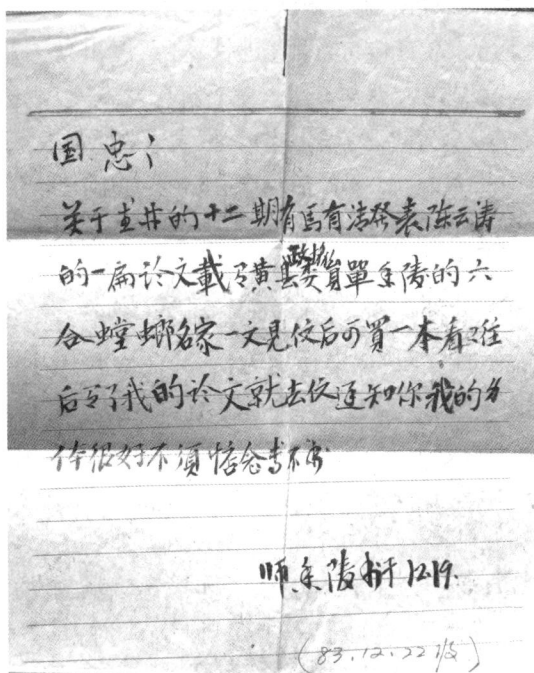

图6-4　单香陵写给弟子赵国忠的信

第四节　同道多师友

一、形意拳门:马礼堂、刘书琴、李星阶、尚云祥

(一)单香陵与马礼堂

提到马礼堂,很多人都知道他是"六字诀"养生气功的创始人。20世纪八九十年代,"六字诀"风靡全国,并传到世界很多国家。马礼堂的许多头衔都与气功、养生和健身有

关。他曾兼任中国气功科学研究会名誉理事、养生科学研究所名誉所长、中山健身会导师、湖南马王堆气功学院及全国13个省市的气功顾问等。其实,这只是马礼堂人生的一部分。抗战时期,国民政府曾任命他为特派专员,授予少将军衔。中华人民共和国成立后,他一直担任中国文化书院导师。马礼堂还是中国著名的武术家,曾任中国体育科学学会武术研究会第一届委员、北京大学气功武术协会名誉会长。

马礼堂(1903—1989),原名马步周,河北省河间县(今河北省河间市)人。早年考入河北北方学院教育系,当过教师,喜作诗文。在校期间,曾组织成立"檀玉书社",出版过《檀玉书集》。"九一八"事变发生后,马礼堂忧愤赋诗曰:"泪洒山河半壁残,雄心未死发冲冠。公家吞熟私家食,商女饱温织女寒。傀儡登场凭线索,娇花弄媚倚栏杆。误国误民曾知否,多少英雄血变酸。"

马礼堂曾在《求是》《武魂》期刊发表文章,宣传爱国主义。1938年,国民党军队退过黄河,马礼堂率领1000多人进入太行山打游击,在战地服务团河北民军政治部任副主任,被国民政府授予少将军衔。在豫南,他积极与八路军配合抗敌。

马礼堂的一生跌宕起伏,富有传奇,四度进铁窗,四度出狱。第一次因参加李大钊葬礼、游行散发传单入狱。第二次入狱与在《求是》期刊发表文章、宣传进步思想有关。第三次是1945年被军统逮捕。最后一次,是因给一位大人物治过病,遭到关押。

马礼堂从小就随族中长辈学习中医,后又拜国内多位中医泰斗为师,因而颇通岐黄之术。20世纪50年代初,他曾在开封开办过"圣马利医院",后又到北京万寿山高干疗养所工作。

为此,陈叔通填词赞:"燕赵有奇人,儒侠在一身,岐黄钻习更无论,识得沉疴症结处,妙手回春。"黄炎培题赠锦旗:"岐黄大道传真谛,内外兼修养气功。"梁漱溟书赠:"好学近于智,力行近于仁,知耻近于勇。"徐特立老人填词赠曰:"昔年文武,曾小齐鲁,踏遍关山难伏虎,哀怨如今莫吐。新华重起河间,旨哉扁鹊心传,手底钎针豆火,口碑响彻云天。"

马礼堂不但自小学习中医,还同时习武。他初练弹腿、花拳,13岁时跟随威震武林的表伯父张占奎学习形意拳和八卦掌。多年后,张占奎介绍其拜刘纬祥为师,专攻形意拳。之后他又向刘彩臣学习太极拳,向杜心武学习自然门。可以说,他拜过的师门都是名门正派。

马礼堂与单香陵两人相识于20世纪30年代初期。那时,单香陵在北平武术界已崭露头角,马礼堂的铁腿功夫也是远近闻名。

1933年的北平国术擂台赛上,马礼堂的师兄刘书琴与单香陵打得精彩至极。二人打到决赛,裁判判予并列第一。单香陵当时心中并不服气。为了消除单香陵心中不快,以和为贵,马礼堂专门设筵,邀请了单香陵、刘书琴以及担任本次比赛的裁判长尚云祥等武界名流,并从旁缓颊。在座的都是豪侠之士,交流顺畅,单香陵很快解开了心结,也从此对马礼堂另眼相看。单香陵和马礼堂遂成为莫逆之交。

一次,马礼堂找到单香陵说:"我师兄尚云祥和刘书琴商量要去看望刘纬祥老师。他俩对你印象很好,想邀你一起去,不知你意下如何?"

单香陵毫不犹豫地答应了,因为刘纬祥是一位以能打而著称的武林老前辈,是单香陵早就仰慕的人。几位一起看望刘纬祥,以及刘纬祥欲收单香陵为徒一事,详见本节《单香陵与刘书琴、尚云祥等》一文。

单香陵为人正直、性格刚烈、侠肝义胆，从不阿谀奉承，不信邪。马礼堂也是这样的人。他年轻时曾侠义出手，一人打过一拳师和拳师的多名徒弟。"七七"事变后，南京有一位八卦拳的名手孙某，与日本特务勾结，仗势跋扈。有一次，他与人比试获胜，大吹大擂，不可一世。马礼堂在场看不过去，问孙某："我们试试怎么样？"孙某见马礼堂块头比自己差好多，当即同意。两人刚一交手，孙某便被马礼堂一拳击倒，在众人面前栽了跟头，顿时失了锐气。孙某不认识马礼堂，便问随马礼堂一起来的河南大学汤教授。汤教授答："这位就是大名鼎鼎的'坦克车''马铁腿'——马礼堂！"

马礼堂与单香陵还有一个共同点：一生痴迷武术，追求传统武术之精华，主张技击武术，鄙视那些故弄玄虚、令人眼花缭乱的把戏。

马礼堂早年在北平西城旧礼王府祠堂组织过国术研究会，聘请孙禄堂、尚云祥、刘彩臣、王占恒、邓云峰、恒寿山等著名国手为导师，吸收爱国青年，共同学习，研究国术之功用，发扬国术精神。中央国术馆馆长张之江先生曾赠"强种救国"之书匾。他还成立过"技击学社"，社员达数百人，许多知名武术家积极参与，为技击武术献计献策。

20世纪六七十年代，武术处于低潮，两位老武术家忧心忡忡，担心国术会失传。他们清楚，武术之所以称为国术，是因为国人对武术技能的青睐、对武德文化的推崇，以及对武术所蕴含的勇往直前精神的追求；也因为其能强体、强种、强国，是中华民族传统文化之瑰宝。

二人当时对武术发展的方向有些迷茫，因为武术渐渐走向了花式表演时代。曾经二人在一起交流较多的是武术的功法、打法和历史，而今谈论最多的是武术将向何处去。二人都是有生活阅历的人，而且思维开阔，能够接受新事物。因此，他们并不反对武术推陈出新、多元化发展。但他们同时认为，武术一定要坚守先辈创造之初心，既能强身健体、培养武之侠义精神，又能打、善打。

他们曾给分管武术的领导提过建议，也与一些相关人士沟通过，但大势所趋，收效甚微。

一次，山东省召开武术座谈会。武术管理部门的一位擅长花式表演的领导人，夸夸其谈，定调武术的表演化、艺术化。与会者明白领导的意思，都顺着说。单香陵发言的时候，却唱出了反调："武术不提倡打，只提倡表演，提倡花哨，这还能算作武术吗？"当场这位领导不愿听了，马上说："你什么意思，难道就你能打吗？"单香陵也没客气："你敢试试？"那位领导被顶得瞠目结舌，无言以对。

单香陵与马礼堂在传统医学方面都有专长，这也成为两人交流的话题。单香陵在正骨拿环方面技术高超。20世纪60年代初期，他在黄县城里挂牌教授武术、正骨拿环。时任黄县副县长的林枫得了腰病，久治不愈，后经单香陵之手，得以治愈。两人从此成了要好的朋友。林枫还让女儿跟单香陵学练太极拳。

马礼堂在中医治病与气功健身方面造诣颇深。他首创的"六字诀"养生气功等，使单香陵受益匪浅，使他不仅提高了养生健身的意识，还在后来几十年对六合螳螂拳的研习过程中，融入了新的元素。

例如，传统的六合螳螂拳，在发力和刚柔程度方面，相对刚一些。而单香陵的六合螳螂拳风格,相对柔一些,较为圆顺。这里所说的刚柔,是相对的。不是说孰好孰坏,只是说各有特点,见仁见智。

"纯刚易折,纯柔无骨",这句话是单香陵教徒弟时常说的,其核心就是把握一个"度"。这个"度"可不要马虎,不但适用于练武,也适用于为人处事等方面。单老师告诉我们,练拳起码不要练坏身体。比如对初学者来说,最简单的"蹲马步",不是要久蹲不起、咬牙坚持,而是少蹲、勤蹲,以避免对身体造成伤害。

马礼堂与单香陵很合得来,二人的交往至深。晚年的单香陵几乎每年都要到北京,每次去都要到马礼堂家里叙旧。单香陵家乡的一位同岁好友、中国著名的书法家丁佛言的弟子——山之南先生经常为单香陵写一些书法作品。知道马礼堂喜欢字画,单香陵多次给马礼堂送去山之南的书法作品。这些书法作品深得喜文善墨的马礼堂的喜欢。

(二)单香陵与刘书琴、尚云祥等

形意拳是中国武术九大流派之一,以拳法简练实用著称。形意拳与八卦掌、太极拳统称为内家拳。历史上出现过许多名震武林的形意拳大师,如"半步崩拳打遍天下"的郭云深、"单刀传奇"的李存义等。

刘书琴、尚云祥和李星阶都是民国时期形意门实战派的顶尖高手,个个名声在外。刘书琴与单香陵的关系,前面已有介绍,此处不再赘述。这里只说一件事:尚云祥、刘书琴、马礼堂和单香陵一起去拜见刘纬祥的事。

北平擂台赛结束后,在马礼堂所设筵席上,刘书琴对单香陵说:"我们是英雄比武,规则无所谓,胜负无所谓,今后有时间我们还要多交流。"擂台赛还未开打,刘书琴的大名早已如雷贯耳。这次擂台赛,刘书琴是参赛队员中年龄最大的一位,展现出了高超的功夫和充沛的体力,着实让单香陵刮目相看。此后,两人时常有交流,成了好朋友。这才有了之前所述刘书琴向傅作义推荐单香陵到部队任教的事情。

尚云祥、刘书琴、马礼堂三人商量好要去看望刘纬祥,并想邀请单香陵一起去。马礼堂征求单香陵的意见,单香陵毫不犹豫地答应了。

他们几位来到沧州河间刘纬祥家。刘纬祥虽已年过七旬,但仍精神矍铄。见到尚云祥、刘书琴、马礼堂和单香陵几位武林英杰前来拜访,刘纬祥很高兴:刘书琴、马礼堂是自己的弟子,自不用说;尚云祥早已声名远扬,虽然岁数比自己小不了多少,但按辈分是李存义的弟子,自己的师侄;单香陵刚刚打擂获胜,也是威震四方。刘纬祥热情地招呼几位晚辈。看到单香陵一表人才,目光炯炯有神,而且彬彬有礼,刘纬祥很是喜欢。尚云祥、刘书琴、马礼堂在刘纬祥面前对单香陵大加褒奖,毕竟他们都是形意门的师兄弟,相比之下,只有单香陵是门外之人。

大家自然谈到形意拳。单香陵静静地听着,很少说话,但他的目光和表情已掩饰不住内心的喜悦和赞同。刘纬祥突然问单香陵:"你觉得形意拳怎么样?"单香陵答:"过去就知道形意拳好,也与一些人交流过,可刚才说的这些我还是第一次听。形意拳的确厉害。"刘纬祥问:"那你想不想学?"单香陵立刻回答:"当然想学!"刘纬祥接着说:"既然这样,我虽然关门多年不收徒了,但今天我要破例,再收你一个,你看怎么样?"

刘纬祥突如其来的一句话,让单香陵猝不及防!在场的尚云祥、刘书琴和马礼堂都感到意外!他们觉得形意门当家人做出了一个空前的举动。首先,在传统的门规中,形意门收徒、递帖子拜师,条件非常严格,规矩烦琐。其次,刘纬祥在形意门中是在世的辈分最高的一位,担任着武术之乡保定的国术馆馆长,以能打而著称,弟子中也不乏能打的高手。再是,刘纬祥已封门多年不收徒了,今天却提出收徒一事。

单香陵清楚,这是刘纬祥对自己的赏识和高抬。自己也很想学习形意拳,更渴望拜在刘纬祥这样的名师门下。可是,北平距河间有些远,他在北平有差事,不方便经常外出。他不想挂个空名徒弟。于是,单香陵马上站起来,恭敬地给老先生鞠了个躬,说:"谢谢前辈!只是您辈分太高,不敢高攀。"单香陵又开诚布公地把路途远和工作不便的客观原因说给了刘纬祥听,并说只挂空名怕有辱师门。刘纬祥听后觉得有道理,便说:"你说的也是。这样吧,你若有时间过来,我会把你当成徒弟好好教你。"单香陵说:"一定来看您,向您请教!"

这次过后,单香陵去看过刘纬祥。遗憾的是,两三年后,刘纬祥便辞世了!

《武魂》杂志2001年第3期登载了杜金国的一篇文章《单香陵与六合螳螂拳》,文章中提到这件事。这篇文章基本记述了这件事情的经过:

1933年,单先生与尚云祥等先生一起到保定拜见了形意门前辈刘伟祥老先生,刘老先生对单先生很赏识,欲收为徒。当时刘老先生辈分很高,单先生又很年轻,所以坚决推辞说,老先生名分太高,不敢高攀。后经其介绍,拜定兴三李之三爷李子杨为师,正式学习内家拳。在此期间,单先生受聘于京剧大师梅兰芳先生,在广和楼做管账先生。

(三)单香陵与李星阶、李子扬、张长发

蜚声武林的"李氏三杰",是河北定兴的兄弟三人:老大李彩亭,字呈章;老二李文亭,字星阶;老三李耀亭,字子扬。三兄弟出生在镖师世家,祖父李鉴是清朝咸丰年间著名镖师——大名鼎鼎的"花刀李"。父亲李钧,是河北一带颇有影响的镖师。李钧将家传绝技密授3个儿子,并让他们拜师李存义。

李存义(1847—1921),师承形意门大家刘奇兰、八卦门宗师董海川,功夫正宗,名声显赫。他曾任两江总督督标把总,在保定开设"万通镖局",后在天津与人共同创办中华武士会,担任中华武士会教务主任。中华武士会会长由同盟会会员叶云表担任。叶云表曾随李存义习武。

1900年,53岁的李存义为抗击外敌,毅然投身义和团,并将杀敌本领传授给义和团成员。战场上,他手执单刀杀敌无数,人称"单刀李"。李存义培养了一大批国术高手,如尚云祥、黄柏年、马玉堂、郝恩光、李文亭、傅剑秋、李彩亭、李耀亭、李文豹、陈泮岭、唐维禄、田鸿业、薛颠。这批弟子,是民国时期非常有影响的武林人士。

李文亭(1876—1945),12岁便随父走镖,后在沈阳开设"常胜镖局",20岁拜师形意拳大家李存义,得其真传。在几十年的保镖生涯中,他出生入死,多次以高超的武功化险为夷。

民国初年,袁世凯称帝,蔡锷发动护国战争。李文亭受蔡锷之请赴云南参加"讨袁护

国军"，短时间内便升至营长。蔡锷去日本治病，李文亭解甲回天津辅佐师父李存义发展壮大中华武士会。当时中华武士会已是北方最大的武术社会团体。1917年，李存义年迈，将中华武士会交由李文亭执掌。

1928年中央国术馆成立，中华武士会完成了它的历史使命，归并地方武馆。山东省与河北省是武术盛行的大省。河北省国术馆于1928年成立，李文亭被推为教务处长。（馆长为河北省政府主席商震兼任，副馆长为北平警备司令张荫梧兼任，时任天津警备司令的傅作义为董事。）1929年，浙江省举办国术游艺大会，李文亭被聘为评判委员。

李耀亭（1883—1956），自幼得家传武功，后被李存义收为义子并精心培养。1912年，李耀亭随李存义创办中华武士会。中华武士会成立不久，他便被北洋大学（后来的天津大学）聘为武术教员，一任数十年，学生遍及海内外，誉满全国。1929年浙江省举办的国术游艺大会和1933年举办的南京第二届国术国考大会，李耀亭均被聘为评判委员。

单香陵结识李文亭、李耀亭，源于火神庙第一国术馆。此馆由武培卿和唐凤亭等人创办，武术界很多名流都给予了支持。单香陵在广和楼很有威望，国术馆的师生通过单香陵可免费到广和楼看戏。每年单香陵还请京剧名角唱戏，以资助国术馆。

唐凤亭和唐凤台兄弟俩是李文亭的弟子。有一次，国术馆里来了一位彪形大汉，前来找在南京国术比赛得了第三名的唐凤台比武。两人交手后一时未分胜负。恰巧李文亭在场，叫停二人，提出愿与来人一试。大汉见李文亭已近花甲之年，完全没有把其放在眼里，伸手抓李文亭之胸襟。李文亭手起劈掌，将大汉击出丈外。

火神庙第一国术馆名声在外，加之位置好，在崇文门花市西街，因而不少武术名家都来这里捧场和交流。尚云祥、李文亭、李耀亭、张长发、骆兴武、单香陵等人都是这里的常客。这些人中，数单香陵岁数小；且除单香陵外，其他人大多是形意门和八卦门的代表人物。因此，在这里，单香陵从各个方面看都是新人。不过，单香陵机灵勤快，谦虚有礼貌，通过喝茶、交流等机会，很快融入了这个大家庭。特别是在国术馆里打败了前来踢馆的那位高手之后，单香陵得到了大家的认可。

单香陵曾向尚云祥、李文亭、李耀亭、张长发等人学习过形意拳，其中向李文亭学得最多，如"五行拳""连环拳""八式"等形意拳和"六合刀"。单香陵向李耀亭学习了"崩剑""三合剑""三合对剑"。

单香陵在武术方面，见到好的拳、械，会不遗余力地学习和练习。因此，他演练的形意拳动作规范，其功力已达暗刚、暗柔之境。今天我们见到的单香陵传下来的形意拳，功法纯正且有独到之处。如单香陵演练五行拳中的"崩、炮、横"三法，其腿法用的是双重腿法（重心均衡在两腿间）；而现在形意门中较为流行的练法是单重腿法（两腿虚实分明，或称三体式、三七步）。这与传承有关，各有其长。单香陵先生传下来的"六合刀""三合剑"，在形意门派中都不多见。

20世纪二三十年代的北平武林中，形意拳是一大门派。螳螂拳自单香陵来北平后，才逐渐被人知道而声名鹊起。

形意拳传统套路中有一套拳叫"杂式捶"，这是形意拳与螳螂拳两种拳法有机结合的一个套路。此套路产生于18世纪，当年，形意拳一代宗师戴龙邦和螳螂拳师比武，相互赞叹对方的功夫和功法,交了朋友,相互学习,取长补短,并创编了这套拳。这套拳中有"虎洗脸""风摆荷叶"动作招式,并多次重复出现。这些象形动作是螳螂拳手法。

受形意门和螳螂门先师合作创拳之启迪,形意门名家张长发先生曾与单香陵一起,拟将形意拳和螳螂拳优秀之技法集中起来,再度创编新的套路。

张长发(1875—1965),字祥斋,程派八卦掌创始人程廷华的弟子,形意拳巨擘刘奇兰之三子刘殿琛的弟子。精形意拳、八卦掌、摔跤等武技,人称"铁罗汉"。担任过东北军武术总教官,并收张作霖之子张学良、张学明、张学思为徒,后被聘为火神庙第一国术馆顾问。

张长发大单香陵31岁,与单香陵是莫逆之交。张长发看中单香陵这个小伙子的仗义和一身的好功夫,特别是其出神入化的螳螂拳。张长发认定单香陵所习之螳螂拳是武术中的精品,若能与自己所习之形意拳强强联合,创造出一套拳,将对武术做出一大贡献,也为自己的武术人生画上完美的句号。于是,二人经常在一起研究新的"杂式捶"。后来,阴差阳错,二人分开,使创编终成憾事。

李文亭与人搏斗善用"劈拳"和"虎扑子",常常出其不意击中对方前胸而将人打出丈外。后来,单香陵老师教我形意拳时说:"李文亭说过,劈拳的最高功夫是将人劈得似站非站,似倒非倒。想起身,起不了;想倒地,倒不了;像把人定在那里一样。"同时,单香陵老师也说自己做不到。

单香陵评价形意门之刀剑兵器时说:"尚云祥的剑法不错,简练实用,不花哨;李耀亭的剑法步子灵活,剑法多变,力道清晰。"

冷兵器时代,战乱频繁,国人御敌之武器,数不胜数,千奇百怪。兵器中,长兵首推大枪,大枪被称为"百兵之祖";短兵首推剑,剑被称为"百兵之王""宝剑"。由此可见枪剑的厉害。

冷兵器时代过后,由于种种原因,很多好的刀法、剑法、枪法失传。现今能实战的刀法、剑法、枪法已不多见。李耀亭所传剑法是精华,遗憾的是,目前近乎绝响。李耀亭传下来的《三合剑》有什么内容和特点?单香陵又是怎样传承其剑法的?请见第七章及第十一章第一节。

二、八卦掌门:尹玉璋、骆兴武

(一)单香陵与尹玉璋

董海川以八卦掌绝技威震京都,使八卦掌在京城乃至全国迅速传播,被称为内家拳三大门派之一。董海川有著名的八大弟子,其中最负盛名的是尹福(人称"瘦尹")和程廷华(人称"眼镜程")。二人通过多年的研练,形成各自独特风格,后人称为"尹派"和"程派"。

尹福(1840—1909),董海川大弟子。早年习少林拳,20岁跟董海川习八卦掌,功夫高深,名声显赫。光绪皇帝及总管太监均向尹福学过拳。1900年,八国联军入侵中国,光绪帝由尹福等人护驾到长安避难。回京后,光绪皇帝给以封赏。尹福以穿掌八卦为其特色,所传弟子众多,终成一代宗师。

尹福家中三子成玮、四子玉璋秉承家学。成玮技艺虽精而名声未显,四子玉璋颇有声望。

尹玉璋（1890—1950），字佩瑶，先后在北平和青岛等地传艺。1932年编著《八卦掌简编》一书，使后人得以了解尹氏八卦掌早期风貌。尹玉璋身材适中，动作灵敏，以闪转变化为其特长。

尹玉璋和单香陵都是北平武林中的知名人物。尹玉璋听说单香陵的螳螂拳很厉害，总想一探究竟。

20世纪30年代的一个夏天，几位武林朋友聚会。大家兴致之余，尹玉璋突然对单香陵提出："都说你的螳螂拳好，我很想见识一下。我们试一下手好吗？"

单香陵是个好动之人，一听就高兴。可他也知道，尹玉璋是尹福的儿子，那可不是一般人。虽然尹玉璋大单香陵16岁，早已过了竞技年龄，但还主动提出试手。没有真功夫的人是不会这么做的。仅此一点，就让单香陵敬畏。另外，尹玉璋是名门之后，不怕丢场子、败名声，这可不是哪个名家都能做到的。尹玉璋不愧为"将门出虎子""艺高人胆大"。

单香陵抱着尊敬和学习的态度，躬身施礼："承蒙尹兄指教。""不用客气，我们就是交流一下，没什么。你来吧。"尹玉璋说。"尹兄先来！""那好，我们开始，点到为止。"两人互视对方，气静神闲，以逸待劳。

突然，尹玉璋以连环步法迅速移到了单香陵的右侧方，同时出手，打、要（术语，逼迫对方出手招架）并举，一气呵成，动作娴熟，行云流水。

单香陵哪里敢怠慢，早已集中精神，死死盯着对方，稍有风吹草动，立刻做出反应。他移步转身90度，拧腰侧身，同时用"螳螂连环手"勾抓其臂，手手相扣，势如破竹。

尹玉璋见来势太猛，急以穿掌（也叫投手，出一只手换回另一只手）将被勾抓之手急速回抽。只听嗤的一声，尹玉璋所穿小褂袖子被撕了下来，两人就此停手。

尹玉璋惊叹道："好功夫！不用比了。你的手像'杆钩'一样。若不是我，换作他人怕走都走不掉啊！"

通过这次交流，尹玉璋和单香陵走得更近了。两人经常谈八卦拳、螳螂拳、形意拳、太极拳等，从源流到风格特点，从传人名手到轶事传闻。单香陵从中学到了不少知识。尹玉璋还将家传之八卦掌核心技术"左右穿掌换掌法"传授给了单香陵。

（二）单香陵与骆兴武

骆兴武（1891—1967），八卦掌程派宗师程廷华传人李文彪之得意弟子，形意拳李存义传人郝恩光之得意弟子。

骆兴武曾在东北军著名抗日将领吴俊升府内任教官。吴俊升是"东北王"张作霖"三驾马车"之一的黑龙江省督军。在1928年的皇姑屯事件中，吴俊升与张作霖同车罹难。

1925年，在奉天（今沈阳）举办的东北三省武术擂台赛上，骆兴武名列前茅。张作霖亲自颁奖，赞其为"龙虎武师"。骆兴武担任过东北陆军讲武堂、张学良卫队营的武术教官。

"九一八"事变后，骆兴武定居北平，并于1949年在北京创办了兴武国术馆，即后来的兴武武术社。1962年，北京市武术协会成立，骆兴武任委员兼形意拳、八卦掌研究组组长。

在东北，骆兴武的名气很大。到北平以后，骆兴武的人品和善于结交各路豪杰之举更是为人称道。很多人知道骆兴武有唐凤亭、郝三甲等6位武林义弟,其实他还有一位莫逆之交——单香陵。

北平火神庙第一国术馆是骆兴武和单香陵经常光顾的地方。二人禀性相近,成为知己。国术馆藏龙卧虎,名家荟萃。大家相互交流,相得益彰。

单香陵的程派八卦掌主要是在这里学的。八卦掌的内容丰富,若要全面掌握并非易事,螳螂拳以手法见长,许多手法与八卦掌的有相近之处。单香陵在学习八卦掌时,只取其点而非取其面,即只取其精华。例如,程派八卦掌的"搬拦靠"换掌法,是门中标志性动作招式。"搬拦靠"的螺旋手法与步法的训练,既是基本功法,又是进阶功法,久练自明。所以,"搬拦靠"是单香陵每天必练的功夫。

骆兴武和单香陵多年如一日,相互尊重,有事互相帮助。1948年,单香陵回了山东老家定居,但只要是到北京,都要与骆兴武见面叙旧。

从骆兴武的很多弟子后来均拜单香陵为师这件事上,便能看出二人的亲密关系。骆兴武的徒弟马有清、李秉慈、杜金果、刘敬儒、许世田这几位武术界的知名人士,都向单香陵学习六合螳螂拳。这与骆兴武在弟子面前对单香陵的认可有关,也体现了骆兴武为人厚重、求真务实、对弟子负责任的大家胸怀。

杜金果早年随骆兴武习武,后到包头市工作。20世纪60年代中期,单香陵经常到包头市儿子和闺女家住住。骆兴武知道后,给单香陵写信,引荐杜金果学习六合螳螂拳。1982年,刘敬儒、许世田到山东黄县拜单香陵为师时,说是骆兴武的建议。

杨桐是骆兴武的大徒弟,被圈内公认功夫好、得骆兴武真传。杨桐在包头市居住,是包头武术界颇有影响的人物。每当单香陵到包头探亲,杨桐必定去看望,说这是骆兴武交代的。我还保存着1983年杨桐看望单香陵时,在单香陵儿子单毅基家吃饭的照片。

马有清、李秉慈评价骆兴武与单香陵二人关系时,直截了当地说:"二人在武术朋友圈中,关系好排第一位。"

赵国忠收藏照片

图6-5　1983年,杨桐先生到单毅基家里看望单香陵先生

图6-6 2009年，李炳火、赵国忠相聚林锐家中

三、太极拳门：郝文兴、吴图南、杨禹廷

（一）单香陵与郝文兴

太极拳以其动作轻柔、中正安舒、和顺圆满、刚柔相间、连绵不断等特点和较好的健身作用，赢得人们的喜爱。全球习练太极拳的人以亿计，远远超过了武术的其他门派，也鲜有运动项目有如此多的人参与。太极拳已被联合国教科文组织认定为世界非物质文化遗产。

太极拳有陈式、杨式、武式、吴式、孙式等门派。其中，武式太极拳由武禹襄创立，武禹襄传李亦畬，李亦畬传郝为真；孙式太极拳也称孙氏太极拳，由孙禄堂创立。

郝为真（1849—1920），承上启下的太极拳大家。当年，孙禄堂习练形意拳和八卦掌已几十年，功夫已臻上乘，仍拜在郝为真门下。仅凭这一点，也足见郝为真之太极功夫非同一般。

孙禄堂（1860—1933），人称"活猴""虎头少保"。曾随李魁元习形意拳，随程廷华习八卦掌。成名后，又随郝为真习太极拳。1918年，孙禄堂综合习练形意拳、八卦掌和太极拳之心得，创立了孙氏太极拳。

太极拳中著名的"水中三步功夫"就是郝为真首次提出来的。"水中三步功夫"，即走架之境凡三变：初若身立水中，随水波之推荡；稍进，则如善游者与水相忘，故走架时有足不履地，任意浮沉之概；又进，则步愈轻灵，若自忘其身，直如行于水面，飘然为凌云之游也。

郝为真有四子：文勤、文桂、文田、文兴。四子皆承家学。郝氏家道中落，老二郝文桂（字月茹，1877—1937），以教拳为职业，颇有声誉。老四郝文兴的太极拳功夫也非常了得，人称郝四爷。虽然功夫好，郝文兴却不以教拳为业。郝文兴长单香陵20多岁，单香陵向其学习过太极拳。

单香陵讲过他同郝文兴第一次交流的事。他说："郝四爷问我对太极的劲怎么看。我犹豫间，他伸出手让我推他试试劲。于是，我俩手打手。我没动，只看着他，手轻柔沾在他手腕处。郝四爷停下手，笑了笑问我为什么不用力。""之前接触过太极拳，知道这里的法门。进了太极的圈，软了不行，硬顶它也不行。郝四爷的东西不错，咱们学的太极套路和推手就是郝为真派的。"

1975年春节期间，在黄县工会大院举行武术表演。单香陵老师将"短捶""双封"套路合二为一进行了表演，他的两位得意女弟子单爱萍和冯蕴敏表演了太极拳和太极推手，赢得了观众的赞誉。2012年，单香陵老师迁坟仪式当天，举办了"六合螳螂拳研讨会"，单爱萍和冯蕴敏现场为本门表演了太极推手，大家看得赏心悦目。

20世纪70年代，单老师教我太极拳时，直接教单推手、打轮、双推手，还配合螳螂拳中的顺牵手、双采手、藏花手等手法传授。这与现在许多太极拳老师传授的方式和方法不一样。一般太极拳老师要求弟子站桩多少年、练拳多少年，然后才教推手或散手。单香陵老师接触了太多的太极名家，这样教我们，自有他的道理。

（二）单香陵与吴图南、杨禹廷

吴图南与杨禹廷是杨式太极拳和吴式太极拳的正宗传人，都是大师级的人物。

吴图南师承杨式太极拳宗师杨露禅之孙杨少侯。杨少侯是那个年代太极拳界的翘楚，其父杨健侯，其弟杨澄甫。后人有赞杨澄甫为"杨无敌"。吴图南的另一位老师是吴式太极拳创始人吴全佑之子吴鉴泉。

杨禹廷师承吴式太极拳创始人吴全佑之得意弟子王茂斋。

上文提到单香陵与郝四爷的打手问劲，明白人一看便知道单香陵也是太极高手。单香陵的太极拳功夫，与接触到的多位太极高手有关。吴图南、杨禹廷是单香陵多年的朋友。本书中第五章第三节提到的单香陵为杨禹廷抱打不平那件事，足以说明他们的关系非常亲密。

1962年，陈云涛介绍马有清拜吴图南为师，并在中山公园举行了仪式。同场仪式上，陈云涛代单香陵收马汉清为徒。武术协会主席李光为见证人，杨禹廷为马有清之师长主礼。

吴图南、杨禹廷二位先生深得太极功法，通其拳论，博学多才，并著书立说，广传学子，终成一代大家。二位在修身养性方面，也属得道之人。

吴图南的弟子马有清，杨禹廷的弟子马有清、马汉清、李秉慈，均得到了太极门的正传。几位出道较早，20世纪五六十年代已崭露头角，继而名声大噪，成为承前启后的太极拳名家。他们成名后，又向单香陵学习六合螳螂拳。当时，吴图南、杨禹廷二位先生均健在。两位太极门泰斗级的人物，不但没有反对自己的弟子向他人学习，而且勉励他们好好学习，足见其胸怀之宽广、品行之高尚、眼光之卓远。

四、大枪门：刘国俊

（一）单香陵与刘国俊

中国使用兵器的历史有数千年，远比各类拳种历史悠久。随着人类社会的进步，兵器种类越来越多，每种兵器的使用方法也越来越多、越来越精。

经历战争，通过搏杀，人们渐渐地发现，在众多的兵器中，大枪最为实用，于是称大枪为"百兵之祖""百兵之王"。三国时期的赵云、隋唐时期的罗成、北宋时期的杨家将、南宋时期的岳飞等名将,都是以枪法技冠时辈,闻名于世。

明末清初吴殳所著武学名著《手臂录》中载:"人惟不见真枪,故迷心于诸器,一得大枪,视诸器直如儿戏者也。"

清朝晚期,江湖中无人不知,无人不晓的"大枪刘",就是凭枪法绝伦而独步天下的!

"大枪刘",名刘德宽(约1826—1911),河北省沧县人,著名武术家、镖师。师从李凤岗和田春奎学习六合拳,师从"金枪"徐六学习六合大枪。进京后,刘德宽带艺拜师,向董海川学习八卦掌,向杨露禅学习太极拳,向刘士俊学习岳氏散手。先入清军神机营当差,后在北京和盛镖局做镖师。

1894年,刘德宽与程廷华、李存义等结盟,倡导八卦、形意和太极门派摒弃故步自封、各自为营、唯我独尊的陋规,互相交流,互授弟子。

刘德宽在武林中的地位非常高。特别是他的枪法,无人出其右。他能用大枪在穿衣镜上扎苍蝇,其技已达出神入化之境地。

虎门无犬子。"大枪刘"的儿子刘国俊,自幼随父习武,16岁开始出镖,随着年龄和阅历的增长,功夫越来越深,名气越来越大。父亲刘德宽去世后,人们也称刘国俊为"大枪刘"。

"七七"事变后,日本人慕名找到刘国俊,想让他把枪法教给日本兵。刘国俊不忘民族大义,偷偷跑到保定躲避。

北平的武术圈,说大不大,说小不小。各门各派知名的武术家,大家互相都有所了解,有的还相互交流。20世纪30年代,单香陵在北平武术界虽然名声在外,但论年龄、资历还是晚辈。刘国俊是名门之后,大名鼎鼎,当时已是一位老者。

一次,单香陵和武术界的朋友去看望刘国俊。当然,这不是第一次去,单香陵最为崇拜的就是"大枪刘"这个家族了。刘国俊也了解这个年轻人,不但知道小伙子能打、好打、会螳螂拳,还知道小伙子的枪法不错。

这次赶上刘国俊心情不错,他对单香陵说:"听说你的枪不错,今天我想看看!"刘国俊说着取来两杆枪,一长一短,递给单香陵一支短的:"这样吧,先让我试试你的功力,看你能不能动得了我的枪。"说话间,刘国俊已端起了大枪。

单香陵一看,刘国俊一只手握着大枪,大枪根部抵在腹前,另一只手扶着叼在嘴里的长杆烟袋。"哎呀!还有这么试法的,您老先生真有这么大能耐?"单香陵将信将疑,心想,"我的老师吕孟超也没让过我这么多啊,您也这么大岁数了!"他又转念一想,毕竟是"大枪刘"啊!带着敬畏的心和学习的想法,单香陵接过了枪说:"那我试试,请您老指教。"刘国俊说:"好了,来吧。"

单香陵摆好了身位,两手端枪,脚下踏实三七步,目视刘国俊。刘国俊神态自若,也是三七步型,稳如泰山。单香陵上前一步,同时前手封、后手合,两手一抖,一个缠封枪把刘国俊的枪移开了中路!刘国俊急忙双手扶枪,嘴里叼的烟袋却掉了下来!

"好!"老先生喊了一声,两人住了手。

行家伸伸手,便知有没有。就这一下,让刘国俊对单香陵刮目相看。

单香陵所用封枪之劲,不是硬拨硬磕之劲路。那些劲路都是"直劲",动作幅度大,对方易于发觉,也易于化解。而单香陵运用的是一种"螺旋劲",虽然看似力量不大,动作幅度也不大,但是有超凡的威力。其力基于根(脚下)、载于腰(胯)、达于梢(手到枪)。

单香陵的枪棍术是童子功,而缠封枪是最重要的基本功,他下过苦功练习。所以,起手瞬间,其封枪冷僻而浑厚有力。

刘国俊详细问了单香陵枪法的来历和内容。当说到"小金枪"这套枪法时,刘国俊让单香陵练一下。

看到单香陵演练的枪法,一招一式动作规范、枪法严谨、力点清晰、收放自如,手眼身法步周身一家,刘国俊情不自禁地说:"没有想到我能看到这个！你的东西(枪法)不错。这趟枪,江湖上都知道,能叫上名的多,但会练的没见。"他又补充说:"这套枪法虽然没有几下,但小而精,是枪法之真谛。"

刘国俊由此更加喜欢这个小伙子,破例给他讲了用枪的一些法门——不是一般的用枪方法,而是精绝的枪法。刘国俊郑重地说:"现在知道这些的人不多,我很少与人谈及。"

单香陵老师给我们讲这些经过时,称呼刘国俊为"大枪刘"。

(二)单香陵的枪棍术是绝活

枪棍术是单香陵的拿手活。1933年北平擂台赛结束不久,单香陵作为北方队的代表,参加了在南京举行的南北器械对抗赛,并以精湛的枪法战胜了多名选手,包括当时声望颇高的枪术名家——南京部队武术教官冯文斌。单老师说过冯文斌的枪法和自己的一样,只是缠封枪的圈大了点。

在北平,单香陵在自家的粮店里,曾与一名来访的枪术高手当场比试。单香陵将粮店中的一根长棍递给了来者,自己随手拿起大秤杆子。长棍和秤杆子刚一接触,来者便连人带棍被击于窗边。这人情急之中,几乎坐到窗台上。

也是在北平,单香陵还击败过闻名前来切磋比试的一名会九国拼刺术的日本教官。这名教官提出拜师请求,被单香陵拒绝。

在哈尔滨,第十四武术馆馆长王某自恃枪法好,有些高傲。有一次,单香陵来哈尔滨女儿家,瞅空在太平公园教拳,恰逢王某。王某出言不逊,惹火了单香陵:"你不是枪耍得好吗？咱俩就比比枪。"于是,两人当众比试起大枪来。岂料王某双手端枪刚一出手,单香陵一个缠封枪便将其手中的大枪挑飞！王某当众出丑,又羞又怒。好在有朋友从中缓颊,王某心里也叹服,之后两人交了朋友,王某还向单香陵学习了螳螂拳。

第七章　弘国粹　技留后人

单香陵从孩童到弱冠，有幸习得了枪棍绝技，掌握了六合螳螂拳精髓。23岁时他到了北平，结识了众多的武林高手，通过交流学习，集多家功法于一身，更深刻领悟了武术的真谛。他取别门之长融入六合螳螂拳，使自己的六合螳螂拳水平得到提升，并逐步形成了自己独特的风格。单香陵成为武林中真正的大家。

单香陵一生经历了清末、民国和中华人民共和国三个时期，见证了武术的盛衰过程。每当他听到某位老艺人把自己的绝技带入坟墓，无不感叹惋惜！晚年的他，正赶上"文化大革命"。他徘徊过、忧心过，但他坚信，武术作为中华民族的国粹，有着悠久的历史，定会有长久的生命力。因而，他坚定了薪火相传的决心，殚精竭虑将毕生之技留给了后人。

第一节　留下了濒临失传的打法及功法

一、独特打法及功法

打法，即技击，是各个拳种、门派都讲究的核心内容。武术流派中，有擅长拳法的，有擅长腿法的，有擅长肘膝打法的，也有擅长地面搏杀的，可以说精彩纷呈，各显神通。

单香陵的打法，一枝独秀，极具科学性、实用性、开创性，形成了新的技击模式。

举个例子，单香陵老师传授给我们的，是他擅长使用并颇有研究的"螳螂勾刊"手法。

所谓"螳螂勾刊"，要领简述如下：我两手如螳螂两只前足，自上而下连连抓击对方面门。若对方出手格挡我手，我则一手勾其手，另一手刊其面；若对方没有格挡，我则直接抓其面。手手不空，手手连环，如车轮滚滚。这个手法非常巧妙，我们试做以下剖析。

速度方面。此手法快速而连贯。两手侧立向前勾抓，运动轨迹符合人体生理运动规律，不是抡拳或抡臂而砸，而是竖手抓，像螳螂攻击猎物一样，阻力小、速度快。

隐蔽性方面。在出手过程中，手是侧立而出，手指、手腕随臂动而动，我之手型展现给对方的截面小，不易被对方发现，即所谓"出手不见手"。

发力方面。两臂自上而下沿圆弧动作，符合人体生理运动规律，既省力，又能很好地发挥出自身应有的力量。而对方出手格挡我之抓手，多为横式或斜式，我可轻易抓下破解。

打击要害方面。搏击中，我两臂抱起，如螳螂之两把"大刀"抱在头前，拭目以待，进可攻,退可守。两手离对方头部近,极易攻击对方头部,给对手造成威慑力。头部是人体中枢指挥部。太阳穴、眼睛、脖颈及锁口这些部位即使受到轻微打击,也会使人失去战斗力。

防守方面。此手法既可连续抓下或挑开、撑开对方连击之拳,又可像拳击中的防护一样,双臂抱起护头,科学合理,简洁实用。

变化方面。与拳击或现代的擂台搏击技术相比,更具有变化的优势。为了保护比赛选手的安全,拳击或现代搏击比赛有规则,需要戴拳套。戴拳套后只能握拳,束缚了手法的应用,不可能有多的变化。"螳螂勾刊"没有规则的束缚,像大自然中的螳螂一样,所使用的技法是最实用和直接的,信手拈来,灵活多变。例如,此手法可划挑、撑刺、抓扫、点睛等,还可在打中变为捆、拿、摔等,具有非常强的杀伤力。用单香陵老师的话说,"想要哪块是哪块(指想打对方哪个部位就能打到,甚至拿住或折断对方关节都很容易)"。

"螳螂勾刊"手法,在《六合螳螂手法真传秘诀》中得到了详细记载,所用文字量是其他手法的几倍。其中有一句:"如既贴上,即神手也难逃矣!"可见这个手法的厉害和重要性。

遗憾的是,这一最能展现螳螂拳技能特色的绝好手法,在当代武林中,乃至螳螂门中也不多见。

2008年,中央电视台举办《康龙•武林大会》,这是尝试性的擂台比赛。我的徒弟李华强参加了这次盛会。李华强曾服役特警多年,格斗经验较为丰富。在赛前一个月的针对性训练中,我把这个手法教给了他。在一场场的比赛中,他用此手法,屡试屡验,令对手难以招架,取得了不错的成绩。有意思的是,到了比赛后期,有的参赛选手发现这招好用,也边学边把这个手法用到了擂台上。刘新龙和李明日都是这次比赛中进入前32名的选手。看到了这些技术有可取之处,他们赛后都来向我拜师。刘新龙学习一年后,被南方一家武馆聘去当教练;李明日实战经验丰富,也开武馆当教练,还在中央电视台讲过拳。

"直钩钓鱼""垂钩钓鱼"手法,是单香陵少年时期从武林奇人吕孟超那学来的。"钓鱼"手法虽然简单,但很实用,成为他得心应手的一个技法。单香陵轻易不示人,只有跟他时间久的弟子才有机会见到。能够得到其传授者,更是幸中之幸了。

"钓鱼"手法,是用于防守和防守反击的一种技法。顾名思义,我之手臂做拿竿钓鱼姿势。"直钩钓鱼",手臂略直;"垂钩钓鱼",手臂略弯。实用中,上部防守用"直钩钓鱼",中、下部防守用"垂钩钓鱼"。

当熟练掌握"钓鱼"手法后,会感到这个技法既省力,又好使。此技法,是在防守中的闪躲、潜身、抱头、格挡等这些被公认可靠防守技法之外的,又一非常实用而独特的技法。

"钓鱼"之法,胳膊吊挎弯曲,不太美观,似乎是被动挨打后的无奈之举。但是,往往好看的不中用,中用的不好看。书画中的佳品,往往被尊称为"大拙";人之有大智慧者,也往往"大智若愚"。世界拳坛常青树——拳王福尔曼,45岁还夺得世界拳击协会(WBA)和世界拳击联合会(IBF)的重量级冠军。福尔曼取胜的撒手铜,除了他的重拳,还有他那看似笨拙的防守技术。他防守时,用的是两臂交叉防守。世界上少有拳手使用这种技术,但福尔曼用起来得心应手。"钓鱼"手法,近似福尔曼的防守技术。

2008年《康龙•武林大会》期间,学过六合螳螂拳的李文深等几位参赛队员晚上一起到我所住房间看我。几位问及六合螳螂拳的技击技法。我给他们展示了"直钩钓鱼"手法。虽然他们几个有体院毕业的,有散打队的,可都说没见过这样的防守技法,并认为此法简便实用,都照着我的动作比画学习。

单香陵老师教弟子,一般都是按照循序渐进的原则,先教基本功,再教套路。对于基本功中的三捶和磨盘手,单练熟了后才教对练。单老师到了晚年,想把他的技艺留下。因此,他将他很少教人的一些优秀对练方法,传授给跟他时间较长的弟子,并将这些功法中的每招每式,付诸实战模拟。这些对练招法有"勾搂捶""八翻捶""斧刃脚""扁踹""撞腿""螳螂劈截""大展拍""反背手""反展手""扫边手""搓挪手""投截手""割手""搅江手""直钩钓鱼""垂钩钓鱼"等。

这些徒手对练的招法简单,结构科学合理,一般只有一两下,最多四五下。看似简单的攻防对打动作,一旦熟练之后,招招实用。

训练也是由简单到多变。步法中,由直进直退的基本步法可演变为龙行步、流水步、闪骗步、三角步等;手法中,可先由一个或两个动作,逐步做到三个或三个以上的连环动作。当然,还要配合一些功力的练习,如抓手、推手、抓铁球、插豆桶、铁砂掌等。

从对练到实战,不做无功的练习。这些由慢到快,再由快到慢,快慢相间的训练,可达到欲慢则慢、欲快则快的效果。通过由轻到重,又由重到轻,轻重结合的训练,可达到欲重则重、欲轻则轻的效果。久练则明,久练则精,到了实战,出手便有。这便形成一种新的训练和搏击模式,也是单氏六合螳螂拳独有的风格。

二、实用刀法及剑法

有人说,六合螳螂有十八般兵器。遗憾的是,我没学过那么多,也不知道有那么多。单香陵老师传授给我们的只有刀、枪、剑、棍。

六合螳螂门祖辈传下来的各种兵器的使用技法、谱系等究竟有多少?据查并不多。门中很大一部分兵器的使用技法、谱系是单香陵这一代学习、借鉴、吸收而来的。例如,单香陵将他学于吕孟超的六合枪、小金枪、六合棍及在北平学于李文亭、李耀亭的六合刀、三合剑传于本门。而"雁翎刀"(台湾一支传练)和另一路"六合刀"(招远一支传练),未见黄县有传练者,故不敢妄议其源流。

冷兵器时代,刀剑是兵家随身携带之物。刀剑携带方便,使用起来顺手,可用于近身防卫。六合螳螂门派中的刀剑套路不多,而且动作简洁朴实,没有翻滚跌扑或将器械抛出之类的动作。

单香陵老师非常重视刀剑的实用性而不单单是观赏性。他在讲解刀剑用法时,首先让我们知道刀和剑的区别,刀剑各个部位的作用,常用刀法、剑法,等等。这些看似简单基础的内容,单老师都要给我们讲清楚。例如,"刀有刀首、刀尖、刀刃、刀背、刀盘(护手)、飘带;剑有剑首、剑尖、剑刃、剑格(护手)、剑穗"。又如,"剑为一尖二刃,正手反手、仰手俯手随处可用,杀机四伏;刀较剑厚重,适合大砍大杀"。再如,"用剑者,讲究身法步法,忌硬砍硬砸,忌'剑过脑'(剑刃经过自己头部,也叫"裹脑");用刀者,讲究刀与手的协调"。老师还给我们讲了用刀、用剑的口诀:"刀如飞凤,剑如游龙""玩刀看手,玩剑看走"等。

器械对练，是按照套路中的攻防含义进行对练，这是传统武术得以保留下来的一个重要形式。对于单氏六合螳螂门，套路不是多么漂亮、花哨，而是古朴自然，呈现器械的实用特质。这要求学习者要懂得用法，多进行对练和模拟实战。从单练到对练，再到单招拆练和模拟实战，使用器械的实战水平得以逐步提高。

《三合对剑》是一套优秀的传统剑术对练剑法，虽然简单，但是清晰且含有许多变化，可谓"道道机关，处处杀招"，实用性很强。单香陵老师把这套对练剑法传给了单爱萍、冯蕴敏、冯读俭和我。他怕我们忘记，还用毛笔为我们写了对剑的剑谱。试举《三合对剑谱》中的几式。

甲：白蛇吐信；乙：斜劈。

甲：力劈华山；乙：海底捞沙。

甲：反展腕；乙：金鸡点头。

…………

在对练剑法的过程中，学习者会逐渐明白每个动作的攻防作用，进而可从中选出自己喜欢的招式招法。练至纯熟后，用这些技法，先在门内与师兄弟交流，后在门外与不同对手交流，增强实战能力。

从 20 世纪 50 年代到 70 年代中期，国内没有任何擂台比赛，教徒手对练的不多，教自由搏击的更少，所以，能实战的人很少。因为没有商店经营武术器材，缺少护具，所以练习器械受到一定的制约，能够对练器械的人不多，能够实战的人更是少之又少。另外，古老兵器技法已失传好多，毕竟冷兵器时代已过去那么久。

我们知道单香陵老师传下来的这些实战技法的珍贵，也知道能够得到这些技法非常幸运。我们更知道这是中国的传统文化瑰宝，不是个人的资产，不可以私藏而致使其失传。把它们传下去是我们义不容辞的责任。

这些年，随着中国改革开放的不断深入，武术逐渐走向了世界。在时代的大潮中，单氏六合螳螂门不因循守旧、故步自封，而尝试做一些更利于传承的事。例如，在传授刀法、剑法时，打破了过去只传国内不传国外的保守做法，让世界人民加深对中华武术文化的了解。在传授外国弟子过程中，有时会出现中西方文化的碰撞与技艺的对比，这是检验传统武术的试金石。我亲历过多次外国弟子的对比、生疑和检验的过程，深有感触，更加坚定了我的看法：中华武术文化博大精深，单香陵传下来的武术是高超而独特的，经得住时间的检验。例如，我的外国弟子中，有的习过西洋剑，有的习过日本剑、日本刀、日本杖，也有的早已习过中国的剑术。当他们接触单香陵传下来的这些刀法、剑法时，他们改变了之前一直认为的中国古老短兵器技法已失传的论断，不禁赞叹中国古人高超的智慧。

2009 年冬天，当代梅花螳螂拳家、"烟台十大老拳师"之一的程显明先生，亲手把他的一位俄罗斯弟子鲍立斯带到我家，让其拜我为师，学习六合螳螂门武术。鲍立斯学过不少中国武术，练习剑道也有多年。20 世纪 90 年代，于承惠先生曾将自己那套漂亮的剑法教给了他。他真正的剑道老师是日本的石堂倭文。石堂先生是居合道梦想神传流的宗家，范士八段，在日本颇具声望。鲍立斯已考取剑道五段、居合道五段、杖道五段。2012 年，俄罗斯国家电视台为鲍立斯的剑道制作了专题片；2018 年，新华社主办的中国新华新闻电视网播放了鲍立斯在中国习武的专题片。鲍立斯是俄罗斯航空公司北京货运部经理,在北京工作多年,他曾在天坛公园和地坛公园附近开有两家剑道馆,业余时间教剑道。他北京货运部俄罗斯徒弟车颜博,获得过全俄剑道比赛冠军。

鲍立斯曾对我说:"我的剑道老师(日本的石堂先生)虽年逾八十,还那么厉害。中国的剑道现在不能实战了,只能练着玩。"

2017年5月,他和意大利的一位武术爱好者方正悠(曾是意大利伞兵,练过空手道、西洋剑,后来拜我为师)来我这里学习,并且带来了剑道护具,进行对抗练习和实战交流。

我的国内弟子赵焕玉、李学军、仲伟靓、周治超等几位,轮番上阵与鲍立斯和方正悠进行实战交流。因为是第一次穿剑道护具实战,几人开始不行,被动挨打,但很快就适应了。鲍立斯纳闷地问:"你们怎么能够这么快就适应,并且打得这么好?"当鲍立斯看了赵焕玉、李学军二人的一趟对剑时,惊讶地说:"哇!这个好,我要学习。"通过几次学习,鲍立斯说:"这里有好多好的技法,太好了!"

亚历山大曾到日本冲绳岛武道场进行古兵器技法的交流。回莫斯科后,他发微信调侃地告诉我:"师父,我到日本踢场子了!"他还分别发了杖、剑、长棍的实战比试视频给我看。从他的比赛成绩和比赛场面看,还算理想。

亚历山大和谢尔盖,是我在莫斯科收的两位俄罗斯弟子。二人通过几年的学习,六合螳螂拳学得还算系统和全面,但刀、枪、剑、棍技法他们还没有学多少。当年,莫斯科国家电视台拍摄我的专题片时他们在场,幸运见识到了单香陵传下来的传统兵器的技法,大开了眼界,后来专门来我处学习。但由于时间关系,我只教给他们几个简单实用的刀法、剑法、棍法和枪法。没想到,他们竟如此用心和用功,水平提高如此之快;也没想到,亚历山大把学到的单氏六合螳螂门的兵器,率先带到国际上展示并与人交流。谢尔盖也告诉我,他喜欢刀法,将用六合刀法参加世界上带铁甲护具的比武。

图7-1 亚历山大到日本"踢馆"

图 7-2　鲍立斯与他的剑道(居合道)学员

三、绝世枪棍技法

单氏六合螳螂门之枪棍技法,谓之"六合枪棍术"。此枪棍术是一个系列,有枪法、棍法及枪棍混合使用法,有单练和对练。此系单香陵学于吕孟超后而传授给本门的。此技也是单香陵一生之钟爱,用他的话说,是他压箱子底的东西。武林中,单香陵是响当当的人物,大家都知道他属于六合螳螂门派,他的六合螳螂拳非常厉害。也有人知道他也习过形意、八卦、太极、少林等门派的功法。可少有人知道,单香陵压箱子底的东西不是六合螳螂拳,而是枪棍术。

单香陵非常看重他的枪棍术,一般不示人,也很少在外表演,即使传授给弟子时,也非常慎重,放在最后传授。比如,学员要先学拳,后学器械(学器械时先学刀,再学剑),最后学枪棍。单香陵教棍时,一般只教棍的基本功或棍的一路(或叫第一趟)。对于学的时间长一点的或自己较为喜欢的弟子,会再教枪棍的对练(也叫封杆)和棍的二路。龙口的单爱萍、冯蕴敏、林基友、冯读俭和我,包头的封在忠、白存仁等都学过对练。这些人中,有的将这些技艺传授给了门内弟子或是师弟。

1982 年 10 月上旬,在香港居住的马有清把单香陵请到北京,在天坛公园为单香陵的六合螳螂拳录了像,并商定下次到北京时为单香陵的枪棍术录像。单香陵告诉马有清:"下次拍枪棍对练,让冯读俭和赵国忠两个对练,由我给他们指点。"马有清欣然同意,并当场许诺来京的一切费用由他负担。

单香陵老师从北京回到黄县,立刻把这个情况告诉了我和冯读俭,让我俩多下点功夫练习对练。遗憾的是,1982 年 11 月 29 日,单香陵得了一场大病,从此身体每况愈下。拍枪棍术录像的事就搁浅了。

1984 年,单香陵去世。1986 年,马有清从香港给我来信,问我是否愿意让他拍枪棍术的录像。如果我同意的话,可定个时间在北京拍,或让他的儿子马名骐和马名强到山东来给我拍。后来，因各种原因，还是没拍成。

单香陵的"六合棍""撸手棍""斜步掼鞭"，是棍法中之精华技法，虽然没有多少动作，但招招制敌、伏手四起，故称"十面埋伏棍"。单香陵对他的这些绝技，轻易不传人，特别是对"撸手棍""斜步掼鞭"和"小金枪"，更是秘而不宣，知其名者的都不多。当今，未见、也未听说有人演练这些传统武术精华技法。

单香陵传下来的这些枪棍术，是行家们喜欢和追求的东西。我有位弟子叫杨崇尉，习武 10 年，初练散打，又攻柔道，后到公安系统工作。在公安警械防暴训练过程中，他掌握了各种警械的使用方法，其中有长棍和盾牌的二人组合应敌法。杨崇尉跟我学过棍法，有了基础，后来学警械上手快，理解也深。他深有感触地对我说："师父，咱们的棍法非常好，简练实用，若用于公安队伍的防暴工作，会大大提高防暴能力。我们队长说了，让我跟您好好学学，也好教教队友。"

为了使单香陵老师传下来的枪棍术不失传，我也逐步把它传给了跟我多年的赵焕玉、李学军、鲍立斯等弟子。

2012 年，俄罗斯奥林匹克委员会邀请我到莫斯科和圣彼得堡讲学，这是继 2010 年后我第二次到俄罗斯传授螳螂拳。俄罗斯武术联合会专家委员会主席科罗廖夫·尼古拉每次都到场观摩。科罗廖夫·尼古拉曾多次来中国，是个"中国通"，他还拜师于中国的武术名家，对传统武术器械有较深的了解。

教学期间，俄罗斯国家电视台的制片人找我做专题片，要拍我的枪棍术，并说这档栏目的名字叫《龙道》。这个栏目在世界上都小有名气，主要介绍各国富有特色的古老文化，当然包括古老的搏击术、古兵器的使用等。

我纳闷：在俄罗斯我没教过枪棍啊？他们是怎么知道的？于是我问鲍立斯："是不是你透露的？"鲍立斯当时跟随我练功已近 3 年。他笑着说："师父的枪棍术这么好，这个节目适合您。栏目策划兼制片人格列布慕兹鲁科夫在俄罗斯很有名气，是俄罗斯的功勋教练。一般功夫很难入他法眼。"

我明白了怎么回事：鲍立斯一直"惦记"着单氏六合螳螂门的枪棍术。于是，我提出要做只做螳螂拳。电视台一看不成，又与我商量，说原计划做两期节目，每期半个小时，现在只做一期，枪棍术和螳螂拳各占一半。事已至此，我也只好同意了。

拍摄期间，没人与我对练，只好现教鲍立斯，让他陪我比画几下。好在他聪明，也有一定的根基——之前他跟随烟台"南涂山陆合棍"的非物质文化遗产传承人程显明老先生学过"南涂山陆合棍"。

此专题片于 2012 年 9 月 29 日在俄罗斯电视台播放后，受到了好评。导演兼摄像师安德烈说："我们曾拍过不少国家的古老兵器技法，你们这个是最棒的，最厉害的。"同年 11月份，格列布慕兹鲁科夫和安德烈到了法国，应邀为法国电视台制作节目。其间，他们邀请我为法国电视台做有关枪棍术的节目。我当时在瑞士两家武馆教搏击，时间安排不开，故没能成行。

通过交流和传播，单香陵老师传下来的这些枪棍技法，受到了国内外许多武术爱好者的喜欢，特别是受到了一些对古老兵器颇有研究的学者的青睐。为此，我们也感到庆幸、欣慰和自豪。

图7-3 "枪棍术"在莫斯科

四、最后之传授

1980年1月2日，师母冯焕玉去世。之前的2年里，半身不遂的师母一直靠师父照顾。可以说，单香陵老师这几年过得很辛苦。1983年上半年，老师把家里的房子以4000元的价格卖掉了，准备和在外地的儿女一起生活。当时的4000元，是个不小的数目。卖了房子后，老师痛心地感慨说："二九年（1929年）我到了北平，家里在北街那栋老房子分给了弟弟，后来弟弟把它卖了。这个房子是我从北平回来后买的，我又把它卖了！"

虽然老师把家里的房子卖了，但黄县毕竟是他的根。卖房后1年多的时间里，他还是常回黄县，住在侄子单石基家里。他的两个侄子单石基、单磊基及他们的家人对单老师的照顾都不错。

单老师卖掉房子、出发去包头儿子家前，交代单石基夫妇，把他的武术器械传给冯读俭和我，并让其在转交时嘱咐我俩经常在一起练练，也可以选拿器械回家练。这些器械，是老师爱不释手、伴随他一生的宝贝。例如，他的大棍，距今已有百年历史。这是老师对我俩的信任和重托。

老师练功用的武术器械有一把刀（表演用刀）、一把剑（自制）、一根长杆、三根大棍、一个铁球。大棍是白蜡杆的，粗直光滑，韧性好，有历史沧桑感。选料时要选粗的、直的、生长年份长的。棍长因人而异，但起码要高过头顶。制作一根好的白蜡杆大棍，要先剥皮，后磨光，再用油浸泡，然后擦净晾干。这样制出来的大棍耐用、手感好、不生蛀虫。这也是单老师的传授。

1983年7月28日，单老师从包头回到黄县。9月18日，他启程到哈尔滨女儿家，外孙郭焕馨专程来接。单老师在哈尔滨住了约4个月，又到包头儿子家住。这期间，老师身体每况愈下。1984年3月5日，一代武学大家单香陵走完了自己不平凡的一生。

有两件事，让我终生难忘。

一件事是单老师教我"搅江手"。

单老师 75 岁那年，我已跟老师学功夫 10 年有余了。一次，老师在讲解技击法时，血气方刚的我主动进手。老师用"搅江手"招打并举。我反应快，老师三两下没有打到我。突然，老师用了一个"螳螂点睛"。顿时我两眼流泪，半天睁不开！其手法之神速、精准，令我大为震惊！这次教训非常深刻。

老师做完动作，走到客厅北边的小桌前，停了停，之后坐在了小板凳上喝起了茶。我还在那里擦眼泪，想着刚才发生的事。我本来还很庆幸自己的反应够快，防守没有问题，现在很纳闷怎么会被老师轻松打到。

知徒莫如师。看到我的表情，老师说："国忠啊，过来，我有话对你说。"听到老师既温和又郑重的说话口气，看到老师严肃的表情，我很忐忑。老师给我倒了杯茶，说："你想明白了刚才的招法吗？一会儿我们再试一次。"

我精神抖擞，与老师又过了一招，咽喉和眼睛都被点中。

老师告诉我："你只知道'搅江手'的用法，还不知道'搅江手'和'螳螂点睛'合在一起的用法。这个手法就是'搅江手'运'螳螂点睛'。""搅江手"是螳螂拳中绝顶的好手法，操练熟后，打中带招，招中带打，不分里外，伸手就有，再配合"螳螂点睛"手法运用，更是锦上添花。老师说："什么叫'伸手不见手''螳螂无处招'？你把这个手法练好了就知道了。"

老师又让我坐下，把当年丁子成先师传授的一些情况讲给我听，并嘱咐："这个手法，虽然也有人操练，拳谱中也有记载，但是，想得到法门并非易事，需要缘分。当年，你师爷传授打法时就说过，拳谱中记载的招法都很好。但有些招法故意不做详尽记载，精妙之处，只能亲传。"老师拿出拳谱，让我看看其中对此招的记载，并与他刚才的运用进行对照，使我豁然开朗。

整整一个下午，老师就让我练"搅江手"。他反复为我做示范，手把手当陪练"喂"我，帮我找出问题。一个 70 多岁的人，为了他的武技不失传，真是呕心沥血，令人敬佩！

另一件事是和老师的最后一次见面，也是老师最后一次传授武术。

1983 年 9 月 16 日，老师要去哈尔滨的前两天，我和冯读俭看望老师。这时单老师的身体很弱，说话走路都困难，大枪、大棍持不了，便让我在单石基的院子里找了根高粱秆，以此代枪，向我和冯读俭最后一次传授枪术——"小金枪"。这是老师的绝技。

老师明白，自己大限将至。所以，教授完之后，他神情庄重、语重心长地叮咛我俩："知此枪名者有，练者未见。北京'大枪刘'见此枪，称赞小而精，是枪之真谛。我老了，你俩学去吧！"

此情此景，不但我俩，就连他的侄子单石基和家人，以及从哈尔滨专程过来接他的外孙郭焕馨，对老人家的刚毅性格和严谨的治武精神，以及毫无保留将绝技传给弟子的崇高境界，无不感佩之至，深铭五内！

《武林》杂志 1988 年第 12 期刊登了我的文章《螳螂拳家单香陵教武纪实》，其中简要记载了这两件事。原文中记载的大朋，就是本书中单香陵外孙郭焕馨的小名。

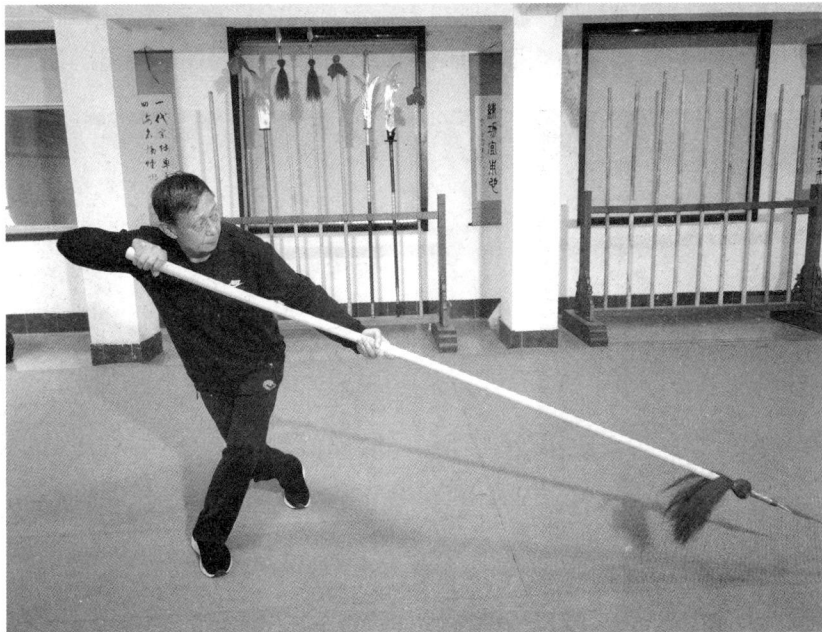

图 7-4 "小金枪"中的"扫叶式"

第二节 留下了音像、拳谱等资料

一、录像、录音

单香陵为六合螳螂门留下了珍贵的历史资料,包括:六合螳螂拳的录像、录音、拳照,剑谱、刀谱、棍谱、拳谱等极具权威性的武术理论资料;生活中的信件、照片,以及字画作品等。这是时代的印迹,记录了一个拳种的历史及风貌,展现了一代武学大家的风范。单香陵为中华武术文化书写了新的篇章。

1982 年 10 月 11 日,马有清把单香陵请到北京,在天坛公园为单香陵的六合螳螂拳(七个套路)录像,并拍摄了许多拳照,还为单老师讲解的拳理、拳法录了音。马有清的二子马名骐和四子马名强辅助马有清完成了拍摄任务。为这次拍摄活动,已是高龄的单香陵在北京住了半个多月,非常辛苦。

为单香陵的六合螳螂拳录像、录音、留下第一手资料,是马有清为六合螳螂门做的一件大家想做而没做到的大事。这是有关本门龙口一支第四代传人的唯一较为全面的资料。马有清是著名武术家和武术理论家。他精通武学,喜好收藏古董。在他的收藏中,最值得称道的是许多老武术家练功的绝版资料。例如,他收藏着杨禹廷、吴图南、释奇云、王继武等几位大师较为全面的练功录像及拳照等资料,非常珍贵。单香陵演练六合螳螂拳的录像、拳照、讲解录音及有关文字资料,也是马有清第一手取得并珍藏着。

二、拳照、珍贵历史照片、书法家作品

很多人想一睹单香陵练功时的风采,但是很难。上文已说,单香陵的练拳录像和大部

分拳照由马有清收藏,别人想见很难。现在大家能见到的只有拳照,一张是"撩阴手",另一张是"拍刀捶"(图7-5)。这两张照片都是1982年马有清在天坛公园所拍。

图7-5 单香陵拳照

马有清在《武林》杂志1984年第8期发表的一篇《沉痛悼念螳螂拳家单香陵老师》文章中首次使用"撩阴手"这张照片,后来很多人翻用了这张照片。

有幸的是,单香陵老师把他的一张较早的拳照送给了我。这张照片是他20世纪70年代在黄县照相馆所照,所拍不是六合螳螂拳的拳式,而是八卦掌的转掌式。单香陵之大师风范,及其八卦掌功法之正宗、功底之深厚从照片上可见一斑。有时我想,单香陵老师送我八卦掌拳照,可能是鼓励我要多学习别人的长处。单香陵送给外孙郭焕馨一张他早年练习虎头双钩的照片,可能也有此意。

单香陵老师送我20余张有历史纪念意义的照片。

记得在1975年,我骑着自行车载着单老师到县城。他不会骑车,平时都是走路进城,进城大多是到澡堂洗澡。这次老师没有去澡堂,让我直接把他载到黄县工农兵照相馆,说:"我俩照张相。"老师对照相师说:"照片上留'师徒留影'几个字。"

20世纪70年代中期,照相馆都是国营的,一个县城也没有几家。那时照张相很贵,是件奢侈的事情。拿到照片,见照片下方标有"黄县工农兵照相馆"几个字。当初没觉得有什么特别的,现在觉得很有纪念意义。

单香陵老师送我的照片中,有他与包头弟子的合照,有他与马有清、刘敬儒、马维生的合照,有他与山之南、范恕之的合照(图7-6),有他与杨桐、与支庆和、与许世田、与马有清的合照(图7-7),有他与黄县政协常务委员的集体照,等等。

图 7-6　20 世纪 70 年代单香陵与山之南、范恕之的合照

图 7-7　单香陵与弟子马有清

　　另有 4 张早期的照片，意义非同寻常：一张是单香陵与梅兰芳、梅兰芳夫人、徐兰沅等京剧名流的合照；一张是萧长华签名的剧照；还有两张是 1943 年单香陵夫人与 4 个孩子的照片。

　　除了照片，单香陵老师还将山之南为他写的一些字（图 7-8）送给了我。当时我没格外在意这些字，因为山之南经常给单香陵写些字。他们二人同岁，关系很好，都是黄县政协常委。20 世纪 60 年代初，他们曾在黄县城南大街一起做生意，合伙人还有精于岐黄之术的黄县政协常委范恕之先生和精于西医的姜子方先生。他们教文授武，悬壶济世，在小县城里颇有名气。黄县民间很早就流传着"文有山之南，武有单香陵"的说法。

　　单香陵将山之南的一些字贴在家里墙上。单香陵的房子又高又大，各种字体的字一条条的，贴满了墙，真是一道风景！过一段时间，单香陵老师还会让我们把一些字揭下来换新的。单香陵也会将山之南写的字作为礼品送人。

　　当时，我不知道山之南早已是山东省文史馆馆员，不知道其是中国近代书法大家、古文字学家丁佛言的弟子，更不知道山之南的字在国内外那么有影响。书法大家启功评说："山之南的金文写得极好！"那个年代，我这样一个农村的孩子，没有文化，可悲、无奈。不然，我会把这些字好好保存起来，这样会少了今天的许多惋惜。

67

图 7-8　山之南写给单香陵的书法作品

好在我妥善保存着单香陵老师晚年送我的多幅山之南的书法精品。这些书法作品，是山之南 20 世纪 50 年代至 80 年代初所写，有甲骨文、金文，有行书、草书，还有其用手指书写的字，称为"指书"。

单香陵老师送给我的这些照片和书法作品现已是珍贵的文物。我有时翻出来看看，睹物思人。

三、拳谱、剑谱、刀谱、棍谱、枪谱

单香陵晚年有意留下他的六合螳螂拳拳谱、剑谱、刀谱、棍谱、枪谱等资料。拳谱有两本，一本是他使用几十年的《六合螳螂手法真传秘诀》，另一本是他书写圈点的《六合螳螂拳法真传秘诀》。剑谱有《三合剑谱》《三合对剑谱》。《三合对剑谱》是单香陵老师手书的，主要内容是二人对练动作名称及顺序。刀谱有《六合刀谱》。枪棍谱有《底盘六合棍谱》《封杆》《斜步捶鞭》《小金枪》。这些资料非常珍贵，有的是传世孤本。

《六合螳螂手法真传秘诀》，始成于清末，是丁子成和林世春在丁子成学拳笔记的基础上，反复研究，整理而成。这是六合螳螂门最早的拳谱。此拳谱以黄县方言叙述，较为详尽地介绍了六合螳螂拳的技击内容和技击特点，是实战经验的总结，具有很高的学术研究价值，为不可多得的中国传统武术瑰宝。

《六合螳螂手法真传秘诀》的传承脉络如下。丁子成在门内让几个得意弟子抄录此谱，后将此谱传给了单香陵。陈云涛在北京从单香陵手中借阅后，留下了原本。从此，原本再没有传出。陈云涛用毛笔另抄了一份给单香陵。20 世纪 60 年代，马汉清从单香陵那里借陈云涛手抄本回家看，经单香陵同意后，留下了此本，另抄了一本送还。单香陵老师担心《六合螳螂手法真传秘诀》抄来抄去易引入错误，而自己总要保留一本，于是用牛皮纸为这

本拳谱做了封面和封底,用线绳装订,特请书法家山之南于封面题写了"六合螳螂手法真传秘诀•单香陵"字样。单香陵老师晚年将此拳谱传给了我。

单香陵的外孙郭焕馨说:"我姥爷每次到哈尔滨来都带着这本拳谱,到包头去也带着。"单香陵在包头、北京、哈尔滨、黄县等地的弟子中,有的抄写过此谱。包头的白存仁师兄不知道原本在我这,曾将此拳谱复印了一本送我。我将这本《六合螳螂手法真传秘诀》拿给北京90岁的李秉慈师兄看。李秉慈师兄对此拳谱记忆颇深,拿在手里抚摸着,久久舍不得放下。

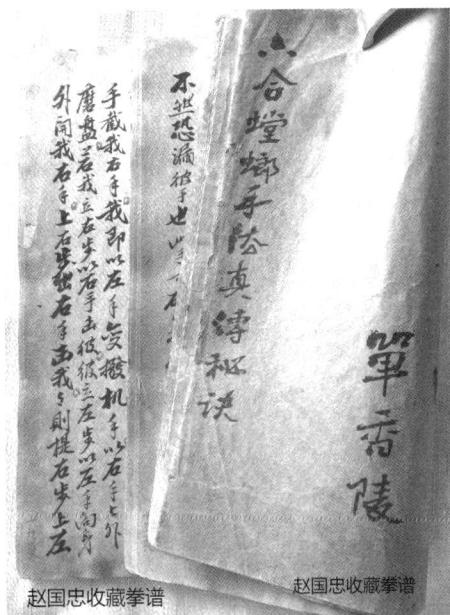

图7-9　单香陵传给赵国忠的拳谱

大多数人难以完全读懂《六合螳螂手法真传秘诀》。一是拳谱以黄县方言叙述,有些词令非黄县本地人难以理解。二是所述内容新颖,技术含量较高。没有实战经验、没有深厚武学底蕴的人,甚至虽然学习过六合螳螂拳,但没有得到真传或者学习时间较短的人,都很难掌握它的精髓。

单香陵老师传给我的这本《六合螳螂手法真传秘诀》,其价值、在门中的权威性不言而喻,将成为六合螳螂拳门的传家宝。

另一本拳谱——《六合螳螂拳法真传秘诀》,是单香陵亲笔所书。单香陵老师对我说:"这本拳谱,我给香港的马有清写了一本,最后再给你写一本。"

单香陵老师写《六合螳螂拳法真传秘诀》时,已是重病缠身。他强支病体,用毛笔一笔一画认真地书写和圈点,每天坚持。后来,他住在侄子单石基家。单石基夫妇和我都劝他暂放,等身体好一些再写。他却凛然于色地说:"我写必有用处,你们别管!"

1983年9月16日,单香陵老师要去哈尔滨的前两天,我前去看望。老师拿着已写好的部分拳谱对我说:"后天我去哈尔滨姑娘家,说不定还要去包头。我把这部分写好的拳谱先给你。其他部分等我写好了再给你寄过来。"

　　世事难料,谁知这竟是与老师的最后一次对话。1984年3月5日,单香陵老师因病在包头去世。这本拳谱,成了六合螳螂拳一代宗师单香陵的封笔之作!这本拳谱凝结了恩师的心血和对六合螳螂拳的奉献精神。睹物思人,展卷雪涕!它将激励我等六合螳螂后辈们发奋进取!

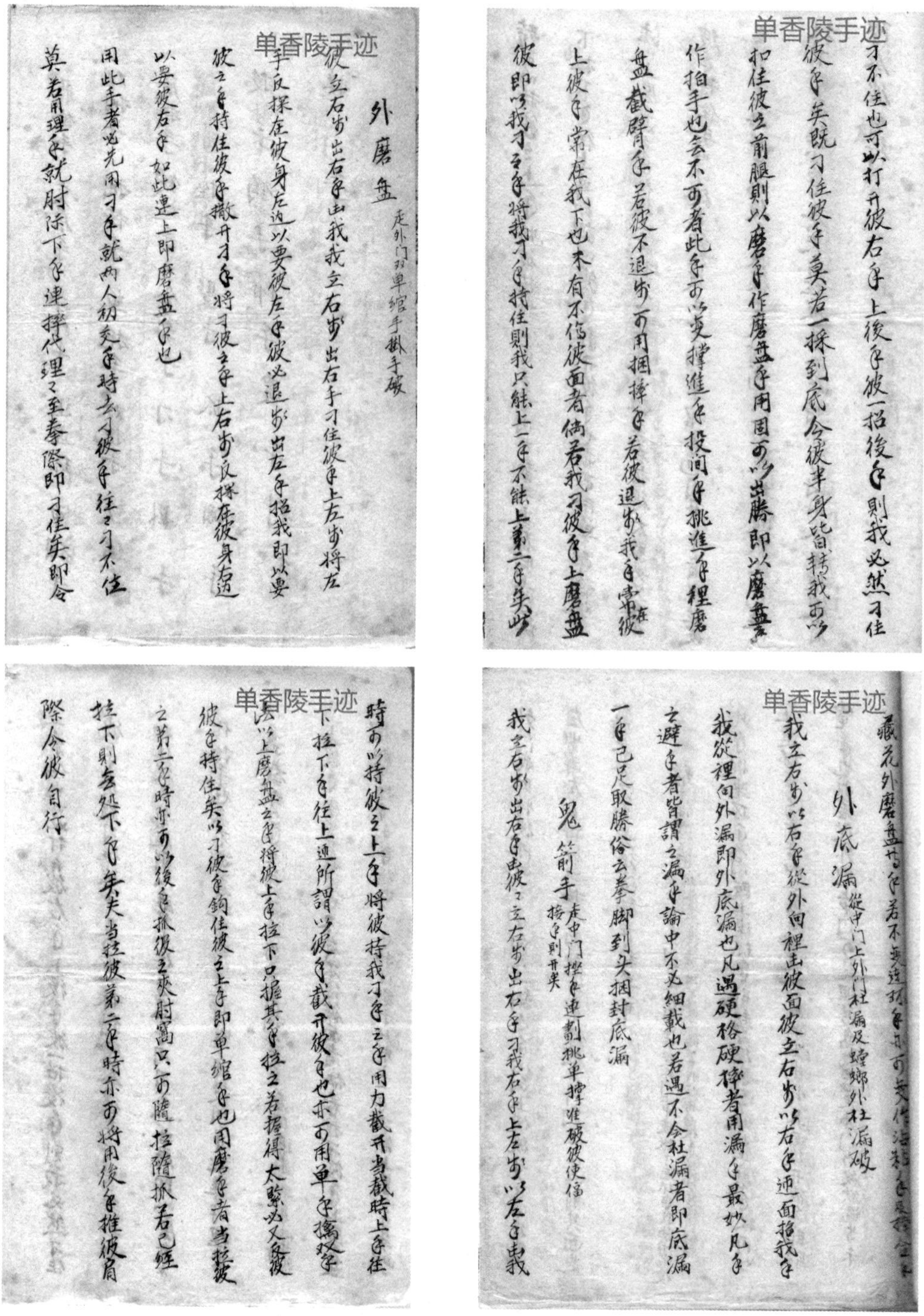

图7-10　单香陵先生为赵国忠写的拳谱

第三节 独特的教学方法

俗话说:"师父领进门,修行在个人。"弟子能否被"领进门",取决于两个因素:一是看弟子的品行、天赋和努力程度;二是看老师是不是一个明白人、是不是有本领。只有师徒合力,弟子才能入门,乃至登堂入室。

古老而独特的武术文化,承载着中华民族的灿烂文明和智慧。它的薪火相传,靠的是一代代执着者辛勤耕耘和勇于奉献。单香陵就是其中的一位。

一、对胆量与信心的培养

胆量与信心,对人生的影响极其重要,是成功人士的必备素质。胆量和信心,与人的先天遗传和后天培养都有关系。在这里,我只是想把在单香陵老师身边学拳时的所见、所闻、所感记录下来,希望能给读者提供一些有益的启示。

"打",是武术中的核心内容,最能体现习武之人的胆量和信心,也是培养习武之人机智与勇敢的很好的形式。单香陵非常重视对弟子胆量和信心的培养。他讲"打法"时说:"有的人一辈子出不了手,就是因为没有'胆',不敢打。""人都是两只手、两只脚,何况我们有多年的功夫,你怕他干吗?""视敌如婴儿,打人如薅草。""打人如拨弄算盘珠一样容易。""对敌要心狠意毒,胆大心细。""我们的两只手就是两把匕首!"从单老师的这些话语中,我们感受到一种巨大的力量和不可战胜的气魄。

20世纪70年代,经常有人到单香陵家里拜访他,有的想拜师学艺,有的来讨教问道。尽管单香陵年龄大了,可一高兴起来,还是要给来者传授几招。来人多为年轻人,有些功底还蛮不错。其中有的练过其他门类武术,有的是六合螳螂门的师侄们。例如,太极门的王云龙、少林门的高东江以及他的一位身材魁梧的同事,还有六合螳螂门的袁翰先、赵更源等都到过单香陵家多次。1979年,早已成名的于海和钟连宝,也一起来过。

我们劝过单香陵老师:"您这么大年龄,不用亲自给他们讲打法。要讲,我们可以出来讲。"单香陵老师明白我们的意思:怕累着老师,也怕有个闪失,有损名声。可他是这样回应我们的:"我有几十年的功夫和经验,人老功夫不老!"他就是这样的人,有过人的气魄、永不服输的骨气。虽然人老了,但他那顽强的意志、坚定的信心、超人的胆量以及炯炯有神的目光,总是令人敬畏。我们也深刻理解了"姜是老的辣""艺高人胆大"的含义。

传统武术的魅力,很大程度上是在文化和精神层面。用六合螳螂门的术语讲,就是"意"。六合螳螂拳中的"六合",第一合讲的就是"心与意合"。受单香陵老师多年的熏陶培养,我们这些弟子都受益匪浅。有几件事,我亲身经历,感触颇深。

1992年,我带队参加烟台中华螳螂拳比赛表演。队中的小队员们来自农村,第一次出远门到烟台,第一次参赛,第一次见这么大的场面。看得出,小队员们都很紧张。于是,我对他们说:"没关系,你们随便练就是了,就像在家里练一样。咱们的六合螳螂拳非常好,很多人都没见过。就等你们练给他们看看。他们肯定会说你们很棒!"过后,有个小队员跟我说:"开始害怕,想到师父说的话就不害怕了。"这件事给了我一个启示:这么短短的几句话就能使孩子有稳定的心理状态,使他们立刻增强了信心,壮大了胆量,可见对孩子的引导和鼓励是多么重要。

我自 1993 年车祸受伤后，很少参加一些部门组织的武术活动。2008 年，中央电视台举办的《康龙·武林大会》，是对间断了多年的传统武术的一次摸底，也是对传统武术搏击比赛的尝试。得知将要举办这次比赛的消息后，我异常兴奋，迅速组队，日夜加紧训练，报名参赛。

有个年轻的小弟子可谓临阵磨枪，针对这次擂台比赛，专门学了两个招法。他记住了我的话："千招会不如一招精，只要把这两个动作做出来就行，就能够制胜对手！"这话成了他的"定海神针"。赛场上，他的紧张心情逐渐得到平复，打得一场好过一场。赛后他还自信地告诉我："刚上场时有点蒙，大脑一片空白。想到师父的话，我想做动作就是了，管他是谁。"

那届武林大会，根据赛事规程，所有参赛人员，不分年龄，不分级别，抽签比赛。我觉得这次机会千载难逢，虽然自己 54 岁了，早已过了竞技的年龄，但还是毅然报名参加比赛。报名的初衷，是想在擂台上一显身手，检验一下自己的水平，也为后辈们做个敢作敢为的表率。可没想到的是，马上要登台比赛时，大会组委会出于安全考虑，突然取消了我们四位年长选手的打擂资格。

没能登台比赛是个遗憾。但是确实也是，都什么年龄了，自己的腰和肋骨还做过手术，这是在玩命！尽管如此，我也从没为这事后悔过。敢于面对，不惧失败，人倒精神在，这是练武人必须具备的。我相信单香陵老师若在世，也一定会鼓励我、支持我。

有人说我平时更像文弱书生，温文尔雅；可一动起手来就变成了另外一个人，目光逼人，全身都是"杀气"。这种说法可能有些过了，但"动起手来"和平时相比，变化肯定是有的。这与我长期在单香陵老师身边受其熏陶有关。老师的一言一行，我耳濡目染。"胆"和"意"无形中已经深深地刻入了我的心底。

我获益的不单单是在武术方面，还有处世的方方面面。不是有了胆量就"胆大包天"、为所欲为，没了胆量就"胆小如鼠"、无所作为，而是不折不挠向自己理想的目标奋进，遇事临危不惧，处事不惊，该出手时就出手。

二、对力量、速度和技巧的辩证施教

（一）力量

力量、速度和技巧是武术的三大要素。

单香陵说过："练六合螳螂拳，你不'合'，能叫六合螳螂拳？发不出力，能叫'合'？""力量是本，没有力量、没有体力，什么都是白扯。""拳打到人身上，像'苍蝇蹬了一脚'，有什么用？""吃不饱怎么能有劲？外国人有力量，你看人家吃的什么？他们吃牛肉、麸皮和牛奶。"

我的师娘曾说："你师父啊，年轻时经常打架。只要是让我熬小米粥、烙饼，我准知道，这是又要出去打架了！"

这些看似平常的话，却蕴含着许多道理。旧时的习武之人，大多只知练功，没有几个能深刻认识到营养问题。

单香陵的体力一直不错。他75岁的时候,在家里练功,一练一个多小时。他家里有两样东西很"亮",一是铁球,一是大棍。这是他练得最多的两样。将6千克的铁球抛在空中,在铁球下落时将其抓住,然后再抛。如此循环几十次。久而久之,铁球变得光滑锃亮。练功用的大棍又粗又重。练习"倒把""劈棍"这些基本功,练习枪棍套路,进行枪棍对练,都用这根大棍。久而久之,大棍也变得光滑锃亮。

传统武术各个门派都有自己的训练方法和训练内容,其中有些是相通的。比如铁砂掌,好多门派都练。这是练力量、练重手的一个功法。单香陵非常重视练力量,而且讲究方法,不蛮干。

他铁砂掌功夫了得,前面已介绍过,能拍碎七块砖,能拍晕大黄狗。他教徒弟时,并不是一味地要求硬拍硬砸,而是讲求重蓄(蓄足了力)、轻磕(轻打)、循序渐进,使掌心、掌背、腕和手指这些部位都能得到锻炼。一旦用到时,手上每个部位都有"功夫"。

缠丝劲是六合螳螂拳的一大特色,蕴含于每个动作之中,可谓拳术之灵魂。有了缠丝劲,人的力量效能会大大提高,进而能达到化敌于掌骨之间的神奇效果。

单香陵讲解缠丝劲时,严谨而细致。首先强调人的精神,不能有心无意,不能懈怠,否则,缠而无力,缠不住。其次,彼动我也动,把握好时机,过早过晚都不行。再次,掌握好角度和方位,瞬间入手,切入最佳位置。老师经常以身示范,为我们展示"缠丝"处处都在的例子。例如,不单单可用手腕缠、手臂缠或用足缠、腿缠等所谓的"小缠丝",还可用腰缠、身缠、肩缠等所谓的"大缠丝"。另外,"缠"有里缠、外缠等多种方法。

拳谚云:"练拳不练功,到老一场空。""书圣"王羲之的儿子王献之苦练书法,写尽三缸水后,将所写字呈与父亲看。父亲在其所写"大"字下加一点。王献之示于母亲。母亲叹曰:"吾儿磨尽三缸水,唯有一点像羲之。"单香陵老师曾用此典故告诉我们,假的骗不了人,功夫是硬道理。

力量是练出来的。抓铁球、抓坛子、插豆桶、单腿起蹲、铁牛耕地、排打、推手、抓手、捆磨盘手、对八翻捶等基本功法,都要多练。练后效果明显,短时间内力量明显大增。当然,不能盲目地练,必须知道为什么要这么练,练的是哪里的劲,有什么用处,怎样做到意与气合、气与力合。通其理,懂其法,功夫到了,人的身体素质自然会改变,甚至有意想不到的收获。例如,爆发力的增强,可瞬间将能量聚集到某点上,产生出超常的能量;又如,手臂会变得像钢筋铁骨般硬朗。

初练之劲是明(明显)劲,继而所练之劲是暗(暗藏)劲。单香陵深入浅出地说明了功夫中的劲道:"你看看牛和驴踢人的区别。驴把人踢出丈八远,人没事。可牛把人踢了,即使人没挪地,也会有内伤。这就是明劲与暗劲的区别。"

说到劲道与功力,我还想起一件事:2008年,我和冯读俭、戚曙光一起到包头看望单香陵老师的儿子单毅基。我们在饭店吃饭毕,争着付款。只见单毅基奔过来,一臂将我们撑开,抢先交款。我接触到其手臂,感觉他臂硬如铁,力道浑厚,虽年近古稀,功力依然可见。毕竟是单香陵的儿子啊!

图 7-11　2008 年,冯读俭、赵国忠、戚曙光到包头看望师兄单毅基

（二）速度

有研究表明,螳螂的反应速度是人反应速度的数倍。螳螂拳以手法和速度见长。武林中公认螳螂拳手法是最快、最连贯的。江湖中有"螳螂手法无处招"之说。

为什么螳螂拳手法快而连贯?怎样才能练好螳螂拳的手法?

"谁都想快,为什么你快不起来?功夫下得少是一方面,练的方法也有问题。"单香陵说,"只有力量是不行的,打碎金刚打不着人。耍大幡的能顶几百斤,打不了人。打人的功夫必须快,要有打闪纫针的功夫才行。"

讲到具体方法时,单香陵会讲"合""静""松"能提高速度的道理。在那个信息尚不发达的年代,能够收获这些知识实属幸运。实践证明,烦躁不安、暴跳如雷或过度紧张,会让人的大脑瞬间失调、反应力降低、视力减退、动作呆滞、肌肉僵硬甚至痉挛。

单香陵经常用动物的形态、行为讲道理:"猫在晒太阳的时候,用手去抓它,感觉它像摊棉花一样松软;抓着它的毛皮,能将其提起,感觉皮肉是分离的一样。可当它扑抓老鼠时,则胡须竖起,怒目圆睁。这时你再去摸它,身体坚如磐石。"

练功讲究持之以恒,"行走坐卧不离这个(练功)"。在单香陵老师家里见到苍蝇,我们儿戏似的用手去抓,多数时抓不到。老师见到说:"用'螳螂点睛'和'封手'试试。"于是,我们使用"螳螂点睛"手法,点打、勾捏;用"封手"手法,勾抓、勾拍。真是立竿见影,抓得多了。问其原因,老师分析就是点和面的关系。用手满把抓,手的面积大、阻力大;用'螳螂点睛'和'封手',力量集中在一个点上,目标暴露小、阻力小,也就容易抓到了。走路时,遇到蜻蜓飞过眼前,也会自然而然地出手去抓。这些看似玩的东西,无形中提高了自身的自然反应,在练习拳法以及练习器械对抗时,大得裨益。

（三）技巧

"你用30个人在屋子里抓只猴子试试?抓不到。你用杆去捅它,它会顺着杆爬到你的脸上!"这是单香陵老师给我们讲技巧时进行的类比。猴子靠的是灵巧,能够见缝插针,可以一巧破千斤。

巧打是武术中高层次的东西,可以以小打大、以弱胜强。单香陵把它称为"道"。换言之,"打",除了靠力量和速度,还要靠技巧。六合螳螂拳讲究的"刚柔顺化活",就是巧打的体现。所谓"腰活似车轴,手活似机轮",指的是:腰是主宰,既要中正又要灵活,否则,其他的动作做得再好,也容易出现纰漏,不会达到以巧破千斤的效果,当然也违背"六合"的宗旨;手像机轮一样灵活、旋转自然,手法连贯、快速和多变。这是单氏六合螳螂拳的特长。

单香陵年轻时就功底深厚;到中年或晚年时,其艺已臻化境。一般情况下,不管攻击从哪个方向来,用何种拳脚,他都会以最小的力量、最好的时机以及恰到好处的招法化解,并能化中有打。

1988年,我在《武林》杂志发表的《螳螂拳家单香陵教武纪实》一文记述了单香陵老师教我推手时的一幕。这一幕足以见证其丰富的经验和灵巧的应对。现摘录原文中的一段:

一次,在推手中,单师右手推来,我右手向后引带。他进身变肘,化我将劲并击我心窝。我迅即缩身以左手向右使"冷劲"一推。单师跟跄地向我右旁歪去。我以为用力过猛,使他招架不及,又想到单师年岁已高,正待去扶他一把,怎知忽然裆下挨了一脚,疼痛难忍,立即捂肚蹲地,半天起不来。斯时,单师板起脸向我训示:"武不善动,动则全力以赴。要识真伪,不要上当。"振聋发聩!我顿悟单师避实就虚、兵不厌诈的教诲要旨。

六合螳螂拳直来直去的拳法相对少一些,弧形和螺旋形的动作多一些,变化更丰富、更灵巧。通过提高反应能力和变化能力,六合螳螂拳练习者与人交手时会灵活自如,得心应手。

单香陵两肩耷垂得厉害,几乎看不到肩头,这是练功练得肩活后所呈现出的特征。我们按照他教的开肩、摇臂等方法练习,感觉肩臂灵活多了。

三、要多知多懂,博采众长

(一)学人之长

单香陵老师常引用少林禅师杨忠远"艺成之后,需操练诸家之法"这句话,让我们在练好螳螂拳的基础上,学其他门派之长。他教我们学习形意门中的五行拳、连环拳、八式等拳法套路和"六合刀""三合剑";还教我们学习八卦门的程派换掌法和尹派换掌法、太极门的推手和太极拳套路、长拳门中的"小虎燕""大洪拳"以及通背门的一些技法等。

学习别门的东西,除了掌握其内容和要点,还要结合本门的技法去比较和分析,找出最佳的技术方法,并将这些好的技法恰到好处地融入本门拳法之中,提高自己六合螳螂拳的水平。

例如,六合螳螂拳典型的手法"螳螂勾刊",出手是拧裹钻起,回手是落翻勾下。这一手法,近似形意拳中的"劈拳"所讲究的"起为钻,落为翻",只是我出手为手指自然伸开,彼出手为握拳而已。此招又类似八卦掌"搬拦靠"中的"拦"和"靠",都是翻手,只是我为勾压,彼为贴靠。此招还类似太极拳中的"掤捋"之法。

受单香陵老师"学人之长""多知多懂"和"不耻下问"思想的引导,我们知道了学海无涯和"穗满头愈低"的道理。我们师兄弟中,多人已成名,但仍学别人之长,这是对好的学风和好的传统的传承。

20世纪70年代,单香陵老师已经教给了我们太极拳和太极推手。为了更多地了解太极拳,1989年,我接受了龙口市体委的选派,参加了山东省举办的为期10天的太极拳培训,见识到了张继修等名家的功夫,并向杨振铎老师学习了"杨氏太极拳"。

图 7-12　1989年,赵国忠与杨振铎夫妇在山东淄博　图 7-13　赵国忠向杨振铎老师学习杨式太极拳

（二）在国外的讲学经历,使我深刻体会到多知多懂的重要性

2012年,我应瑞士武术协会邀请,先后到他们的"精武会"和"隼龙门"两家武馆讲授搏击。瑞士总共几百万人,却有200多家武馆,搏击运动发展很快,每年都组织几次比赛,参加人数众多。他们还经常派人到北京体育大学等地进修。这两家武馆的队员中,已有三位获得过瑞士搏击比赛冠军。两位馆长都是瑞士武术协会资深的理事,一位搏击水平较高,另一位是咏春拳的总教练。

说实话,我的现代搏击水平不高,年龄又大。他们之所以邀请我,是因为看到了我的螳螂拳打法视频,觉得新颖,感兴趣。

讲学过程中,我巧妙地把现代的打法与传统螳螂拳的打法有机结合,一出手就让他们感到新奇。我的速度和连贯性也是出乎他们意料。所以,我得到了他们的肯定和赞许,讲学取得了很好的效果。其中一位叫克里斯的馆长当时就提出拜师的请求。这次讲学是我创新探索的一次尝试。

继2010年到俄罗斯讲学,2012年,我又应俄罗斯奥林匹克委员会之邀,到莫斯科和圣彼得堡传授螳螂拳。在圣彼得堡,有位武馆馆长,不但精于拳击,太极拳的功夫也不错。他身高2.1米,粗壮魁梧,臂坚如铁。我给他做六合螳螂拳的手法示范时,他出手格挡,并用太极拳的掤劲抵御,绵里藏针。手与手一接触,我便感觉到靠硬打硬抓是不行的,况且也够不到他头部。于是,我使用"问劲"与投手的技法调动他,令他手忙脚乱。他连连点头称赞。

这些经验与技法,得益于我们对太极拳有一定的了解,也得益于单香陵老师对太极拳与螳螂拳相生相克法门(方法、门道)的传授。

有着"战斗民族"之称的俄罗斯人,习武之风长盛不衰,很多男人都练拳击,也有对外交流的传统。有位以色列籍的黑人职业泰拳手,名叫鲍利斯,在莫斯科参加了我的讲习会。因为讲习会时间短,参加人员多,加上我不懂外语,所以我不了解鲍利斯及每个队员的情况。好在我教授螳螂拳打法时,用"动作"这个"肢体语言"说话,尽量让更多队员亲身体验。当我为鲍利斯做"打法"示范时,发现他具有典型的竞技运动员的身体和精神特征。他用典型的泰拳招法试探我的能力,进退、出拳、抱头、闪躲,泰拳动作规范,干净利落。我用快速连贯的螳螂手法以及灵活的身法调动他,不给他发挥他拳法需要的距离和"舒服"的角度,让他沾不到手,使他的肘膝技法及靠身战术发挥不出来,只有疲于招架。

根据安排,我在莫斯科讲习四天,接着到圣彼得堡。没想到,这位泰拳手又跟着去圣彼得堡学了几天。分别的时候,他指着自己的脑袋对我说:"学了这么多天,我还是没弄明白。怎么会是这样?"

"不管对手是哪个门派,也不管对手是练什么的,只要你能把我们的打法练精了、用熟了,你就会知道,我们的打法是高级的。"这是单香陵老师通过几十年的实践悟出的心得和对六合螳螂拳的评价。

一路走来,我们深知,只有知己知彼、多知多懂、做好功课,才能临场不乱。

在俄罗斯讲学期间,我也非常荣幸地结识了俄罗斯武术联合会专家委员会主席科罗廖夫•尼古拉。每次赴俄,他总是在百忙中抽时间到场讲话,并介绍中国武术的博大精深,要求学员们好好学习。他还经常与我探讨拳法和兵器的使用方法。以武结缘,我们成为朋友。当他得知我的这本书已完成并将要出版的消息,特发来贺信。

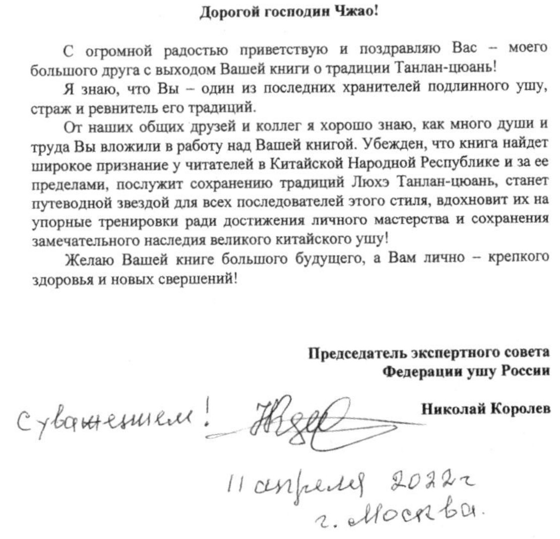

Дорогой господин Чжао!

С огромной радостью приветствую и поздравляю Вас – моего большого друга с выходом Вашей книги о традиции Танлан-цюань!

Я знаю, что Вы – один из последних хранителей подлинного ушу, страж и ревнитель его традиций.

От наших общих друзей и коллег я хорошо знаю, как много души и труда Вы вложили в работу над Вашей книгой. Убежден, что книга найдет широкое признание у читателей в Китайской Народной Республике и за ее пределами, послужит сохранению традиций Люхэ Танлан-цюань, станет путеводной звездой для всех последователей этого стиля, вдохновит их на упорные тренировки ради достижения личного мастерства и сохранения замечательного наследия великого китайского ушу!

Желаю Вашей книге большого будущего, а Вам лично – крепкого здоровья и новых свершений!

Председатель экспертного совета
Федерации ушу России

Николай Королев

С уважением!

11 апреля 2022г.
г. Москва.

图 7-14 俄罗斯武术联合会专家委员会主席科罗廖夫•尼古拉的信

信件译文如下。

亲爱的赵国忠先生：

我的好朋友，我非常真挚地问候您，并祝贺您关于传统螳螂拳的著作完稿。

我知道您是真正武术的最后守护者之一，是其传统的守护者和拥护者。

从我们共同的朋友和同事那里，我非常清楚您在本书的工作中付出了多少精力和努力。我相信本书一定会得到海内外读者的广泛认可。这部书保留传承六合螳螂拳传统，必将成为这一流派所有追随者的指路明灯，激励他们坚持修炼，以完善个人的修养，确保中国伟大武术的精彩传承！

祝您的书广受欢迎！祝身体健康，取得新的成就。

俄罗斯武术联合会专家委员会主席：

科罗廖夫·尼古拉

2022 年 4 月 11 日

四、经验传授，启迪晚辈

单香陵早期的两位武学老师都是身怀绝技之人。启蒙老师吕孟超，是从太平天国运动战场上走过来的，实战经验特别丰富。老师丁子成，是六合螳螂拳门的掌门人，视野开阔，善交武林中高人，也善于学习别人之长。单香陵通过多年的学习、练习和研磨，武艺突飞猛进，经验也逐渐丰富。后来到了北平，他又从武林朋友那学到了许多技艺。他将这些技艺有机地融入六合螳螂拳中，提高了实战能力，也积累了更多的经验，乃诸门派集大成者。

单香陵将他积累的丰富经验无私地传授给弟子，使弟子受益匪浅。现摘录几句他在传授格斗经验时说的话："要节约用力，不要觉得你有力量、有使不完的劲。一旦遇到高手，调你几个来回，你便会喘不过气来，等着挨打吧！""把劲使在刀刃上。一旦有机会，要'迅雷不及掩耳'，打到他缴械为止！""交手前就要留神，不得有半点大意。多少名手被人一拳打蒙！""用我们擅长的打法。我们不一定非要把对手打倒。一旦打倒了，他'四腿蹬蹬'（指倒地后，用两手、两腿做防守姿势，属地面技），你还不好对付他。"

这些经验告诉我们，从战略战术上要有充分的准备，要扬己之长，而非使用不熟悉的技法。螳螂拳的特点就是靠速度、连环和打击要害取胜，而不是与人角力。

单香陵讲授利用地理条件和环境充分发挥自己的技能时说："对敌时，我们要踏平地、居上坡、背日光、占上风。"意思是，在与对手实战之前和实战中，除了格斗姿势、格斗气势和技法外，还应有一个抢占意识，就是抢占有利的地形，选择有利的环境。

"踏平地"：选择在平坦的地面踏脚，让对方在凹凸不平，甚至是有水、有沙石或有荆棘之地踏脚。这样会影响对方水平的发挥。对方甚至会因脚下障碍自己跌倒，我方可不战而胜。

"居上坡"：选择站在上坡的位置，让对方处在下方。我方居高临下，自然省力，也利于我方头部防守。对方的头部易遭到我方腿、膝和手的攻击。

"背日光"：选择背朝太阳和灯光，让对方面对光束。这样我方视觉清晰，而对方则受光线刺眼的影响。

"占上风"：我方选择站在上风头，背对风雨，让对方处在下风头而迎着风雨。显然，对手会受风雨或沙尘的干扰。

经验靠口头传授，也靠实战交流、摸索和积累。经验是进步的阶梯。

讲一个单香陵晚年为马汉清儿子马雷示范打法的故事。

1979 年，单香陵到北京，马汉清请他来家里吃饭。饭前，马汉清把儿子马雷叫到跟前："让你师爷看看你练的螳螂拳，给你指点一下。"

马雷说："师爷，我觉得'藏花手'很好用，不易招架。"单香陵说："我看看。"说着两人在内屋交上了手。

马雷知道，这是少有的学习机会。他知道单香陵的功夫高，早就想看个究竟。因此，他没留劲，两手迎面而上，一手勾其手，一手击其面，都是瞬间的事。单香陵见招即变，迎着来手，用"双帮肘"将马雷由里屋掀翻至外屋！

单香陵老师从北京回来，跟我讲了这件事的详细情况。他说："他（马雷）不知道'双帮肘'能破'藏花手'。他的手刚起来，我手臂迎上把他堵回去。他的肘臂被搁起，使不上劲。我的双臂撑过去，他怎么能抵挡得住！"

一个 70 多岁的老人，面对一个年富力强的高手，竟能下手果断，一招取胜。其技艺之精湛、经验之丰富，由此可见一斑，令人惊叹！

马雷自幼随父习武，毕业于北京体育大学武术系，是中国现代武术散手运动的主要发起人之一。有关马雷的介绍详见第八章第二节。

2008 年春天，中央电视台举办《康龙·武林大会》，我带领弟子到北京参加。马汉清的弟子马卫苓听李文深说我到了北京，专门来赛场看望我，并带来了马雷的消息。马卫苓说："赵老师，马雷听说您来了，专门派我来给您带个信，过两三天他来看您。马雷刚从美国治病回来。"

我了解到马雷的病情不是很乐观，让马卫苓代我向他问候并致谢。我们在北京已待了 10 天，定了第二天回家的行程。我对马卫苓说："下次和马雷再会吧。"

谁知第二年，2009 年 7 月 19 日，马雷因病去世！我们没能见面，成了永远的遗憾。本想当面问一问马雷他和单香陵交手的感受，可这永远也不可能了。

五、武德和师德教育

武术有健身、防身和养德三大作用。人们常用"止戈为武"解释武术的内涵，由"止"和"戈"组成"武"字，说明从古到今，"武"的真正含义不是倚强凌弱，不是杀戮，而是以武制暴，实现和平。

对于单香陵这样在武林中声誉很高的人来说，一般人认为他身怀绝技、敢于动手、疾恶如仇，对他远而敬之。其实，他是一个谦逊、善良、低调的人，也是一个和蔼可亲的人。

单香陵老师常告诫我们："不要出去打架，不能欺负人。我们天天练功夫，研究打人的技巧，用它打人不道德。"

20世纪80年代初,有人在外面开武术训练班,为了招生,编造谣言贬低单香陵:"单香陵老了,不行了,让我一拳打在草垛上!"我们知道后,都很气愤,要去找那个人讨个说法。我向老师提出请求,要和那个人较量一场。老师对谣言有点生气:"他说我老了。我是老了,可人老功夫不老啊!"但他话头一转,又劝阻我:"嘴是他的,也没说在咱们当面,让他说去,不用理睬。有花自来香,不用大风扬。"

单香陵做人低调随和。他到澡堂洗澡,经常会有人过来打招呼。即使他不认识对方,也会礼貌应答。他告诉我们:"中国的武术,我只知道点皮毛,得了个尾。"他就是这么一个谦虚的人。

他有几大爱好:一是喜欢京剧。多年来在艺术名家的耳濡目染下,他了解了京剧深厚的文化底蕴,随时都能哼上两句,并能说出个中的故事。二是喜欢写字,因写字能修身养性。他写的字还是蛮不错的。三是喜欢下象棋,因下象棋能提高人的逻辑思维能力,棋如人生。在哈尔滨他还曾与象棋名宿王嘉良下过棋。

经常有人到单香陵家拜访。他从不拿架子,更不会故弄玄虚,总是尽量满足来者要求,为他们解惑释疑,讲些武林中的故事。有时兴起,他还亲身示范武技。

我保存着两张20世纪70年代黄县政协常务委员的集体合影。每张照片中都有二三十人。论资格,单香陵是第三、四、五届黄县政协常委;论年龄,他是这些人中年龄最大的;论名气,不必多说,单香陵在黄县成为传奇式人物。可他的位置不是中间,而是边角。

单香陵本家五服内侄子单农基去服兵役。临行前,作为长辈的单香陵,一再叮嘱其到部队后好好学习,不要怕吃苦,学到本领保卫祖国。

记得20世纪70年代初期,我捎了两包饼干给单香陵老师。那时大家的生活条件都很差,我家里也拿不出像样的礼物送给老师。后来一次与师娘聊天中,师娘说到了饼干的事:"你上次送我们的饼干都招虫子了,你肯定不知道。你师父不让我告诉你。他知道你是好心,你家生活不容易。"这件事过去几十年了。但每次回想起来,我心里都会感到难受。

单香陵老师关怀弟子,每次见面都嘘寒问暖。师母去世后,偶尔我会接老师到家里吃顿饭。有时老师让单爱萍骑车载着他来。我母亲每次都尽量把饭菜做得好一点。我每次到老师家里练功,老师总会先问我母亲好。老师在外给我来信,也首先问我母亲好。这让我感到无比的亲切和温暖。老师给我们这些晚辈写信,称呼都用"您"字。

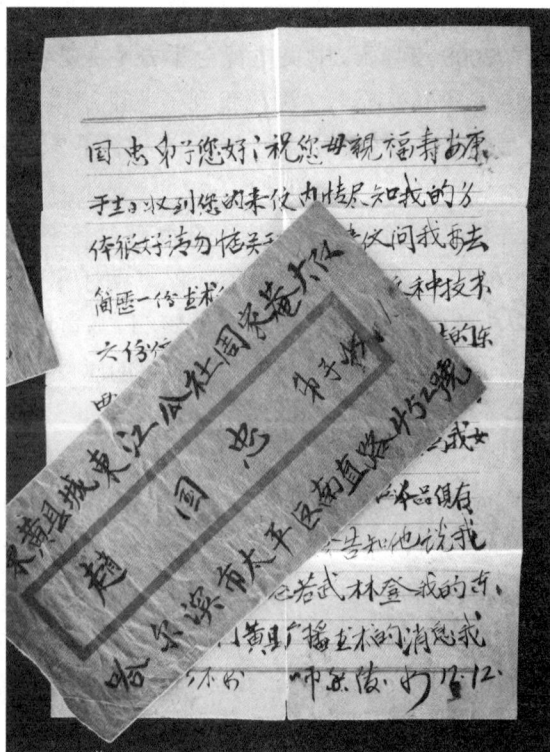

图7-15 单香陵写给弟子赵国忠的信

单香陵老师德艺双馨,为我们树立了典范。

图 7-16 20世纪70年代末,黄县政协常委成员合影,前排右二为单香陵先生

第八章 桃李秀 后继有人

第一节 单氏弟子遍布各地

一、单香陵的弟子及分布情况

六合螳螂拳龙口一支，为丁子成所传。丁子成的弟子中，传播最广的是单香陵所传一支，其次是张祥三、刘云樵在台湾所传一支。

单香陵一生以武为业，走南闯北，传授弟子较多。这些弟子遍布国内各地，有的还到了国外。

单香陵究竟有多少徒弟？很难给出一个准确数字。单香陵教徒从20世纪30年代末持续到20世纪80年代初，跨度40多年。弟子随其学习的时间也有长有短。

单香陵墓碑的碑文介绍了六合螳螂拳传承师系，其中记载了单香陵的30位弟子的名字。在迁葬立碑的短时间内，难以全面了解单香陵所传弟子的情况。在撰写本书时，我专程到包头、北京、哈尔滨等地了解情况，并根据单香陵老师家人及多位师兄弟的介绍，掌握了单香陵老师在外地的传承情况。若本书有遗漏，待再版时增补，望理解。单香陵的弟子有：

赵国忠、冯读俭、曲长贵、马汉清（北京）、林基友、单爱萍（女）、冯蕴敏（女）、李秉慈（北京）、戚曙光、林锐（包头）、杜金果（包头）、封在忠（包头）、马有清（香港）、李福禄、林述利、林基玺、姜克宴、刘敬儒（北京）、林大生、李双志（台湾）、李双义（台湾）、林述宽、刘炳泰、刘兆仁、白存仁（包头）、张庆河（包头）、张道锦、戚新、许世田（北京）、尹新利、李继勇（包头）、侯占根（包头）、何铁智（包头）、郭焕馨（哈尔滨）、郭焕钦（哈尔滨）、闫敬东（哈尔滨）、于发元（哈尔滨）、宋秋双（哈尔滨）、曲鹏飞、于燕燕、赵玉祥（日本）等。

以上名字中，未注明地域的，皆为龙口市（原黄县）人；前30位排序，按墓碑所载。

二、单香陵传黄县弟子

黄县是单香陵的故乡。1929年，单香陵到了北平，20年后又返回故里居住。因而，他在黄县所传弟子较多。包头和哈尔滨是单香陵儿女居住的城市，北京是他的第二故乡。这些地方，他每年都去，也有不少弟子。

单香陵在黄县最早的弟子是他的义子曲长贵。1958年，曲长贵与单香陵的儿子单毅基是同桌,二人一起学习,一起练功。单毅基也是这个时期开始跟父亲学拳的。后来,单毅基分配到包头市工作,曲长贵在黄县一小学当校长。2012 年,单香陵迁葬之际,二位几十年未见面的老人,一见面就拥抱在一起,痛哭许久!迁葬仪式上,曲长贵代表师兄弟致词缅怀恩师。

1962 年,前妙果村(离单香陵家二三千米)的人邀请单香陵到村里教武术,很多年轻人和孩子都跟着练拳,时间大约有半年。那时,人们的肚子都填不饱,大部分人都退出了学习,只有林基友、林述利、林基玺、林述宽、姜克宴、刘炳泰等几个人坚持了下来。这些人中,属林基友年龄大、功夫好,有些师弟都向他学习。刘兆仁是单家村人,与单香陵邻村,也是这个时期到单香陵家里学习的。20 世纪 80 年代,刘兆仁成为黄县为数不多的知名企业家。李福禄与刘兆仁同村,比刘兆仁学得稍晚一点。

"文化大革命"期间,单香陵基本不教徒弟。起初本村有几个人跟着练了不长时间。有人暗中使坏,写了"单香陵在家开黑店教武术"的"小字报"贴在街头。单香陵气愤之余,让几个人回去。从此之后,凡是本村的,他一概不收。

单爱萍、冯蕴敏、冯读俭和我是这时期的徒弟。单爱萍、冯蕴敏、冯读俭是单香陵的亲戚,练得很好。单香陵曾说想培养单爱萍和冯蕴敏两个女生为接班人。后来两人先后结了婚,有了孩子,生活压力大,拿不出很多时间练武,确实有些可惜。从这时期到单香陵老师去世,冯读俭和我一直在老师家里练功。老师将自己的武术器械、拳谱、剑谱、照片等传予了我们二人。

1976 年以后,单香陵招收的弟子有戚曙光、林大生、戚新、尹新利、曲鹏飞、于燕燕等。老师最后教的一批学生是于燕燕等几个小孩。在我印象中,这几个孩子都是小女孩,其中有遇家村小学校长王琳的女儿,以及王琳带来的三四个学龄前或刚上学的孩子。这批孩子来学习武术的时间大约在 1980 年。单香陵老师让我教他们基本功。由于他们学习时间不长,我没有全部记住他们的名字。1974 年,在黄县油泵油嘴厂(黄县二厂)上班的林枫副县长的女儿利用星期天的时间到单香陵家里学习太极拳。

单香陵是黄县政协第三、四、五届常委,戚曙光的母亲是政协委员,林大生的父亲是黄县统战部干部,戚新的父亲是黄县著名古玩收藏家,曲鹏飞的父亲是医术高明的牙科大夫。这几位弟子家长与单香陵颇有交情,都受到了单香陵的关照。

图 8-1　20 世纪 70 年代,冯读俭、赵国忠合影

图 8-2 2013 年,龙口市单氏六合螳螂拳传人相聚

三、单香陵传包头弟子

单香陵在包头的弟子有封在忠、白存仁、林锐、杜金果、张庆河、李继勇、侯占根、何铁智。

这些弟子,基本是 20 世纪 60 年代跟随单香陵的。他们大多在内蒙古第一机械制造厂（包头一机厂）或内蒙古第二机械制造厂（包头二机厂）上班。单香陵的儿子单毅基、三女儿单宝祥、四女儿单宝荣都在包头工作,每年单香陵都来包头住上一段时间。这些弟子便利用单香陵来包头时抓紧时间学习。

白存仁是位有名的中医。每次单香陵来包头,白存仁都给予了不少方便和资助。他收藏了单香陵赠与的许多宝贵资料,如单香陵与梅兰芳夫妇等京剧名流的合照、陈云涛写的《拳论》等。白存仁是较早在包头传授单氏六合螳螂拳的人,弟子众多。

封在忠聪颖好学,为人厚道,所学六合螳螂拳动作规范,较为全面,是包头师兄弟中具代表性的一位。单香陵老师曾在我们面前提及包头的"白大夫(白存仁)"、封在忠和林锐。

林锐,正处级干部,文化底蕴深厚,对螳螂拳情有独钟,对其拳理、拳法颇有研究。古稀之年,他仍在孜孜不倦将毕生所学传与后人。他曾说:"单先生传下来的是宝贝,不能把它丢了。我们师兄弟有责任,要齐心协力去做。"他还专程赶赴山东龙口,参加单香陵迁葬仪式,并在当天的六合螳螂拳研讨会上展示了螳螂拳的打法。

杜金果早年拜骆兴武为师习练形意拳和八卦掌,后到包头工作。1967 年,单香陵到包头,骆兴武知道后,写信给单香陵,引荐杜金果向其学习六合螳螂拳。杜金果退休后,常年在北京居住。古稀之年,老骥伏枥,杜金果传艺给弟子,并发表多篇有关螳螂拳的文章。

李继勇体格魁梧,练功动作扎实规范,是包头单氏门中,学得早、练得好的一位。

侯占根、张庆河,是单香陵在包头早期的弟子。

何铁智是包头一支中年龄最小、学得最晚的一位。但其刻苦练功,用心钻研,并将中医与武术有机结合,传艺于弟子。

赵国忠收藏照片

图 8-3　单香陵与包头弟子封在忠、白存仁、李继勇合影

图 8-4　2019 年,包头六合螳螂拳传人欢聚一堂

四、单香陵传北京弟子

单香陵在北京的弟子有李双志、李双义、马汉清、李秉慈、刘敬儒、许世田。

单香陵 20 世纪 30 年代在北平教授李双志、李双义二兄弟。他俩是单香陵最早的弟子。当时,李双志、李双义已是国民党军队的团级军官。后来战争不断,他俩与单香陵失去了联系。李双志、李双义练得时间不短,练得很好。80 多岁的单毅基至今对他们的一些情况记忆犹新。

马汉清,1930 年开始跟随杨禹廷学拳,是杨禹廷早期的弟子之一,曾协助杨禹廷教拳多年。1934 年,由杨禹廷介绍,马汉清向马云龙学习弹腿、查拳门拳械。1959 年,马汉清又由杨禹廷推荐,跟随陈云涛学习螳螂拳。1962 年,马汉清拜单香陵为师,学习六合螳螂拳。

1959 年,马汉清获得全国武术比赛太极拳第二名。之后,他还担任过全国太极拳及太极推手比赛的裁判长,并参与制定国家散手比赛裁判规则,委派高徒参加国家体育总局武术运动管理中心组织的螳螂拳专家评审鉴定会。

1994年,马汉清创办了北京市武术协会螳螂拳研究会,并担任首任会长。他还曾担任北京市什刹海体校武术教练、北京东城武术馆教练和副教务长、北京市武术协会秘书、北京市健身武术社社长、北京市武术协会吴式太极拳研究会顾问等职。

马汉清在武术理论研究方面倾注了大量心血,著有《十八般兵器图解》一书,并在《中国体育报》《武林》《武魂》《武术健身》《技击》《力与美》等刊物上发表文章多篇,阐述武学见解,论述技击技法。

马汉清不但向本门老师学习,还与他门的人交流。在此基础上,他改编或创编出新的套路。

马汉清在国内外有众多弟子。北京市武术协会螳螂拳研究会现已更名为北京市武术协会螳螂拳专业委员会。自成立以来,除了第一任会长由马有清担任,之后的每一任会长皆为马汉清的弟子。

图8-5　马汉清先生追思会暨北京螳螂拳研究会2017年会

李秉慈,中国武术八段。从1946年起,李秉慈先后师承杨禹廷、常振芳、释奇云、骆兴武、单香陵和刘谈锋几位名家,精于太极拳。他多次担任全国太极拳、太极剑和太极推手比赛的裁判长、副总裁判长。1993年,他担任国家队太极拳教练,曾培养出多名太极拳全国冠军,其弟子遍及全国各地。他被选为北京市吴式太极拳研究会会长(后为终身名誉会长),被评为"全国武林百杰"。

1967年,李秉慈在北京家中递帖子拜师单香陵。20世纪60年代,单香陵已定居黄县老家,但每年都要到北京。李秉慈每次都不失时机地跟单香陵学习。

李秉慈是创立于1980年的北京东城区武术馆的发起人之一。武馆学员多时超过2400人。李秉慈先后担任教练、教务主任、副馆长、名誉馆长。1988年,李秉慈带我参观东城区武术馆时,给我介绍了李天骥、骆大成、王四祥等多位名家教练,请我观看了他的学员

（太极拳集训队员）参加全国比赛前的训练。

李秉慈虽然很早就已成名，但他非常崇拜单香陵。我还保留着 20 世纪 70 年代他和马汉清联名给单香陵写的信。每封信中都洋溢着他们对单香陵的崇敬之情。

2012 年清明节，单香陵的家人和弟子为其迁坟。李秉慈因年龄大而到不了现场。他特备了款，写了吊唁词，并给我写了一封信说明情况。李秉慈特委托参加这次活动的他的两个师侄——刁振杰（时任北京市武术协会螳螂拳研究会会长）和马士勇（时任北京市武术协会螳螂拳研究会副会长）代他表达心意。

李秉慈挚爱六合螳螂拳，对六合螳螂拳的传承非常重视，他曾深情地对我说："六合螳螂拳我没练好，对不住老师，也对不住门里。马汉清走了，就靠你了。"他还嘱咐我："你打的拳是老师的风格，要坚持，不要改。"李秉慈曾给我讲过好多单香陵在北京的事。这些第一手资料很珍贵，随我一起在场的人认真地做了记录。

图 8-6　2008 年，赵国忠看望李秉慈师兄

刘敬儒，中国武术九段，北京市武术运动协会八卦掌研究会顾问委员会主任，国家级非物质文化遗产八卦掌代表性传承人。

1957 年，刘敬儒跟随骆兴武习练程式八卦掌，后又向多位八卦掌名家学习。他于 1982 年拜单香陵为师，学习六合螳螂拳。

八卦掌是刘敬儒一生中学习时间早、学习时间长、投入精力大的一个拳种，又师承名家，所以，刘敬儒在八卦掌方面所取得的成就显而易见。他获得第一届、第二届全国武术观摩交流大会八卦掌金牌，传授国内国外众多的弟子，并通过著书、光碟等多种形式教学，为八卦掌的传播做出了突出贡献。

自 1982 年暑假期间，刘敬儒到山东黄县拜单香陵为师，学习六合螳螂拳。几年后，他将六合螳螂拳传授弟子，并出版了《六合螳螂拳》一书，为六合螳螂拳的传播做出了贡献。

1984 年春，单香陵去世。第二年，居住在香港的马有清与我联系，拟合作编写《六合螳螂拳》一书。后来，马有清把此事告诉了刘敬儒（二人都是骆兴武的徒弟，合作出版了

《程氏八卦掌》一书),并与我商量,拟我们三人共同出版《六合螳螂拳》一书。马有清让刘敬儒与我直接联系。

我们三人保持书信沟通。刘敬儒于 1988 年 1 月 29—30 日来山东黄县我家商量此事。同年 3 月中旬,马有清从香港回来。我们三人在北京马有清家里商定:三人合作出版,马有清统筹,署名位列第一;我负责撰写初稿,署名位列第二;刘敬儒负责修改,署名位列第三。书中用我的拳照。

伏案数载,我终于完成了《六合螳螂拳》一书的初稿,包括 7 个套路、基本功及理论阐述。写成后,我把书稿寄给了刘敬儒。当时都是手写稿。为了节省时间,有部分书稿是我的弟子帮我誊写的。我用复写纸,保留了全部书稿的备份。刘敬儒接到书稿后,进行了一定的修改,并于 2003 年与他的几位弟子一起,将《六合螳螂拳》一书出版了。此后,多家出版社又相继对此书进行了再版。此书为人们了解六合螳螂拳、学习六合螳螂拳奠定了基础,可喜可贺!

可能是刘敬儒工作繁忙的原因,自书稿寄给刘敬儒后,刘敬儒逐渐与我和马有清失去了联系。此书出版后的很长一段时间,我和马有清都不知道。此书也并未署上我二人的名字。但是,书的出版是大事,我为能够默默地为此书奉献一分辛勤劳动、为六合螳螂拳的传播贡献一分力量感到欣慰,也算没有辜负恩师多年的培养。

图 8-7　刘敬儒出版的书

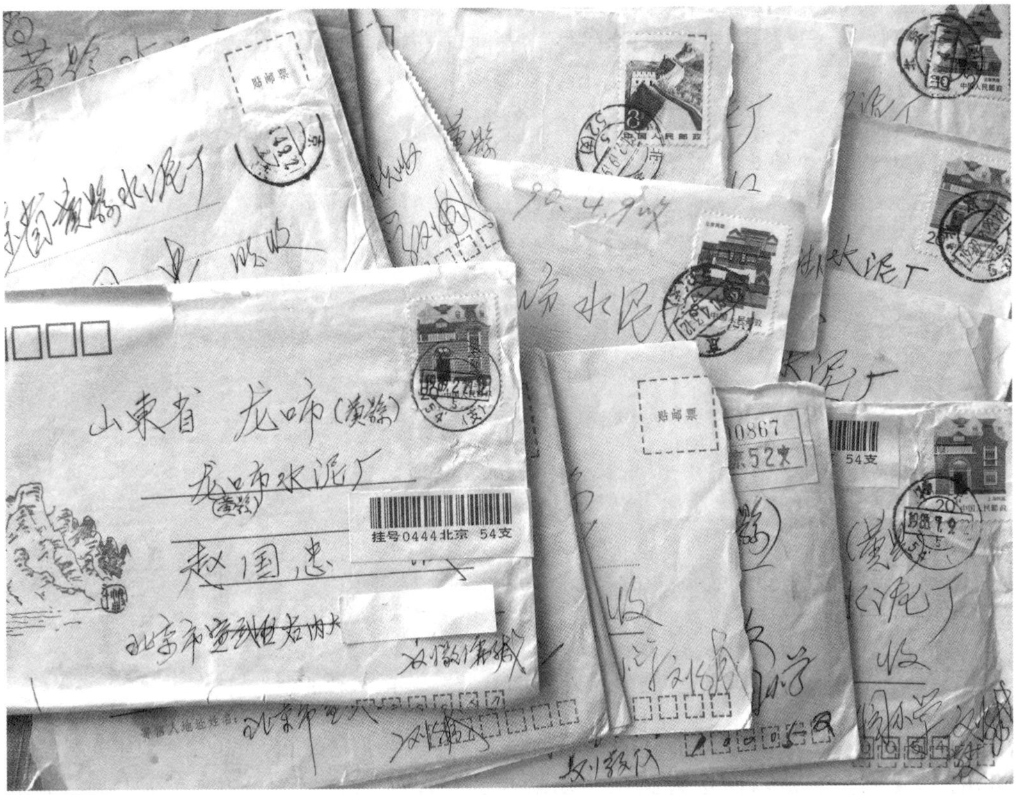

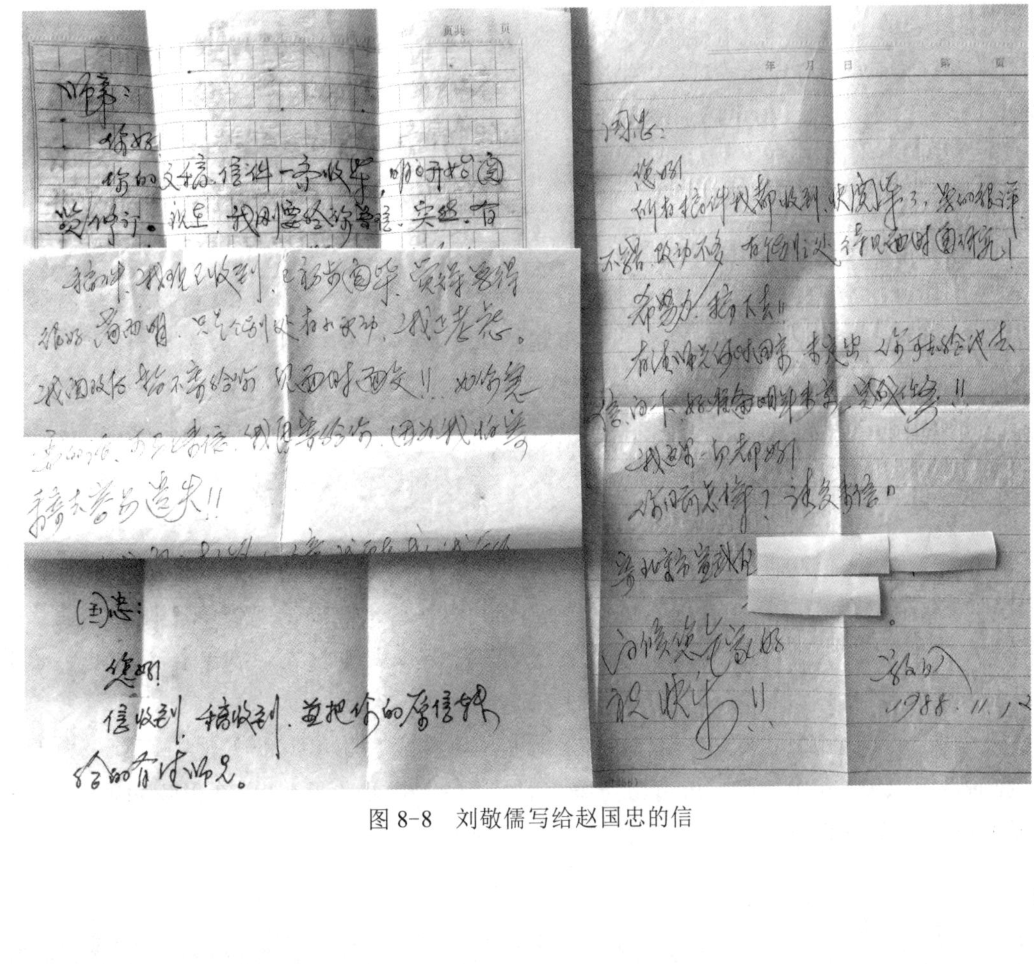

图 8-8 刘敬儒写给赵国忠的信

图 8-9　赵国忠《六合螳螂拳》原始书稿（赵国忠手稿，修改处为刘敬儒手迹）

许世田，师从骆兴武学习形意拳和八卦掌。1982 年 4 月 9 日，北京第一棉纺织厂职工许世田，初次到山东黄县向单香陵学习螳螂拳。他所学的第一套拳是"铁刺"。许世田的肠胃不好，要吃软的东西。单香陵便经常到街头用豆子换点豆腐。尽管许世田的身体状况不是很好，练一会儿功要休息一会儿，但是他练功非常努力。在黄县一周的时间，他较好地学完了这个套路。在之后的一年多时间里，许世田曾接送单香陵往返黄县和包头。

五、单香陵传哈尔滨弟子

哈尔滨有单香陵的弟子。单香陵的大女儿单宝霞在齐齐哈尔工作，二女儿单宝珍在哈尔滨工作。单宝珍家住太平区太平文化宫对面，附近是太平公园和体育场。单香陵来哈尔滨时，便在太平公园练拳、教拳。当年跟随单香陵学习的学员有 40 多人，学习时间较长的有郭焕馨、郭焕钦、闫敬东、于发元、赵玉祥（后定居日本）、宋秋双等。

郭焕馨，小名大鹏，单宝珍的长子；郭焕钦，单宝珍的次子。二人身材魁梧，20 世纪 70 年代初跟随单香陵练功，聆听单香陵讲述拳理、拳法和门中的一些故事，六合螳螂拳造诣颇深。

闫敬东，单香陵 20 世纪 60 年代的弟子，在黑龙江省公安系统工作，处级干部。他热爱武术特别是六合螳螂拳。工作繁忙并不能阻止其对六合螳螂拳的习练。他利用业余时间练功，几十年如一日，终有所成，被聘为黑龙江省传统武学研究会副会长。他的弟子数百人，遍及全国各地。

于发元，单香陵 20 世纪 60 年代的弟子，也是单香陵在哈尔滨的弟子中年龄最大的一位（据说生于 1932 年）。于发元起初习练其他门派武术，成名后又拜单香陵为师，学习六合螳螂拳。他后来收有许多弟子。

宋秋双,单香陵20世纪70年代的弟子。他先随于发元习武,后经于发元介绍,又跟单香陵习练六合螳螂拳。

图 8-10　2020 年,赵国忠看望单宝珍及在哈尔滨的本门师兄

图 8-11　20 世纪 70 年代,单香陵在哈尔滨的弟子闫敬东的练功照

六、单香陵传香港弟子

马有清,先随杨禹廷习练吴式太极拳,是杨禹廷的得意弟子,曾协助杨禹廷教拳多年;后随吴图南习练杨式、吴式太极拳,成为吴图南的入室弟子;还向唐凤亭、骆兴武、史正刚(释奇云)、王继武、单香陵几位武学大家学习形意、八卦、大悲、螳螂门派的拳理拳法等,均颇有造诣。

马有清的几位老师中，单香陵是最后一位。1982 年，马有清专程从香港回北京，将已是暮年的单香陵请到北京，正式拜师学习六合螳螂拳。此时，他的先前老师吴图南、杨禹廷和王继武都健在。

马有清与原建筑材料工业部副部长陈云涛（丁子成的弟子，单香陵的师弟）关系密切。20 世纪 50 年代末，陈云涛随杨禹廷习吴式太极拳，并在 20 世纪 60 年代初，经杨禹廷同意，将杨禹廷的弟子马有清介绍给吴图南当徒弟。

缘于种种因素，二人的师徒缘分来得有些迟。为了弥补遗憾，也为了把单香陵之武学绝技留于世，1982 年 10 月上旬，马有清请单香陵在天坛公园演练六合螳螂拳和讲解拳理，并为其录像、拍照、录音。过后，单香陵还为其写了拳谱和拳论。

马有清对武术理论颇有研究，在许多武术刊物上发表过文章，并著书立说。例如，他在 1983 年《武林》杂志上发表《部长笔下的双锦拳》，在 1984 年《武林》杂志上发表《沉痛哀悼螳螂拳家单香陵老师》；著有《太极拳动作解说》、《太极拳之研究：吴图南太极功》、《太极拳之研究：吴图南嫡传打手要法》、《程氏八卦掌》（合著）、《武术词语汇编》、《奇云大悲拳》等书。他还与杨禹廷一起修订了《太极拳规范》一书。这些文章和著作，在武术刚刚复兴的年代影响广泛。马有清还是一位收藏家。20 世纪七八十年代，他便着手收集和整理一些老武术家的武术资料，拍摄老武术家演练武术的录像和照片。

赵国忠收藏照片

图 8-12　1982 年，单香陵与马有清、刘敬儒、马维生于北京马有清家中

上文提到马有清、刘敬儒与我拟合作出版《六合螳螂拳》书一事。在策划这本书时，马有清对书的名称、目录及有关内容等提出了看法，对我写《六合螳螂拳》初稿有很大的帮助。

马有清弟子众多，传授内容以太极拳、八卦掌、形意拳和大悲拳为主。在 2012 年和 2015 年马有清逝世 1 周年和 3 周年纪念日，马有清的师弟及马有清的徒子徒孙 200 多人举行了纪念活动。我也参加了这两次活动，并应邀发言和表演了六合螳螂拳。一位武术家寿终 3 年后，尚有这么多人参加纪念他的活动，可见其生前德艺双馨，有长者风范。通过单香陵老师能结识马有清这样一位师兄，是我的一大幸事。

图 8-13　马有清写给赵国忠的信

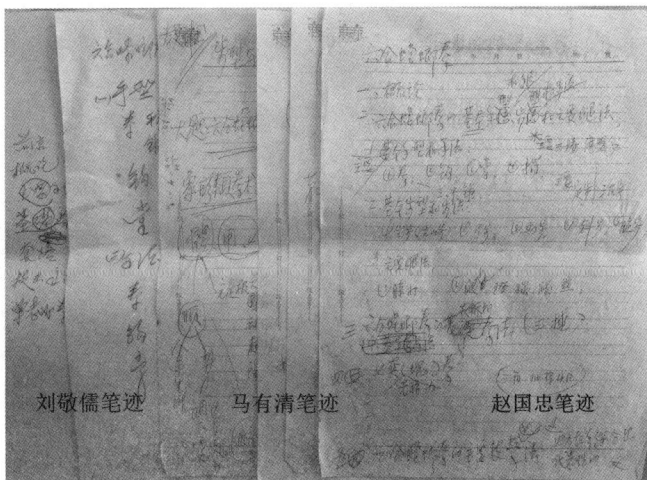

刘敬儒笔迹　　　　马有清笔迹　　　　赵国忠笔迹

图 8-14　1988 年,马有清与赵国忠、刘敬儒研究写书笔迹

图 8-15　2015 年,马有清先生逝世 3 周年纪念活动部分人士合影

七、单香陵传移居日本的弟子

赵玉祥，单香陵20世纪60年代末在哈尔滨教的弟子。赵玉祥早期拜王喜亮为师学习范家（范永庆）形意拳、八卦掌、太极拳，后拜形意拳大家布学宽之子布秉全为师习练形意拳和八卦掌。1987年赵玉祥定居日本，在日本开有多家武馆，并多次邀请布秉全到日本传艺。赵玉祥还担任日中传统武术协会会长、日本布氏研究会会长、山西形意拳布学宽研究会副会长。

赵玉祥年轻时在哈尔滨太平区体校当武术教练，恰逢单香陵来太平公园教拳。他看到单香陵的螳螂拳厉害，便恳请单香陵教他。之后，单香陵哈尔滨探亲期间每次到公园教拳，赵玉祥都去学习。单香陵共教给他两趟"马猴螳螂拳"。他还亲眼见到单香陵用大枪挑飞了一位颇有名气的哈尔滨第十四武术馆馆长王某的大枪。

另外，在网络上看到有位叫邓东莱的中国人在希腊传授六合螳螂拳。此人是东北口音，60多岁，传授的拳法风格明显是单氏六合螳螂拳的风格。遗憾的是，我联系不上他，不清楚详细情况。

我还听说大连也有练六合螳螂拳的，但不知是不是单香陵所传。

图 8-16 赵玉祥和他的日本弟子

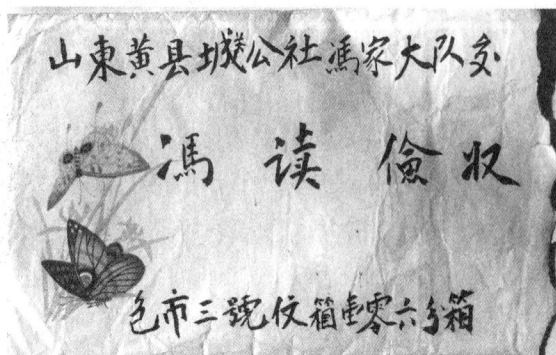

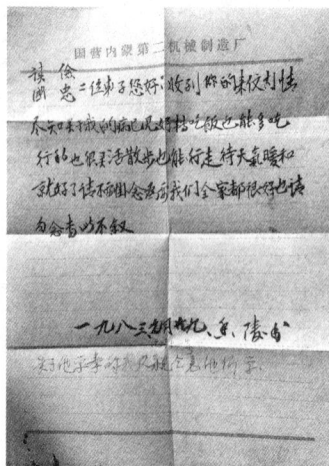

图 8-17 单香陵写给弟子的信

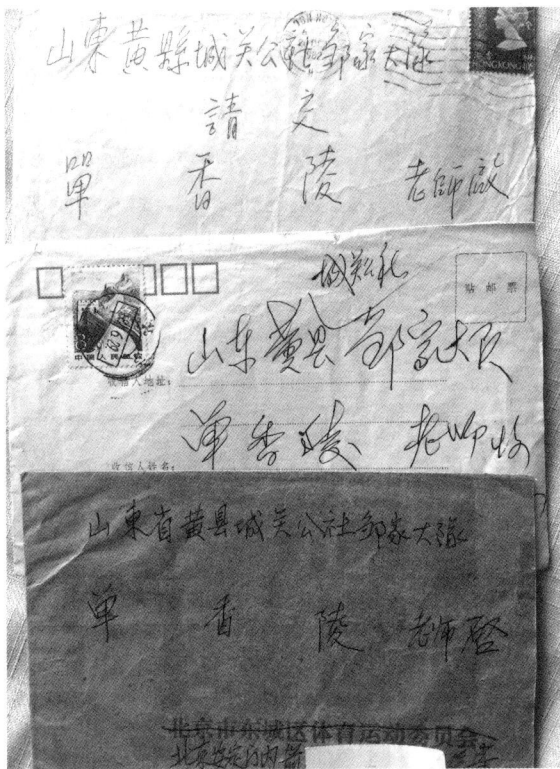

图 8-18　马汉清、马有清、刘敬儒分别写给单香陵的信

第二节　薪火相传，生生不息

单香陵所传弟子众多，再传弟子更多，国内国外都有，很难统计出一个准确数字。单香陵的再传弟子主要分布在山东龙口、包头、北京、哈尔滨、大庆等地，这些地方已成为单氏六合螳螂拳主要传承基地。再传弟子为单氏武学的传承发扬做出了贡献。本节除了介绍单香陵在包头、北京、哈尔滨等地的再传弟子外，也简介我自己的传承情况。当然，在龙口，我的师兄弟们也为传承和弘扬六合螳螂拳付出了努力。限于篇幅，暂不赘述。

一、我的传承简介

（一）在国内的传承

20 世纪 80 年代中期，我在国营企业做财务工作，利用业余时间在家里开馆授徒。周四、周六各有一班，一班 20 多人。这一时期学员共有几百人。1993 年，我在一次意外车祸中受了伤，停止了武术的教授活动。身体好转后，自己锻炼，探讨研究。2007 年下半年开始，我冬天在弟子张茂忠赞助提供的武馆里教授，其他季节则在山东龙口文化广场免费教学。这个时期的学员有几百人。另外，我还应邀到学校、社区传授螳螂拳和防身术。

20 世纪 80 年代的弟子有赵焕玉、张茂忠、周波、李学军、王志东、李圣强、王思桓、周世岩、孙允涛、曹积凡等。2007 年后增加的弟子有李华强、刘新龙、周治超、仲伟靓、赵树晨、李明日、李永刚、徐文仁、曲有浩、杨崇尉、于峰、赵肖恺、王志成、张绍帅、张望远、李新升、孙郁沣、王力、邢孟、宋晓臻、栾明昕、乔善喜、黄琪惠、王皓、谢瑾、张允昊、白孟岩、范文、陈墨、刘子傲、刁俊博、王冠亚、王露存、张家业、陈怡琳、沈晨、赵凯、赵诗桐、赵君直等。由于上学和工作等原因，各弟子学习时间长短不一，水平差异较大。说明一点，在传统武术传承中，弟子和学生是有区分的。比如弟子要递拜师帖，要举行拜师仪式，而对学生没有这些要求。当今没有人在意弟子和学生的区别。因此，跟我学习的人很多，但递帖子的人很少。也算与时俱进吧。

弟子中，有带艺投师和远道而来者，如刘新龙、李明日、李永刚、王力、王皓、栾明昕、徐文仁、乔善喜、曲有浩、李华强、邢孟、谢瑾、宋晓臻、于峰。

刘新龙，河南人。他是2008年中央电视台《康龙·武林大会》螳螂拳擂台赛32强赛时与我认识的。当时，他与我的一位弟子住同一房间。比赛间隙，我对他在比赛中的不足提出一些建议。刘新龙先随钟连宝习七星螳螂拳。在这次擂台赛的预选赛中，他爆冷淘汰了一位颇具实力的螳螂拳名手而一战成名。这次比赛后，刘新龙来龙口专门向我学习六合螳螂拳整一年。后来，他去南方武馆当教练。

李明日，青岛莱西人。与刘新龙一样，他也是在2008年的《康龙·武林大会》举办期间和我相识的。2015年4月，李明日与李永刚一起，自青岛莱西来龙口正式向我拜师。之前，李明日先随张炳斗习练太极梅花螳螂拳，后随任强习练散打，又随吕紫剑习练内家拳等，实战经验丰富，当过多年教练，开过武馆，在中央电视台做过传统武术主讲节目。

李永刚，青岛莱西人。在家乡开有武馆，培养出不少武术、搏击人才。曾带领弟子参加多届青岛国际武术节；组队参加青岛2015世界休闲体育大会，并在开幕式上表演。

王力，大连人。曾随多位武术名家学过武术，对螳螂拳喜爱有加，学得很多套路和功法，并能潜心研究，颇有造诣。他在2015佛山新城国际螳螂拳大赛上与我相识，赛后专程从大连来龙口学习。王力喜爱书法和绘画，数年如一日，挥毫泼墨，略有所成。

王皓，黑龙江人。中国语言文学领域的博士，期刊编审、特约记者。《诗刊》社子曰诗社社员，中华诗词学会会员，某电视台特约记者。喜欢中国的传统文化，如京剧、民族乐器、武术。学过沧州六合门器械、吴氏太极拳、梅花螳螂拳、咏春拳等传统武术。中国武术六段。

栾明昕，烟台蓬莱一名公务员。喜爱国学，特别是道教文化，并有一定的造诣。对单氏六合螳螂拳也很喜欢。

徐文仁，山东龙口人。中国武术六段。曾先后随陈本超、陈本超的儿子陈德援习练太极梅花螳螂拳，随邹世钊老师习练枪术。对武术功法、套路和技击术下过功夫操练，对武术理论也颇有研究。

乔善喜，山东龙口人。曾随郝世文习练六合螳螂拳。曾将他的师弟贾明洲等带来让我指点。

曲有浩，山东龙口人。2000年武汉体育学院毕业，武体校队队员，散打及跆拳道水平较高，曾获全国跆拳道比赛冠军。

李华强，山东龙口人。曾在特警部队服役多年，身体素质好，踢、打、摔、拿样样精通。在中央电视台举办的《康龙·武林大会》擂台赛上，李华强进入前4名的比赛，因有争议的评判而遗憾告负。

邢孟，山东龙口人。山东省武术院散打专业毕业，从事散打教学多年，现任南山青少年活动服务中心（体育馆）武术总教练。邢孟喜爱武术，特别青睐具有本地特色的六合螳螂拳。

谢瑾，湖南人。长沙体育学院散打专业毕业，从事散打教学多年，现任新精武教育集团济南新精武校区副校长。谢瑾喜欢与人实战交流，有时在一些有影响的赛事平台上比赛，并尝试将六合螳螂拳技击法与现代技击法的融合。

宋晓臻，山东龙口人。大连海事大学毕业，爱好古玩收藏，力量大，习过散打。

于峰，山东龙口人。由空军部队服役后转地方干部，练过形意拳和八卦掌，擅长搏击，有一定实战经验。于峰在部队期间，于深夜路遇3名歹徒欺负一女子，便挺身而出，将歹徒打得四散溃逃。此女子是杭州师范大学硕士研究生，后来嫁给了他。这是真实版的"英雄救美"。

这些弟子各有专长。虽然他们向我学习，执弟子礼，但是从他们身上，我也受益颇多。

图 8-19　赵国忠带领弟子参加武术比赛

图 8-20　赵国忠弟子们练功后合影

图 8-21　单氏六合螳螂拳年会

（二）出国讲学及国外弟子

国外从学者数百人，主要来自俄罗斯和瑞士，因为我去这两个国家讲过学。另有意大利、英国、法国、荷兰、以色列、美国、委内瑞拉、韩国的武术爱好者来找我学习，或请我通过视频传授技艺。

我正式收的外国弟子有 6 位：鲍立斯（俄罗斯）、巴兵（俄罗斯）、谢尔盖（俄罗斯）、亚历山大（俄罗斯）、克里斯（瑞士）、方正悠（意大利）。

鲍立斯，俄罗斯航空公司的一名经理。自从看了电影《少林寺》，追求中国古老的"真功夫"便成了鲍立斯的一个梦想。1996 年，他踏上了寻梦之旅，来到中国，师从多位名家。他跟姜存周习武，随于承惠习螳螂剑，向洪志田学"戳脚翻子"，师从程显明习梅花螳螂拳及南涂山陆合棍。他还随日本武道宗家石堂倭文习居合道及杖道。

2009 年，程显明把跟随他多年的鲍立斯领到龙口，介绍鲍立斯向我学习六合螳螂拳。2010 年 8 月 7 日，正值第七届中国烟台武术节期间，鲍立斯在烟台北海宾馆正式向我拜师。拜师仪式由霍瑞亭主持，程显明作为引师，武术界 20 多人见证。鲍立斯每年都来我这学习几次，每次来都住几天，至今已来 50 多次。他参加过 10 多届烟台武术节，是烟台武术界和北京武术界的熟人。他的剑道、居合道、杖道水平较高，均在日本考取了五段。2012 年，俄罗斯红星电视台曾为他的剑道拍摄了专题片；2018 年，新华社主办的中国新华新闻电视网播放了鲍立斯在中国学习传统武术的专题片。鲍立斯在北京开有两处剑道馆，利用业余时间传授剑道。

巴兵，体育科班出身，在莫斯科从事体育教学工作。巴兵在莫斯科乃至俄罗斯的拳击界都有些名气。20 世纪 90 年代初，巴兵曾去北京向马汉清学习螳螂拳。2010 年，我到莫斯科讲学期间，巴兵第一次接触我所习的螳螂拳。2012 年，巴兵来中国正式向我拜师。拜师仪式由单毅基和程显明作为主证人。鲍立斯、迪马、亚历山大夫妇等人在场见证。巴兵曾为我在莫斯科讲学提供方便，并协助我到圣彼得堡和瑞士讲学。在我讲学现场，他先向学员们传授拳击技术,我再讲搏击和"螳螂拳打法"。

谢尔盖,俄罗斯特种部队教官。谢尔盖对各种枪械的使用都很擅长,徒手格斗和匕首格斗水平很高,多次参加拳击、泰拳及器械格斗的比赛。他喜欢中国武术中的必杀技。为了学习中国武术,他专门学习中文,并给自己起了个中文名——马勇。

亚历山大,莫斯科的一名医生,习练过拳击。2010年,我到莫斯科讲学时,谢尔盖和亚历山大表达拜师请求。我由于没有思想准备,没有答应。2012年,我再次到莫斯科时,他俩又表达拜师意愿。我同意后,在训练馆的讲学现场举行了收徒仪式。二人曾专程来龙口学习。亚历山大痴迷于六合螳螂拳,曾将我20世纪80年代在《武林》《中华武术》上发表的有关六合螳螂拳的论文翻译成俄文进行传播。他喜欢用武术器械对抗,在俄罗斯参加过多次武术器械比赛,还到日本进行过刀、剑、棍的实战交流。

克里斯,瑞士武术协会理事,在苏黎世开有武馆。克里斯练过拳击和自由搏击,曾到北京体育大学学习散打。他出拳速度快,动作连贯,具有较高的竞技水平。2012年,我在瑞士讲学时,答应了克里斯的拜师请求。

方正悠,曾是意大利伞兵,习过空手道和西洋剑。毕业于米兰理工大学,参与过多个国家的重要大型建筑工程项目。他还获得了品酒师资格证书。他的父亲是意大利著名的自然主义画家。

2017年,方正悠初次来龙口向我学习,并于2018年6月16日在北京正式向我拜师。鲍立斯和于佳为引师,北京市社会科学院国学研究中心主任、北京大学中国传统艺术文化研究所国学研究室主任刘伟见,以及企业家刘爱民、作家孙龙庆、文化学者王美盛和曲毅、白建军、单春、周世岩等友人见证。

方正悠练功刻苦。他参加了"2018—2019首届网络武术大会"并取得了六合螳螂拳比赛第一名的成绩。2018年12月17日,他在法国与两名小偷搏斗中使用了六合螳螂拳技击术。过后他感叹道:"没想到这个拳有这么大的威力!"

图 8-22　赵国忠在莫斯科讲学现场收徒

图 8-23　赵国忠在北京收意大利徒弟

图 8-24　2010 年,来自欧洲、亚洲国家的螳螂拳学员龙口寻根

二、单香陵在包头的再传弟子

单香陵在包头的徒弟,主要有白存仁、封在忠、林锐、杜金果、张庆河、李继勇、侯占根、何铁智。

白存仁的弟子有白冰、郝健康、马宝越等人。

白冰是白存仁之子,毕业于内蒙古医学院,医术精湛。他继承了父亲在包头市创办的医院,兢兢业业,废寝忘食,重视医德,收费很低。医院远近闻名,他也成了"与时间赛跑"的人。

虽然白冰忙于工作,但是他不舍得丢下父亲传下来的武艺。他知道,这是中华传统文化遗产之瑰宝。他常常挤时间和师兄弟们在一起练功、交流,并传授武艺给下一代。

郝健康,白存仁早期弟子,对六合螳螂拳情有独钟,演练的拳法动作规范,对六合螳螂拳的拳理、拳法有深刻的理解。郝健康开有公司,生意兴隆,工作繁忙。但他对六合螳螂拳的喜爱深入骨髓,一有机会就向师父、师伯、师叔学习,与师兄弟交流。他还将其艺传授给后学者。

林锐的弟子有王国军、侯瑜珩、于江、邢智翔、张制等。

王国军,沈阳体育学院武术专业毕业,从事武术教学工作。演练的六合螳螂拳神气足、速度快、劲力猛。

于江,较为全面地学习了六合螳螂拳,动作规范,功底扎实,有实战经验。

邢智翔,酷爱武术,尤其喜欢螳螂拳、形意拳和八极拳,练功刻苦。

何铁智的弟子有师文军、栗玉祥等。

师文军,曾是武警上尉。酷爱六合螳螂拳,经常参加一些武术活动,为六合螳螂拳的传播做出了贡献。

栗玉祥,金融系统处级干部。工作之余,把六合螳螂拳作为一大爱好来学习和研究,大得裨益。

图 8-25　2017 年,赵国忠与包头市师兄弟及师侄相聚

图 8-26　2015 年,赵国忠与白存仁师兄及他的部分学生合影

三、单香陵在北京的再传弟子

单香陵在北京的弟子,主要有马汉清、李秉慈、马有清、刘敬儒、许世田。

马汉清的弟子众多,主要有马雷、王希顺、修志刚、胡西林、刁振杰、马士勇、袁启良、王勇、马卫苓、王宝泰、杜同河、王省虎、高健、丛雅贤、张起超、朱永文、邵洪喜、李廷海、郭玉林、刘景霖、王库、王志义、高大海、宁亚清、乔志佐、唐书亮、居月祥、刘志刚、张禄峰、张克勤、赵智云、陶荣生、杜发泽、朱永林、李松林、杨俊英、李凤礼、刘存玉、郑京、季剑平、王东振、陈杭、董建新、金国瑞、洪世敏、海京汉、毕建岭、鲁健刚、倪寿琛、潘力平、赵常济、常世友、阎明强、武长福、丁凤华、王伟等。

马雷,马汉清之子,北京体育大学武术专业毕业。曾任中国人民公安大学擒敌教研室主任、中国前卫体育协会竞赛处副处长、中国前卫体育协会搏击协会秘书长、世界搏击联盟副主席、北京市武术协会副主席、北京市武术协会螳螂拳研究会会长、北京市拳击协会副主席等职务。马雷还多次在国际、国内散手比赛中担任裁判长、总裁判长、仲裁委员会主任等职务。

王希顺,曾随常振芳习武,为马汉清早期入室弟子。北京市武术协会螳螂拳专业委员会顾委会主任。曾任北京市武术协会螳螂拳研究会总教练、北京市武术协会螳螂拳研究会名誉会长,并于2005年受聘阿塞拜疆国家武术总教练。长期从事武术教学,从学者近千人。

修志刚,马汉清早期弟子。在多部电影中担任武打演员,曾被聘为北京市武术协会螳螂拳研究会名誉会长。

胡西林,马汉清得意弟子。北京市武术协会螳螂拳专业委员会顾委会委员。曾任北京市武术协会螳螂拳研究会名誉会长、北京螳螂拳研究会海外主要负责人。20世纪80年代移居海外,经常参加各种武术交流活动,在美国、加拿大等多国做过武术讲座,受教者甚众。

王勇,20世纪80年代初,先跟骆大成,后随马汉清习武。1990年正式拜马汉清为师,成为其入室弟子。曾任中国校园健康官网武术版块总监;参与筹建了“武行天下”专业武术网站;先后参加了《火烧圆明园》《红姑寨恩仇记》《神秘失踪的船》等电影的武术编排、教练工作;曾任北京市武术协会螳螂拳研究会秘书兼理论组长。自2008年起至今,就职于《中华武术》编辑部。北京市武术协会螳螂拳专业委员会主任。为国家一级社会体育指导员、二级武术裁判员。

刁振杰,马汉清义子。曾任北京武术院院长助理、北京市武术协会螳螂拳研究会会长、上海精武体育总会高级教练、北京市武术协会蛇鹤太极拳研究会秘书长等职。

马士勇,北京市武术协会螳螂拳专业委员会名誉主任。曾任北京市武术协会螳螂拳研究会会长,曾应邀前往北京体育大学等院校传授螳螂拳。

袁启良,曾任北京市武术协会螳螂拳研究会会长、北京市武术协会技击研究会副会长。获得过2次北京市散打精英赛冠军(1985、1986)和1次北京市散打邀请赛冠军(1987),获得1984年全国竞技精英深圳对抗赛搏击70公斤级第二名、1986年金城杯十八城市拳击邀请赛轻中量级第一名、1987年全国少林杯散打擂台赛冠军、1990年京港杯搏击大赛亚军。担任过2002宝泰隆杯首届国际警察搏击大赛裁判员,在《武魂》等刊物上发表多篇文章。

马卫芩,北京市武术协会螳螂拳专业委员会副主任。曾任北京市武术协会螳螂拳研究会副会长及技术总监。曾参与《螳螂拳》(人民体育出版社,1999)一书的审定工作。从事螳螂拳的教学工作多年,传人众多。

王宝泰,北京市武术协会螳螂拳专业委员会名誉副主任。曾任北京市武术协会螳螂拳研究会副会长兼技术总监。长期从事武术教学工作,多次担任武术裁判。

杜同河,北京市武术协会螳螂拳专业委员会名誉副主任。曾任北京市武术协会螳螂拳研究会副会长兼技术总监。

王省虎,北京市武术协会螳螂拳专业委员会名誉副主任。曾任北京市武术协会螳螂拳研究会副秘书长兼技术总监。

高建,北京市武术协会螳螂拳专业委员会顾委会委员,中国武术七段,澳大利亚国家教练认证系统一级教练,澳大利亚功夫武术联合会会员。长期在墨尔本利用业余时间传授太极拳和螳螂拳。其论文获得第三届北京国际武术与养生文化学术研讨会优秀论文二等奖。

丛亚贤(马雷夫人),中国人民公安大学警务指挥战术学院副教授、全国预防灾害行业管理联盟理事会理事、北京市武术协会螳螂拳专业委员会常务副主任,中国武术七段。北京体育大学武术专业毕业。曾任北京市武协螳螂拳研究会常务副会长。出版有《现代女性自我防卫》(汕头大学出版社,1995)、《以弱胜强百法》(北京体育大学出版社,1996)、《韩国警察警备论》(中国人民公安大学出版社,2016)、《警务实战技能训练教程》(中国人民公安大学出版社,2011)等著作,发表了《研读〈孙子兵法〉,探索公安用警之道》(《教育现代化》,2016 年第 33 期)等论文。

张起超,北京市武术协会螳螂拳专业委员会副主任。1969 年开始跟随马汉清习武,20世纪 90 年代初正式拜师,成为马汉清的入室弟子。获得过北京市武术比赛金牌,为一级武术裁判,传人众多。曾参与《螳螂拳》(人民体育出版社,1999)一书的审定工作。

王库,北京市武术协会螳螂拳专业委员会顾委会委员。

王志义,北京市武术协会螳螂拳专业委员会顾委会委员。

朱永文,长期从事武术教学工作,培养了大批学员。

高大海,北京市武术协会螳螂拳专业委员会秘书长。

居月祥,北京市武术协会螳螂拳专业委员会副秘书长。

鲁健刚,北京市武术协会螳螂拳专业委员会副秘书长。

刘志刚,北京市武术协会螳螂拳专业委员会副秘书长。

宁亚清,北京市武术协会螳螂拳专业委员会副秘书长。马汉清晚期弟子,曾任北京市武术协会螳螂拳研究会技术副总监。

绍洪喜,北京市武术协会螳螂拳专业委员会名誉副主任。曾任大庆市武术协会副主席、北京市武术协会螳螂拳研究会副会长。

李廷海,北京市武术协会螳螂拳专业委员会顾委会副主任。曾任大庆市太极拳协会副主席。

郭玉林,曾任大庆市太极拳协会副主席、大庆市武术协会顾问、北京市武术协会螳螂拳研究会副秘书长。

刘景霖,北京市武术协会螳螂拳专业委员会副秘书长。曾任大庆市武术协会对外联络部部长、北京市武术协会螳螂拳研究会副秘书长。

刘敬儒、李秉慈、马有清都传有众多的弟子。刘敬儒的弟子有赵奎喜、仇富军、仁寿然、胡耀武、刘玉强、邢殿和、李胜利、刘辉、韩燕武、韩燕鸣、杜成忠、徐艳霞等。李秉慈的弟子多为吴式太极拳的习练者,故不赘述。马有清的弟子多习练吴图南、杨禹廷传下来的太极拳和骆兴武、王继武传下来的八卦掌、形意拳,以及释奇云传下来的大悲拳,故不赘述。

马汉清的再传弟子有现任北京市武术协会螳螂拳专业委员会副主任邢旺、赵运合、崔占平,以及北京市武术协会螳螂拳专业委员会副秘书长王旭光。他们是北京螳螂拳的后起之秀。

四、单香陵在哈尔滨的再传弟子

单香陵在哈尔滨的弟子有郭焕馨(单香陵外孙)、郭焕钦(单香陵外孙)、闫敬东、于发元、赵玉祥、宋秋双等。

闫敬东主要弟子有王相东、郝海涛、周长荣、冯昌、曹焕桃、史文东、宋磊、李大洲、张峰林等。

王相东,青睐六合螳螂拳,对内家拳的研习也有一定造诣。他将中医与武术有机结合,在治病救人方面收到良好效果。

郝海涛,北京大学核医学专业医学硕士,青岛某医院主任医师。郝海涛在医学方面精益求精;在武学方面,特别是对六合螳螂拳,下了不少功夫学习和研究,得其要领,并利用业余时间传授技艺。

曹焕桃,在厦门市、龙岩市开过武校,从事武术教学工作。

史文东,先习形意拳,后随闫敬东习六合螳螂拳,颇有造诣。

赵玉祥的弟子大多在日本。20世纪80年代前,赵玉祥在哈尔滨传授武术,主要传授形意拳等。后移居日本,在日本开有数家武馆,弟子遍及日本四大岛。

第九章　终无憾　含笑九泉

1984年3月5日，一代武学大师单香陵走完了人生的旅途，在内蒙古包头儿子家中离世。他的家人及其在包头的弟子举行了吊唁仪式。10月3日，其子单毅基奉送骨灰回黄县老家安葬。

当日，在单香陵老师的侄子单石基家里举行了吊唁仪式。单香陵老师的弟子冯读俭、单爱萍、冯蕴敏、林述利、戚曙光、林大生、尹新利和我参加了吊唁。

单石基拿出一封信给大家看。这封信是河南一位小伙子寄来的。小伙子不知道单香陵已谢世，发函要来拜师学艺。单石基对大伙说："今天是个特殊日子。趁大家都在，我提个建议：虽然老师不在了，但这个摊不能散啊！大家商量商量，是不是选个掌门人，以后也好管理本门，带头弘扬六合螳螂拳。"

单毅基和在场的众位师兄弟都表示赞成，并一致推举我为本门掌门人。对于这突如其来的情况，我没有思想准备，当场拒绝，建议由单毅基担任。单毅基说："这些年我练得不多，又不在家乡。你练得好，我父亲当年很看重于你，大家也都推选你。你就不要推辞了。就这么定了！"

单毅基一到黄县，便与单石基、单磊基商量，由单石基负责通知在黄县的单香陵的正传弟子参加葬礼。所通知的弟子中，除了林基友一人在外地，当日赶不回来外，其他人都到场了。

日久岁深，光阴似箭。我们并没有因时间流逝而冲淡对老师的怀念，春秋两次祭奠从未间断。先生的瘗地位于单家村西北的粮田里。在当时的形势下，无法修坟立碑。随着时代的进步和经济发展，瘗地附近修路等建设项目众多，致使祭祀不便。2008年5月，我和冯读俭、戚曙光到包头看望单毅基时说了这个情况，并提出了为老师迁葬的建议。单毅基夫妇说商量后再定。这件事就搁下了。

2011年11月15日，单毅基突然给我打来电话："同意迁葬，拜托你们选个好地方。"我和冯读俭、戚曙光立即着手筹办，最后与单毅基商议，选定了凤凰山。凤凰山是龙口市的公墓和烈士陵园所在地，山清水秀，僻静清幽。我们在那里买下36平方米的墓地。

办好墓地相关手续后，我同几位师兄弟们便张罗砌墙、建坟、栽树、刻碑、立碑。整个过程中，我们都及时与老师的家人沟通。例如，墓碑的样式、字体、内容等，都先由老师的家人提出方案,我们给出具体的建议,最后由单毅基定夺。

碑文载有《单公香陵六合螳螂拳传承师系》。其中,对老师的弟子的收录,本着一个原则:只要我们知道的、曾经跟老师练过武的,均予以载入。尽管如此,由于种种原因,还是有所遗漏。

2012年4月5日凌晨2点,单毅基、冯读俭、戚曙光和我披着星光,按照传统习俗为老师迁葬。事毕,天已破晓。上午10点,在凤凰山老师的墓前,大家隆重举行了"纪念六合螳螂拳宗师单香陵诞辰106周年暨迁葬仪式"活动。单香陵老师的亲属单磊基、单傲基、单筱玲等,以及老师的弟子、再传弟子,共计100多人参加了活动。

活动的议程如下:冯读俭宣读悼词;单毅基、赵国忠两人共同揭碑;单毅基上香并讲话;曲长贵、林锐、刁振杰、赵焕玉分别代表单香陵的弟子及再传弟子发言;国外的再传弟子巴兵和鲍立斯也相继发言。大家一致认为:单香陵老师德艺双馨,不愧为一代宗师,能成为单香陵的弟子或再传弟子,是一种幸运和骄傲。大家还表示,一定不辜负老师的培养和期望,努力弘扬先生之武学。北京市武术协会螳螂拳研究会、烟台市武术协会及老师在北京的弟子李秉慈,均发来电文。老师的弟子和再传弟子们自发地对此次活动给予了资助。

当天下午,举行了六合螳螂拳研讨会。单毅基、单爱萍、冯蕴敏、冯读俭、曲长贵、林锐、赵焕玉、刁振杰、马士勇、鲍立斯、巴兵、亚历山大、迪马和我等参加了研讨会并进行了功夫演练。龙口市电视台对此进行了报道。

单香陵老师离开我们快40年了。这期间,我们伟大的祖国取得了举世瞩目的发展。武术作为国粹,也越来越受到社会的重视。老师创立的单氏六合螳螂拳也蜚声海内外。

马汉清创办的北京市武术协会螳螂拳研究会(现已更名为北京市武术协会螳螂拳专业委员会)独树一帜,誉满京华,旗下弟子如云。刘敬儒已达国家武术九段,凤毛麟角。李秉慈跻身全国武林百杰。多位弟子获得过全国乃至世界武术冠军。居于香港的马有清武术著作颇丰,传人众多,武林注目。赵玉祥在日本开有多家武馆,课徒30多年,蜚声海外。我也坚守本心,在国内外讲学授徒,将单氏六合螳螂拳传到世界十几个国家。

图 9-1　一代宗师单香陵墓碑

据不完全统计,单氏六合螳螂拳现已推广至全国十几个省,世界 30 多个国家,从学者数万人。

人逢盛世,国粹复兴。单氏六合螳螂拳的传播方兴未艾。

莱山苍苍,渤海泱泱,先生武风,山高水长!

图 9-2 一代宗师单香陵墓碑

图 9-3 单香陵的迁葬仪式

下篇
单氏六合螳螂拳

第十章　六合螳螂拳源流

第一节　螳螂拳源流探讨

螳螂拳主要有七星螳螂拳、梅花螳螂拳、六合螳螂拳等门派。按区域划分，螳螂拳有南派（南螳螂）和北派（北螳螂）。流传早、影响大的螳螂拳门派，主要分布在山东半岛，民间有"胶东出螳螂"之说。国家有关部门已认定螳螂拳的发源地在山东半岛。

螳螂拳究竟创始于哪个年代？创始人是谁？

流行的说法有两种：一是螳螂拳由明末王郎所创；二是宋朝王郎创螳螂拳。除此之外，还有几种说法："螳螂拳出自少林寺""明末清初，山东栖霞反清义士于七兵败后，隐匿于崂山华严寺，创螳螂拳。"

"螳螂拳由明末王郎所创"的说法最早记载于清道光年间梁学香所著《可使有勇》拳谱。"宋朝王郎创螳螂拳"的说法，源自七星螳螂拳派创始人王云生1892年编纂的《重集少林衣钵真传·十八家拳祖姓名》拳谱，其中载有"王郎的螳螂总敌"一句。王云生称此拳谱为宋朝少林福居禅师所作。

时至今日，对于王郎的生卒年代、籍贯、生平等，可供考证的第一手资料不多。圈内人士对此也是众说纷纭。

六合螳螂拳第4代传人陈云涛1975年写的《螳螂拳略论》一文中记载："宋韩通与王郎比武，王为之所败，遁苇塘中，苦思不已。突出一蛇，昂首蠕行直奔草丛，耸立之螳螂似有所见，遂伏首双刀抱起，似有所待。刹那间，毒蛇突然昂首直射。甫及螳螂之前，螳螂一刀攫住其舌，另一刀钩刺其目，愈陷愈深，经久不脱。毒蛇唯翻滚挣扎而已。王郎因有所悟，乃创螳螂手法，终胜韩通。"

民间还有一种说法："明代鲁人王朗学拳于少林寺，艺成出游，于山林中遇单通，单通天生通臂，即两臂左右相通。二人较技，朗不能近单通之身，息于树下，苦思破敌之法。忽见一螳螂缘树而下，乃以草秆戏之，螳螂两只大臂，如斧似锯，带钩带刺，勾挂锯挫，沾黏推贴,闪转灵活,快似闪电,草秆虽长也不能及其身。王朗顿悟以短敌长之法,再与通战而胜之。"

螳螂扑蝉,扼杀体形是自己数倍的老鼠和蜥蜴,用前足锁蛇之咽喉令其窒息……这些都证明了螳螂动作之快,攻杀之凌厉,是昆虫中少有的。

人们受螳螂捕猎的启发,创造了螳螂拳。

1991年4月28日,烟台市武术协会在福山体育馆举行烟台首届螳螂拳研讨会。烟台是螳螂拳的发源地。在这次有上百人参加的会议上,螳螂拳三大门派资深传承人进行了理论研讨、套路演练、实战用法展示,并追根溯源,梳理了螳螂拳的传承。三大门派传承人有七星螳螂门于天程、于振海、于天路,梅花螳螂门曲滋君、宋林春、苏克斌(时年80岁)及其弟子程显明,六合螳螂门袁翰先、林述利和我。参加本次研讨会的还有周永福、王元亮、萧明魁、李国澄、范怀洪以及由根本一己带队的4名日本学员等。会上,大家对王郎创螳螂拳之说没有异议。

青岛与螳螂拳颇有渊源。近年来,螳螂拳在青岛蓬勃发展。在青岛流传较广的螳螂拳有4支:一是由郝斌所传太极梅花螳螂拳;二是由李占元所传七星螳螂拳;三是由孙丛宅所传鸳鸯螳螂拳;四是由王元乾所传太极螳螂拳。

2016年10月14日,青岛市举办了"2016中国青岛国际武术节",与会人数多达2000多人。本次武术节包括两大内容:一是武术比赛,二是螳螂拳学术论坛。参加螳螂拳学术论坛的有100多人,包括国家体育总局武术研究院专家委员会主任张山、国家体育总局武术研究院专家委员会专家王培锟、原上海武术学院院长虞定海、香港太极梅花螳螂拳总会主席危凤池、美国鸳鸯螳螂拳学校校长王节、烟台七星螳螂拳传人吕延波等。借地主之谊,青岛武术协会的武术精英周涛、孙德龙、张炳斗、杜月英、夏绍龙、孙日成、于斌、王经洲、于桂明及王勇等参加了这次活动。本人也有幸以烟台市武术协会六合螳螂拳分会会长的身份应邀参加。

论坛上,王培锟、虞定海、周涛、危凤池4位专家接受了采访,和大家进行了互动交流;于斌、王节、夏绍龙、于桂明、吕延波和我发言。大会组委会将这些发言稿,以及国家体育总局武术研究院专家委员会副主任邱丕相等专家的论文,一并分发给大家研究。

通过交流发现,大家对螳螂拳及武术现状与发展前景,以及各门派的师承脉络谈得较多,但对螳螂拳的创始涉及较少。虽然《于七在崂山创螳螂拳》和《鸳鸯螳螂拳》的论文让人耳目一新,但总体来看,这次论坛对螳螂拳渊源的研究不足。

通过在烟台、青岛举办的这两次相对具有代表性和权威性的有关螳螂拳的会议,可以看出,有关"螳螂拳的起源"问题,没有定论;"王郎创螳螂拳"的说法,没有第一手资料加以佐证。

图 10-1　赵国忠在 2016 中国青岛第七届国际武术节螳螂拳学术论坛上发言

第二节　六合螳螂拳源流探讨

一、六合螳螂拳也许是螳螂拳中最古老的一支

六合螳螂拳俗称"马猴螳螂拳"，也有人称其为"六合拳""里功拳"。单香陵老师说过，六合螳螂拳的全称为"六合螳螂磨盘马猴拳"。

螳螂拳三大门派中的七星螳螂和梅花螳螂不但演练风格相近，其内容差异也不大，有些拳路的名称，甚至套路中的动作名称都是相同的。而六合螳螂拳则与另两派差异较大。梅花螳螂后来又分为"太极螳螂""太极梅花螳螂"（有人称为"梅花太极螳螂""郝家螳螂"）等，此不赘述。根据七星螳螂传人所说及资料中的记载，七星螳螂拳是由王永春（1854—1926，字云生）约在 1892 年创立。再向上追溯，王永春学于李之箭，李之箭学于升霄道人。梅花螳螂拳，到了梁学香（1810—1895）一代，再向上追溯，有不同说法，主流的说法是梁学香学于赵珠，赵珠学于李秉霄。李秉霄乾隆时随父宦游南中，得侠客传授。七星螳螂和梅花螳螂两派分支的时间，应是从王永春时期开始的。

六合螳螂拳是古老的螳螂拳，其创始人及创始年代均无从考稽，只能追溯至清代乾隆年间的魏德林（魏三）先师。到了魏德林一代，六合螳螂拳已非常系统，绝非三五代拳家所能造就的。这说明六合螳螂拳已有 300 多年历史，也许是最古老的一支螳螂拳。

魏德林，人称"鸭子巴掌魏三"。关于其出生年份，有两种说法，即 1774 年和 1780 年。当今主流观点认为，魏德林的生卒年为 1780—1873。关于第二代传人林世春的生卒年，通常说法为 1825—1912，也有 1824—1911 年的说法。我们没有必要在枝节问题上纠缠，求大同、存小异是可取之法。

魏德林是六合螳螂拳传承中的一位重要人物,是有明确记载的六合螳螂门的第一代传人。魏德林一生闯荡江湖,性格孤僻,少言寡语,师承之事更是很少提及。现今传承中,虽然有魏德林之前有"金老十""老龙师傅"之说,但无过多信息。招远和龙口是六合螳螂拳两大传承地。两地传人对魏德林之前的传承,有不同说法。

魏德林还在栖霞苏家店、大连庄河传过六合螳螂拳,但其传人不多,且只有招远的林世春较为系统地承继了其所练之六合螳螂拳。因此,对于追溯六合螳螂拳的源流及了解魏德林的身世,林世春是至关重要的人。

林世春留下了有利的证据:一是魏德林居住过的房子;二是林世春当年的练功房;三是林世春的墓碑;四是林世春与丁子成共同整理的拳谱。

图 10-2　魏德林宗师居住过的地方

魏德林居住过的房子和林世春当年的练功房,一直为林家后人居住。房子现已破旧不堪,好在墙体是用石头砌的,还很坚固。2007 年,林世春的四世孙林道安,为我们述说了一些魏德林的事。林世春的墓碑是 1917 年由他的九大弟子为其所立,碑文载有九大弟子的名字。这九大弟子中,龙口的有 6 位,招远的有 3 位。丁子成位列第一,即为掌门弟子。林世春传授并与丁子成共同整理的拳谱《六合螳螂手法真传秘诀》,在门中代代相传。

图 10-3　林世春先师故居

回到六合螳螂拳源流的探讨上。六合螳螂拳的创始人是不是魏德林？魏德林是六合螳螂拳创始人还是首传人？六合螳螂拳的发源地是不是莱阳？魏德林的老师是不是赵珠？这几个问题，不仅是武术领域专家们研究的课题，也是螳螂拳习练者关心的问题，更是六合螳螂拳本门传人寻根之问。

当今六合螳螂门传人中辈分最高的是我们这一代人，其中不少人已去世，在世的年龄大的都已 90 多岁，小的也进入了老年行列。所以，追根溯源、发掘整理刻不容缓。我们必须倾所能，把所知道的讲出来、记录下来，把学过的传授给后辈，避免误解或误传。这是责任。

因此，在这里用实例以点带面，对一些有影响的说法，开诚布公地进行探讨。不当之处，请批评指正。

二、魏德林不是六合螳螂拳的首创人，而是首传人

（一）一些有影响力的作品中的说法与历史不合

现今流传着"魏德林是六合螳螂拳创始人""魏德林是莱阳人""六合螳螂拳发源于莱阳""魏德林的师父是赵珠"等说法。但是事实果真如此吗？

试以《莱阳螳螂拳》一书所载有关内容为例进行探讨，以便使读者更好地了解六合螳螂拳的历史。

2013 年 10 月由莱阳螳螂拳文化研究会编写，华夏文史出版社出版的《莱阳螳螂拳》一书，在螳螂拳界具有广泛的影响。此书在宣传莱阳螳螂拳方面做出了重要贡献。

达 400 页（16 开）之厚的《莱阳螳螂拳》一书，除了概述螳螂拳，还介绍了螳螂拳的几大门派，包括六合螳螂拳。书中对六合螳螂拳的介绍相对不多，主要记述了六合螳螂拳的源流。有点遗憾的是，书中很多内容与招远、龙口两支一脉相传下来的真实历史相左，也有不少自相矛盾的地方。本门传人很重视。大家经过商量，希望我能对有关问题予以澄清。

1. 魏德林嘉庆年间传拳到招远、龙口一说没有依据

《莱阳螳螂拳》一书第 6 页记述："清嘉庆年间魏德林将传承于赵珠的螳螂拳传到招远、龙口，传创出六合螳螂拳。"

嘉庆年间是 1796—1820 年。按照书中所述，这期间魏德林已将螳螂拳传到了招远、龙口两地。不知魏德林传给了谁？从本门的师承记载中可知，魏德林所传弟子很少，在招远的只有林世春，而林世春是 1824 或 1825 年生人，嘉庆年间还没出生呢。

2. 魏德林是六合螳螂拳创始人的说法依据不足

书中第 74 页载有六合螳螂拳门师承关系：鼻祖王郎；六合拳先师金叶，螳螂拳先师赵珠；一代创始人魏德林（莱阳），传二代林世春（招远）。

不管是招远一支还是龙口一支，都没有魏德林一边教林世春练拳一边创拳之说。林世春年少时，便习家传之六合拳和罗汉拳，后随魏德林学习六合螳螂拳。当年，林世春向魏德林学习时，魏德林已年迈，所传六合螳螂拳已非常系统。这些情况，有相关记载可以

证明，也可从林世春处得到具有说服力的证据。例如，林世春是山里人，忠厚本分，从学拳到传拳，拳的风格及规范没有大的改变。林世春的弟子们见证了其扎实的功底和所练六合螳螂拳系统而全面的功法。可见，魏德林所练六合螳螂拳，绝非短时间内所能创编成的。也就是说，不是魏德林首创的六合螳螂拳。

林世春的掌门弟子丁子成有几位得意弟子，他们都知道，六合螳螂拳不是魏德林创编的，而是由魏德林传承下来的。例如，跟随丁子成时间最长的弟子赵乾一留下的拳谱中有魏三在东北重新向金师叔学"展拍"的记载。

魏德林闯东北时尚年轻。赵乾一拳谱中的记载，说明魏德林到东北之前已学过六合螳螂拳中的"展拍"腿法，而金师叔教他的就是这个腿法。金姓师叔，在其他螳螂拳门派世系谱中并没有记载，只有六合螳螂拳门派中有记载；"展拍"腿法，在其他螳螂拳门派和河北的六合拳中都没有。因此，这充分说明这个腿法既不是魏德林独创的，也不是"金师叔"独创的，而是更早期的六合螳螂拳先师所传。这也说明了六合螳螂拳在魏德林、"金师叔"之前早已独立存在。

张祥三所著《六合螳螂拳》（五洲出版社，2005）一书中记载："魏三自称为王朗之再传弟子，但不言师名。"这也说明，魏德林之六合螳螂拳是传承下来的，而不是他首创的。

高振华曾当着我和他大弟子张光铸的面说："据说魏德林是湖北花园金老十所传。"

袁君直的传人袁翰先整理的拳谱中，也有对"金老十"的记载。

龙口市出版的一本78万字的《东莱今古》（执行主编王玉林，黄海数字出版社，2011）一书中记载，六合螳螂拳是由湖北魏德林传到山东的。魏德林系金叶再传弟子。魏德林在登州案发被捕，越狱潜逃至招远，将拳艺传给林世春。

3. 表述逻辑混乱，前后不一致。

《莱阳螳螂拳》一书第6页记述："清嘉庆年间魏德林将传承于赵珠的螳螂拳传到招远、龙口，传创出六合螳螂拳。"

第25页记述："嘉庆年间，魏德林闯荡东北三省，创立六合螳螂术（也称光板螳螂）。晚年定居招远川林家，将六合螳螂术传给林世春。"

第208页记载："魏三诚心诚意拜赵珠为师。魏三学得了螳螂拳真功后，便到关东闯荡，创立了六合螳螂拳。魏三晚年回到关里，定居招远，把六合螳螂拳传给了招远的林世春。"

第379页记载："1845年（约），魏德林到招远川林家村定居，将六合拳和螳螂术传给该村人林世春。"

第6页所述与第25页、第208页、第379页所述相互矛盾。

据第6页，魏德林在招远、龙口传创六合螳螂拳；而第25页和第208页记述，魏德林闯荡东北三省时创立六合螳螂拳。

据第6页，魏德林嘉庆年间（嘉庆最后一年是1820年，魏德林也就40多岁）就在招远、龙口传授螳螂拳，同第25页、第208页所记述的魏德林晚年及第379页所记述的约1845年（道光年间）定居招远传授拳法给林世春的说法矛盾。

4. 赵珠将螳螂拳传给魏德林是该书的自创的说法。

《莱阳螳螂拳》一书第6页记述,螳螂拳创立后,经过了一个较长的单传、秘传阶段。王郎—李秉霄—赵珠—梁学香、魏德林,一脉相承。螳螂拳传播地域基本上在莱阳或莱阳、海阳交界区域。

第14页和第17页记述,赵珠将螳螂拳传给了梁学香和魏德林;第25页记述,赵珠传拳给魏德林;第72页记述,魏德林少年时即去河北沧州学习六合拳,练就一身武艺。他艺成之后回莱阳,见赵珠所习螳螂拳更胜一筹,便拜赵珠为师,学成后远赴东北,行侠仗义,劫富济贫,为"江洋大盗"。

书中多处有赵珠传艺给魏德林的说法,将魏德林拉入赵珠门下,从而给人以莱阳是六合螳螂拳发源地的错觉。这一说法没有确凿的依据。

在《莱阳螳螂拳》之前,没有任何资料有赵珠传艺给魏德林的记载。招远和龙口是六合螳螂拳的主要传承地。到目前为止,还没听说哪一位正宗传人认同魏德林的老师是赵珠的说法。七星螳螂门、梅花螳螂门等螳螂拳门派的传人,特别是老一辈的正宗传人,没有提过赵珠传艺给魏德林。

1991年烟台首届螳螂拳研讨会及2016中国青岛国际武术节中的螳螂拳论坛,邀请了国内资深的螳螂拳传人和专家进行研讨。这两次会议上,没有人指明六合螳螂拳的创始人和魏德林的师父,也没有人说六合螳螂拳发源于莱阳。

5. 魏德林与赵珠比武并拜赵珠为师的说法,从时间和常理上都讲不通。

《莱阳螳螂拳》一书第46页引用了1935年《莱阳县志》的一段话:"珠年老,尝趺坐床上,剧盗卫至素耳其名,遽入,爪探其睛。珠手挥之,跌床下,不敢少动。"

第85至86页记述:"赵珠直到晚年功力依然未减。莱阳城西魏家沟魏德林(魏三),江湖中人,听说他功力非凡,不以为然,前去试探。魏三趁赵珠不备,突然飞身向前,用手指刺其眼睛,被其一掌打倒在地,不敢动弹。后来魏德林求拜赵珠要学螳螂拳,赵珠见其心诚且六合拳艺很高,便提出让魏三留下教赵珠弟子学六合拳,赵珠则将螳螂拳艺传与魏三。"

第86页记述:"魏德林少年时即上河北沧州学习六合拳,10年之后,练就一身武艺,拳脚出神入化,兵械样样精通;尤其轻功殊为精绝,飞檐走壁,如履平地。传说魏德林擅快走,有'飞毛腿'之称。24岁时,魏德林自沧州回乡途中,连闯72处'功夫屋子',未遇对手。魏德林回到莱阳后,串村访友,结识赵珠,拜其为师。"

第208页记述:"魏三轻手轻脚进了房门,见赵珠双目微闭,身端神敛,似睡非睡,就想乘机试探一下他的功底。于是便使出轻功,飞越向前,伸出两根手指直戳赵珠双眼。眼见手指倏忽来到眼前,赵珠突然身子一跃,一个旱地拔葱,腾起炕面五尺多高。顺势双掌一搓,魏三还没回过神来就被摔到炕沿底下,一动也不敢动。事后,魏三诚心诚意拜赵珠为师。"

书中这几段话,表达赵珠与魏德林交过手,魏德林败于赵珠而拜赵珠为师。

赵珠与魏德林交过手的说法依据的是1935年《莱阳县志》的记载。但是《莱阳县志》

并未记载魏德林拜赵珠为师学习螳螂拳，也未记载魏德林是莱阳人，更没记载魏德林创编六合螳螂拳。《莱阳螳螂拳》一书人为添加、渲染一目了然。这些添加的内容经不住推敲。

例如，既然魏三"爪探其睛"，对一个"素耳其名"的老人能痛下如此毒手，赵珠又怎能"见其心诚"而传艺给他？这与武术传承门规和传统观念相悖。

例如，按《莱阳螳螂拳》所记述的"赵珠（1760—1840）""魏三（1780—1873）"，赵珠长魏德林20岁。书中记载，魏德林与赵珠交手，拜赵珠为师学习螳螂拳是在赵珠"晚年"时，也就是应在赵珠60岁以上，即清道光年间。第6页记述："嘉庆年间魏德林将传承于赵珠的螳螂拳传到招远、龙口，传创出六合螳螂拳。"第25页记述："嘉庆年间，魏德林闯荡东北三省，创立六合螳螂术（称光板螳螂）。"第6页和第25页魏德林嘉庆年间已创六合螳螂拳的说法和书中85至86页、第208页魏德林在后来的道光年间才拜赵珠为师学习螳螂拳的说法矛盾。

又如，按《莱阳螳螂拳》一书，魏德林拜赵珠为师时已不年轻，至少有40岁。系统地学习一门费体力、费时间才能学好的拳，并且在闯荡江湖、教授徒弟的同时将其再创造，创编出另一套系统的拳法不是常人能做到的。

另外，《莱阳螳螂拳》第86页中称，"赵珠见其心诚且六合拳艺很高，便提出让魏三留下教赵珠弟子学六合拳，赵珠则将螳螂拳艺传与魏三。"既然如此，赵珠的弟子学习过六合拳吗？若有学过，其传承在哪里？到目前为止，除六合螳螂门之外的其他螳螂拳门派中，还没有发现传承下来的六合拳功法和套路。

6. 关于1935年《莱阳县志》记载的赵珠与卫三比武一事，我们剖析如下。

1935年《莱阳县志》记载："珠年老，尝趺坐床上，剧盗卫三素耳其名，遽入，爪探其睛。珠手挥之，跌床下，不敢少动。"这段话被一些人当作魏德林向赵珠学习螳螂拳的依据。但我们持不同看法。

1935年距赵珠与卫三比武一事约有100年。这期间经历了清朝的道光、咸丰、同治、光绪、宣统5段时期，又经历了20多年的民国时期。即使《莱阳县志》记载的这件小事确实存在，为什么100年后才记载？记载这件事的依据是什么？若说这件事是口口相传下来的，那隔了那么长的时间，所记载的是否准确反映了当时的情况？

"卫三"与"魏三"虽同音，但姓不同。"卫三"与"魏三"是不是同一人？《莱阳螳螂拳》书中一再说，魏德林是莱阳城西魏家沟人。既然有名有姓有确切的地址，《莱阳县志》怎么没有记载？《莱阳县志》将一个"魏"姓村庄的"魏"姓人，写成"卫"姓，出现如此严重的错误，不合常理。如果真是犯有此等错误，则《莱阳县志》的严谨性、权威性便值得怀疑了。若《莱阳县志》所记载的"卫三"非六合螳螂门之"魏三"，那笃定此为魏德林向赵珠学习螳螂拳依据的人便犯了"张冠李戴"的错误。

卫三与赵珠无冤无仇，只是"素耳其名"，便"遽入，爪探其睛"，也是让人不可思议的。《莱阳县志》记载两人比武时"珠年老""趺坐床上"。按照《莱阳螳螂拳》的记述，此时魏德林也至少是阅历丰富的中年人了。自古比武多为侠义之举，魏德林怎能面对一个"素耳其名"的老人搞突然袭击并痛下毒手？

诸多疑点，着实令人费解。

7. 关于魏德林先学六合拳，后学螳螂拳，再创六合螳螂拳，浅见如下。

2011 年，招远市政协编辑出版的《招远艺术与体育名人》一书中记载："魏德林在河北沧州向金、龙两位老师学习六合拳后，24 岁出师回乡，途中连闯 72 家功夫坊未遇对手。回乡后魏又与莱阳的李二巴狗比武，然后两人成为朋友，互换拳法学得螳螂拳，从而创六合螳螂拳。"两年后出版的《莱阳螳螂拳》一书中所载"魏德林少年时即上河北沧州学习六合拳，10 年以后，练就一身武艺……回乡途中，连闯 72 处'功夫屋子'，未遇对手"与《招远艺术与体育名人》的说法几乎同出一辙。

按照上述说法，魏德林在沧州学习六合拳 10 年，那么其师定是名家。可事实上，没有史料对魏德林的老师进行记载。这也明显不合情理。

六合螳螂拳招远一支提到过"李二巴狗"与魏德林比武，但从未提到过赵珠与魏德林比武一事，也没提过魏德林向赵珠学习螳螂拳。对于"李二巴狗"其人其事，未见更多的信息。

魏德林是否向"金"或"龙"学习过？学习过什么？是螳螂拳还是六合拳？

探究这个问题，首先要搞清楚"金"和"龙"二位先师姓名，是谁首先将他们披露出来的。这是揭开魏德林是否创编六合螳螂拳的秘密的关键。

"金"和"龙"二位，最早是 20 世纪 70 年代末至 80 年代初，高振华及赵乾一之长子赵明整理家传之拳谱《六合螳螂拳法》而传出的。"金"和"龙"是"六合螳螂拳"而非"六合拳"的先辈。二人并非沧州人。之后，1996 年百花文艺出版社出版的孟宪堂主编的《中国当代武林名人志》一书所载我的一篇论文《六合螳螂拳》中提到了这二人。

而今，言论自由，信息共享。面对浩如烟海、鱼目混珠的信息，我们甄别真伪，慎重采纳。

（二）六合螳螂拳门中具有权威性的说法

黄县丁子成是六合螳螂拳第二代传人林世春的掌门弟子，因此丁子成成为揭开六合螳螂拳历史的重要人物。丁子成所传弟子都知道魏德林是六合螳螂拳的首传人，而不是首创人。丁子成早期的弟子及他们留下的有关资料可说明这一点。

例如，陈云涛 1975 年所写的《螳螂拳略论》一文、2005 年出版的张祥三的著作《六合螳螂拳》、赵乾一长子赵明 1982 年整理的《六合螳螂拳法》拳谱，这些在丁门具有代表性、权威性的资料中，都没有"魏德林创编六合螳螂拳"的说法，也没有"魏德林是莱阳人""六合螳螂拳发源于莱阳""魏德林是跟赵珠学的螳螂拳"等说法。

赵乾一的《六合螳螂拳法》拳谱中，载有"魏三由南方而来"一说，并有"魏三在东北时，向金师叔重学展拍"之说。龙口市政协文史委员会所编《龙口文史资料》（第三辑）载有赵乾一儿子赵金德的一篇文章《六合螳螂六代传人赵乾一》。文中提道："传人魏三先师（因其小指、中指相连，人称鸭子巴掌）当年由南方来山东，一路上访了 18 个武场而未逢对手。"丁子成早期的徒弟高振华，曾对他的大弟子张光铸说："魏德林跟随湖北金老十学习螳螂拳,金老十又得之老龙师傅。"单香陵也从未说过"魏三是莱阳人"。

1990年出版的《招远县志》记载:"百年前,傅家村傅通和川里林家村林世春,在全国影响很大。傅通,少林派,少年时期在少林寺学过艺。林世春,属六合螳螂,学艺于'登带金钱江洋大盗'。"江湖中称魏德林"江洋大盗""金钱江洋大盗",魏德林当年由登州来招远川里林家村将六合螳螂拳传给林世春。《招远县志》记载的"登带金钱江洋大盗",可能将"登州"误写成了"登带"。

从六合螳螂拳的风格特点看,螳螂之象形动作明显,这些动作不但多样化,还在套路中反复出现。本门拳谱中清晰记载了很多以"螳螂"命名的手法,如"螳螂勾刊""螳螂双钩""螳螂点睛"。

从魏德林一代再向上追溯,要有充分的证据,特别是要有早期的史料佐证。对于证据不足的说法,不可妄下判断,应遵循宁缺毋滥的原则。历史不能篡改,祖宗不能乱认,应慎终追远。我们的观点如下:魏德林(魏三)是六合螳螂拳的传人,不是创始人。"魏德林是莱阳人""六合螳螂拳是莱阳所传"的说法依据不足。魏德林的师父不是赵珠。"金""龙"二位所传不是六合拳;若二位有所传授,所传应是六合螳螂拳。

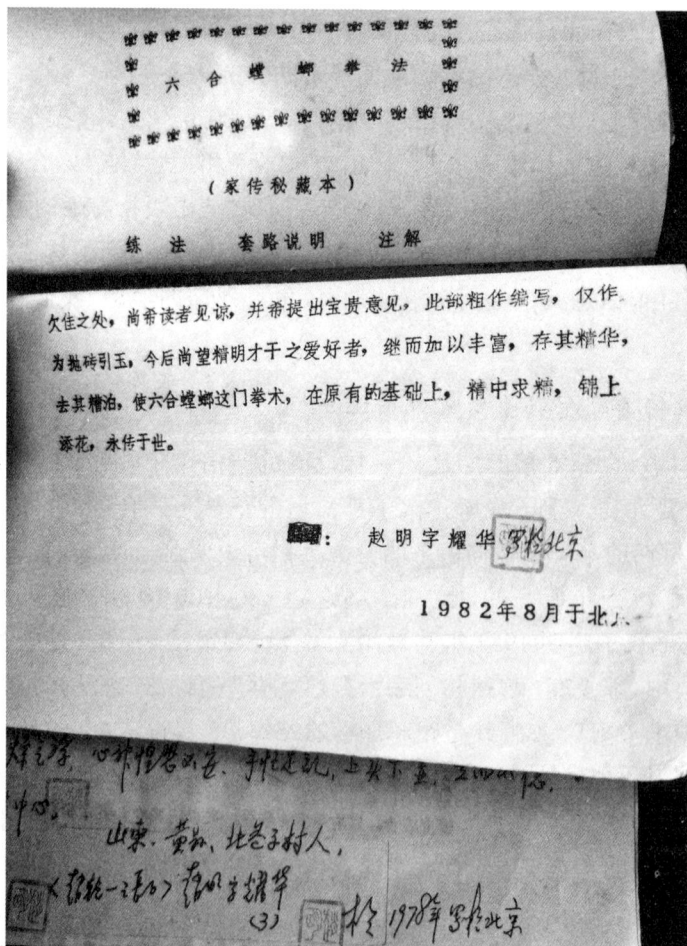

图 10-4　赵明先生整理的家传拳谱(赵国忠收藏)

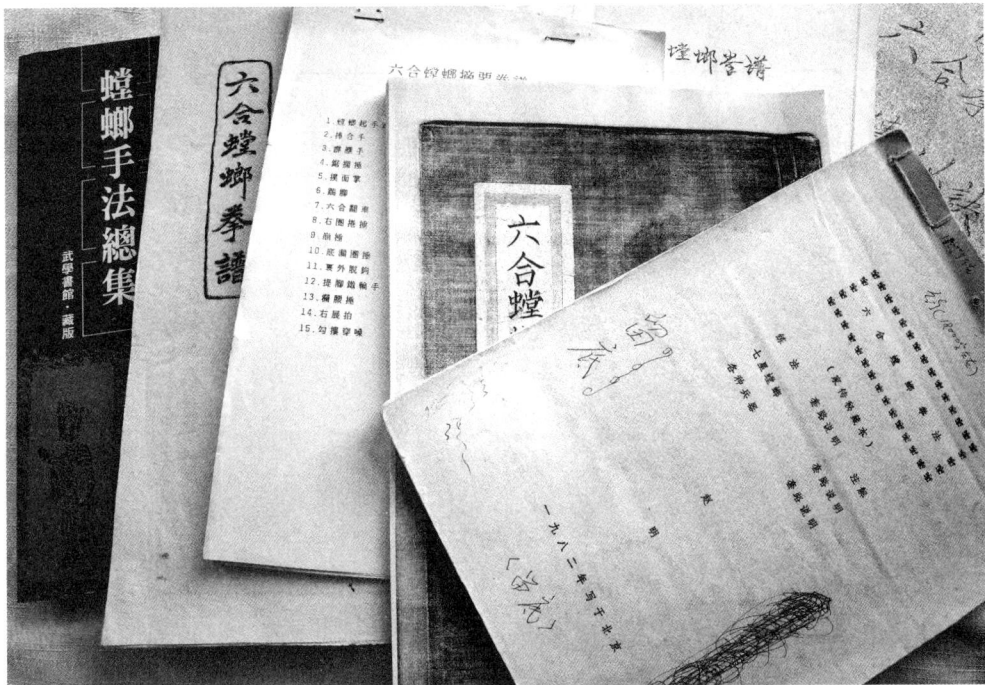

图 10-5　赵国忠收集的六合螳螂拳谱

第三节　六合螳螂拳世系

六合螳螂拳世系见图 10-6。图 10-6 中所列林世春所传弟子及排序,根据 1917 年立林世春墓碑(图 10-7)所载。

（几代不详）
|
魏德林
（魏三）
|
林世春
|

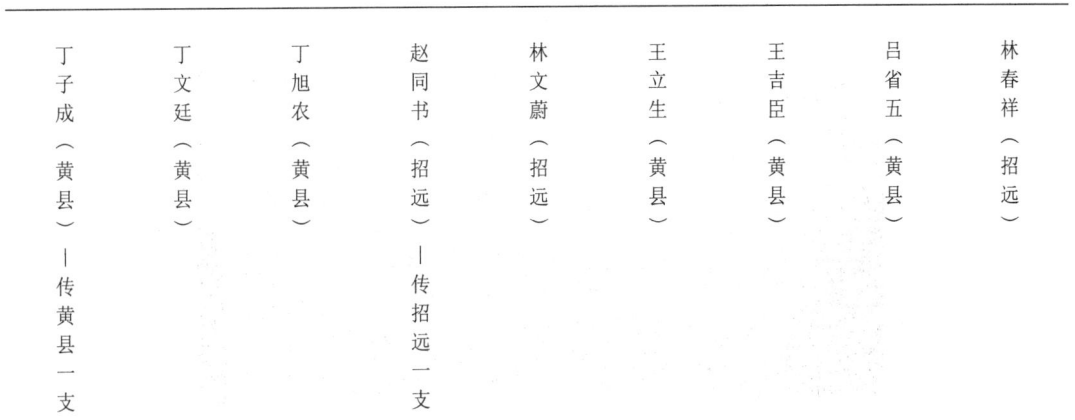

| 丁子成（黄县）—传黄县一支 | 丁文廷（黄县） | 丁旭农（黄县） | 赵同书（招远）—传招远一支 | 林文蔚（招远） | 王立生（黄县） | 王吉臣（黄县） | 吕省五（黄县） | 林春祥（招远） |

图 10-6　六合螳螂拳世系

丁子成（第三代）

赵乾一—赵明　等

单香陵—赵国忠　等

丁介眉

丁佛遗

陈云涛—马汉清　等

袁君直—袁翰先　等

张祥三—戴士哲（台湾）等

傅嘉宾—傅松南（委内瑞拉）等

赵树林

高振华—张光铸

刘云樵—徐纪（台湾）等

王汉臣

董云生

于敬之—成守贺

刘忠信　等

图 10-6　六合螳螂拳世系（续）

赵国忠拍摄照片

图 10-7　林世春先师墓碑（1917 年立）

第四节　六合螳螂拳历代先师传略

一、第一代和第二代传人

（一）魏德林（魏三）

魏德林（约1780—1873），人称"鸭子巴掌（指间有蹼相连）魏三"，是有明确记载的六合螳螂拳门派的首传之人。

魏德林，一生闯荡江湖，常以劫富济贫为乐事，来去无踪。他以"大展拍"独门腿法踢遍黄河两岸无对手，素有"江洋大侠""金钱江洋大盗"之称。花甲之年，他在一次醉酒中被官兵捉拿入狱，后杀死狱卒，带伤从登州狱中逃到招远川里林家村，得到林世春父子的救护。魏德林在林家长期居住，并将六合螳螂拳传给了林世春。

魏德林精于技击，善轻功和夜行术，水性极好。一次，魏德林在山中追贼。贼逃跑间，猛然回身一刀，快似闪电。魏德林急闪，以捶挑肘，将其肘击断，但所穿之皮衣肩部被刀削破。这足见状况惊险程度和他身手之神速。

魏德林在林世春家居无定时：朝见其卧于床，午不见其人；或三五日即去，或一年半载始回。

一日，魏德林带回一"猫耳枪头"，对林世春说："此物险丧我命！"原来魏德林在东北一山上，偶遇一壮士，手执长棍。壮士见魏德林便询问其来路，魏德林应答。壮士说"已寻你数载"，便自怀中取出枪头镶于棍上，与魏德林交战。此壮士枪法神出鬼没、无隙可乘。魏德林大有不敌之势，便用"撒手刀"，孤注一掷，砍中那位壮士，并将其枪头带回留念。魏德林叹息："闯荡江湖几十载，未遇对手，今已老矣。"自此他隐居简出。

魏德林是位地道的老江湖，纵横黄河两岸，多行侠义之举，也与人结下了怨仇。所以，随着年龄增大，他渐渐淡出江湖，很少说自己的来历，也不提自己的老师。他性格孤僻，少言寡语，我行我素，从不让人接近其身体。即便熟人端茶送水，他也不用手去接，只让放在桌子上，以防不测。晚上他和衣而睡，随时应对突发情况。无论是站是坐，他总是背靠墙角，以防背后遭人袭击。

魏德林有一金姓师叔。金师叔在东北曾带人进山追贼，不见了贼影。金师叔通过山道旁的鸡蛋皮判断贼在附近一小庙。金师叔刚踏入小庙，群贼跃起，从墙上取刀。霎时，贼首被金一脚踢倒，群贼就擒。金师叔见魏德林"展拍"腿法练得不精，重新教其练习。

（二）林世春

林世春（1825—1912），招远川里林家村人。自幼习练家传之六合短捶（又名"罗汉拳""罗汉短打""七十二短打"），后得魏德林六合螳螂拳真传。

当年，林世春的听、问、化劲功夫已臻上乘，曾试以裹腿带将眼蒙上，数步之内，无人能近其身，欲逃也难。不管是谁，只要将手从他的后边伸到他的胯下或腋窝内，则无法拔出，疼痛难忍。

一次，在集市上林世春与地痞交手，腰带突然折断。他一只手提着裤子，独臂而战，仍将20余人打得四散溃逃，因此名声大噪。

林世春的家位于招远与黄县交界处。1895年,他被黄县名士——城南菜园泊村的王云溪(王二老爷)请到王家教拳,之后被黄县丁家大户"西悦来"当铺聘为拳师。林世春在丁家教拳约15年,主要传了丁子成、丁文廷、丁旭农、王立生、王吉臣、吕省五等弟子。其间,招远籍的赵同书、林文蔚、林春祥等弟子,也经常到黄县学习。林世春晚年回到招远故里,直到去世。

林世春初到黄县教拳时,王云溪之孙王吉臣已练就了罗汉拳。王吉臣见林世春不过是一干瘦老汉,面露不服,提出与其比试。当王吉臣一拳打向林世春的面门时,被林世春后发先到,一拳捅在锁口下方,一个趔趄差点倒地。再试,王吉臣的猛拳尚未碰到林世春,林世春之拳早已插击其肋。王吉臣疼痛难忍,并叹服地说林世春的拳头像钢钉一样。

林世春的六合螳螂拳打法精要,由弟子丁子成做成笔记。师徒二人反复研究,最终整理成《六合螳螂手法真传秘诀》拳谱。这是林世春首传和定夺的六合螳螂拳谱。

林世春的弟子中,6位是黄县人,3位是招远人。后来六合螳螂拳主要形成两支:丁子成所传的黄县一支,赵同书所传的招远一支。

二、第3代传人

(一)丁子成

丁子成(1879—1957),名尔忠,字子成,黄县(今龙口)西北隅村人。林世春掌门弟子。

图10-8　丁子成

丁子成家族是黄县望族。受家族深厚文化底蕴影响,他成为清代太学生。他13岁时便跟随从沧州请来的崔禹老师学习罗汉门武术。1895年,林世春来黄县城南菜园泊村教拳,丁子成转投林世春门下。不久,林世春被黄县丁家"西悦来"当铺聘为拳师。丁子成随学至终,从未间断。

丁子成的师兄王吉臣,功力超群,有一绝活——捆磨盘手,即手臂与对手手臂一搭,便能轻易将对手手臂捆住,令其脱身不得,甚至致其手臂折断。可惜王吉臣40岁左右英年早逝。丁子成与王吉臣在一起练功多年,功夫大有长进,"铁砂掌""铁球功"功力深厚。

丁子成曾在王吉臣家一臂砸下10多厘米厚的石桌角。他早年在"西悦来",面对众歹徒,上前一把夺过一歹徒手中的桑木扁担,"咔嚓"一声折为两段,慑退了众歹徒。丁子成到了晚年,其功夫依然了得。壮小伙让他抓住手,都会疼痛难忍。

丁子成在多年的学习中,将六合螳螂拳的打法做了笔记,并与老师林世春反复研究,整理出了《六合螳螂手法真传秘诀》拳谱。这是六合螳螂门留传下来的最早的拳谱,也是唯一的拳谱。此拳谱内容精辟深奥,为不可多得之宝贝。

丁子成为人随和,思路开阔,善交武林朋友,与通背门的吕孟超、少林门的傅通、螳螂门的姜化龙、八极门的李书文、八卦门的宫宝田等武林高手皆有交往。

1926年,丁子成在黄县"圣人殿"创办了黄县国术研究会。此研究会1931年并入黄县民众教育馆健康部国术研究会;1936年改名黄县国术馆,丁子成任馆长。丁子成在此免费授业多年,使六合螳螂拳得以传承和发展。螳螂拳名家纪春廷、曹作厚,八卦掌名家宫宝田、中央国术馆名誉馆长张骧伍,等等,均曾光临,进行交流并传授武艺。1933年,李书文拜访丁子成时,把爱徒刘云樵留下来,让其向丁子成学习六合螳螂拳。

丁子成晚年生活清贫,靠为人正骨拿环、销售自制跌打损伤膏药所取得的微薄收入贴补家用。

丁子成的弟子有赵乾一、单香陵、丁介眉、丁佛遗、陈云涛、袁君直、张祥三、傅嘉宾、赵树林、高振华、刘云樵、王汉臣、董云生、于敬之、刘忠信等。

(二)赵同书

赵同书(1869—1939),招远北关人。他早年习长拳,与林世春弟子林文蔚是朋友。28岁时,他得到林文蔚推荐,拜林世春为师,习六合螳螂拳。

图10-9　赵同书

林世春在黄县教拳时,赵同书经常到黄县学习。赵同书艺成之后,功力深厚。他曾教训过在黄县横行一时的霸痞"十虎",名声在外;在招远抓过飞贼,受到县长奖励。他与人交手,未曾有负。当地人送绰号"神拳赵同书"。

赵同书为人厚道,德艺俱佳。林世春晚年,赵同书将其接到家中照顾,敬之如父。赵同书将武艺传于孙赵春合等人。

三、较有影响的第 4 代传人

六合螳螂门中,有影响力的第四代传人有单香陵、赵乾一、陈云涛、张祥三、刘云樵、傅嘉宾、赵春合等。关于单香陵,本书前文已有详细介绍,在此不赘述。关于招远一支,不久前在网络上见到,林文蔚一支有传人。因为了解不详,所以在此不妄写。

图 10-10　单香陵

（一）赵乾一

赵乾一(1894—1949),黄县北巷村人。赵乾一是丁子成早期弟子,跟随丁子成时间最长。他一生酷爱武术,除了向丁子成学习六合螳螂拳门中的拳术和器械,还向纪春廷、曹作厚等名家学习过七星螳螂拳和梅花螳螂拳。他功力深厚,"铁砂掌"功夫尤为厉害,可斩断厚石条,能用肘将十几斤重的铁球击于空中。

20 世纪 40 年代,赵乾一曾协助丁子成教拳。1948 年,赵乾一奔赴北平,先后在雍和宫、太庙、国子监等处与人竞技,均获胜。

赵乾一传艺于长子赵明等。

图 10-11　赵乾一

（二）陈云涛

陈云涛(1906—1978),曾用名陈衡、陈迈迁,黄县东北隅村人,曾任建筑材料工业部副部长等职。

陈云涛是丁子成早期弟子,曾随郝恒禄习郝家螳螂拳,20世纪50年代末随杨禹廷习吴式太极拳。关于陈云涛的详细介绍,见本书第六章第三节中的"陈云涛与单香陵"部分。

图10-12　陈云涛

(三)张祥三

张祥三(? —1982),原名张习易,黄县人,是丁子成的得意弟子。

张祥三曾随曹作厚习练七星螳螂拳,功力深厚。方砖数块,他挥手可断。

1936年,张祥三任教于青岛国术馆;抗战时期,任中央政治学校国术教练;1949年到了台湾,担任书记官,与友人筹组国术会,历任国术会理事、常务理事和代理理事长等职务。[①]他多次担任国术比赛裁判长。他编写出版了《七星螳螂拳》《六合螳螂拳》《子母连环拳》等书。他在台北市公园教授武术几十年,从学者甚多。是台湾六合螳螂拳传承的奠基人。

张祥三的弟子有戴士哲、徐纪、梁纪慈、苏昱彰、傅君正、黄伟哲、蔡永煌、郗家骏、陈威伸、高文正、陈明德、郭肖波、林仲曦等。

图10-13　张祥三

---

① 张祥三,《六合螳螂拳》,中和:五洲出版社,2005,第42页。

（四）刘云樵

刘云樵（1909—1992），字笑尘，河北沧州人，是李书文的得意弟子。

刘云樵出身官宦世家，自小跟自家护院武师张耀庭习武，后随八极拳大家、被誉为"神枪"的李书文习艺。

1933年，刘云樵随李书文到黄县，寄居张骧伍处。张骧伍经李书文同意，介绍刘云樵拜丁子成为师，学习六合螳螂拳。随后，刘云樵又前往烟台，向宫宝田学习八卦掌。

1949年，刘云樵到了台湾，曾在台湾地区防务事务主管机关、台湾当局领导人幕僚机构任职。

1971年，刘云樵同他人创办《武坛》杂志。他发起成立了"中华武坛国术推广协会"，此协会培养的弟子遍布亚洲、美洲、欧洲。

刘云樵的弟子有徐纪、梁纪慈、苏昱彰、傅君正、戴士哲、黄伟哲、蔡永煌、郗家骏、陈威伸、陈明德、郭肖波、林仲曦、陈麒文等。

图 10-14 刘云樵

（五）傅嘉宾

傅嘉宾（1909—1981），招远傅家村人，精通文武医之全才。

傅嘉宾自幼随堂叔傅丰贤习武，就读于黄县县立中学，并随校中武术老师——六合螳螂拳传人丁子成学习武艺。他考入哈尔滨市电机职业学校，后进入哈尔滨电车局工作。工作之余，他跟随河北吴桥人刘俊龄、献县人吉万山学练少林拳械、八极拳、大枪及角牴术等。在哈尔滨期间，傅嘉宾与人一起成立了哈尔滨剧艺武术团并出任团长，到东北演出，轰动一时。1946年，青岛警备司令部招考武术教官，傅嘉宾应试并胜出。1949年，傅嘉宾到了台湾，与张祥三、刘云樵一起传播发展中华武术。1962年，傅嘉宾与子傅松南创立台湾山东正义堂中医药业。[①]

傅嘉宾传艺于子傅松南（傅君正）等人。傅松南，先得家传，又得韩庆堂、常东升、王松亭、高芳、张祥三、刘云樵、孙玉秀、马振山、刘作民、吕朴如、武少林、姜锡三等名家的传授，集多家功法于一身，声名远扬。

---

① 中国人民政治协商会议招远市委员会，《招远历史人物选录》，烟台：黄海数字出版社，2010，第272页。

图 10-15 傅嘉宾

张祥三、傅嘉宾、刘云樵将六合螳螂拳带到台湾,使六合螳螂拳在台湾得以传承和发展。三位友好相处,互相帮助,摒弃传承中的陋习,互相推介弟子。其行为难能可贵。他们高风亮节,为弟子树立了典范。

图 10-16 傅嘉宾、张祥三、刘云樵在台北(傅松南先生提供照片)

(六)赵春合

赵春合(1910—1994),招远北关人。16 岁跟祖父赵同书学习六合螳螂拳。1937 年,赵春合参加抗日游击队并当过武术教官。回乡后开武馆为业。写有《六合门拳法和器械》小册子,留有练拳录像。传人众多。

图 10-17 赵春合

第五节　六合螳螂拳现状与发展

一、不断开拓，创新发展

螳螂拳是中国武术一大门派。当今，世界上习练螳螂拳的人非常多，并且增加趋势明显。

螳螂拳中，以梅花螳螂拳和七星螳螂拳流传较广，而六合螳螂拳相对流传不广。这与六合螳螂门派的传承历史有关。

六合螳螂拳有明确记载的第一代传人魏德林，一生闯荡江湖，居无定所，到了晚年（70岁左右），才到招远，传艺给林世春。虽有魏德林在其他地方传艺的说法，但只有林世春得到了全面的传授。这也使六合螳螂拳的传承滞后，传播范围有限。

第二代传人林世春是乡下人，一辈子没到过大城市，所传弟子局限于招远和黄县两地，这在客观上也束缚了六合螳螂拳的发展。虽然林世春有九大弟子，但多数弟子没有继续传艺或传授面很窄。这些弟子中，丁子成和赵同书在传承发扬六合螳螂拳方面做出了较大贡献。

第三代传人中，赵同书在招远主要传给孙子赵春合，一枝独秀（最近传出，林文蔚一支也有传人）。丁子成则思维开阔，广交武林朋友，广传弟子，为六合螳螂拳在龙口发展与传播奠定了基础。

第四代传人中，出现了几位在中国武林界颇具影响力的人物：单香陵、张祥三、刘云樵、陈云涛、傅嘉宾等。他们共同的特点是，走出家乡，到大城市一显身手，开拓出一片新天地。

单香陵在北京、包头、哈尔滨、黄县等地广传弟子；张祥三和刘云樵在台湾的弟子众多，影响较大；陈云涛先后在大连和北京工作，工作之余将本门拳法传授他人；傅嘉宾早年在哈尔滨、青岛等地传有弟子，轰动一时。另外，赵乾一、袁君直、高振华、于敬之在黄县传有弟子，赵春合在招远弟子甚多。

我们这一代是第五代传人。这代人如今年龄一般在六七十岁，最大的已超过百岁。这代人赶上了国家弘扬传统武术文化的大好时机，又享受着科技进步带来的便利，且得以共享海量信息，因此能够把六合螳螂拳的发扬向前大大推进了一步。六合螳螂拳发展较好的地区有龙口、招远、北京、包头、哈尔滨等。这代拳师，不仅将六合螳螂拳传授给国人，也传授给来中国求学的外国友人，还走出国门，把六合螳螂拳传到了日本、韩国、俄罗斯、意大利、希腊、德国、英国、法国、美国、瑞士、委内瑞拉等国家。六合螳螂拳逐渐被人们所认识和了解，得到越来越多人的喜爱。

二、传承发展，任重道远

中国螳螂拳研究资深专家、中央电视台《走遍中国·武林传奇——秘手螳螂》专题栏目主讲人杨宏志先生说："六合螳螂拳是个小拳种，过去少有人知道。单香陵在北平的作为，才使六合螳螂拳有了名气。"

通过第四代和第五代传人的努力，六合螳螂拳的规模有了很大发展。尽管如此，我们也清醒地知道,它的传播面仍然不广,习练人数相对于梅花螳螂拳和七星螳螂拳来说不多,对它的研究深度也不够。

六合螳螂拳传到第四代,风格改变不大,仍保持着古朴实用的特点。究其原因有三:① 虽然冷兵器时代已成为过去,但传统习武风俗不减。民国之前乃至民国初期,全国拳坊星罗棋布,习武者相互交流,古朴优良的传统武术得以保留。② 社会动荡,战乱频仍,人们为了自保,为了战场杀敌,要练实用的武。③ 通过交流、比赛和街斗等形式,保持甚至提高了原有的武术技艺。

然而,到了第四代的后期,情况开始发生了变化。由于时代变革,海晏河清,武术只是体育表演项目。一些擅长实战的老武术家无用武之地,退出江湖,有的只是零零散散地传授,有的甚至把绝技带走而终留遗憾。

近年来,国家重视传统武术文化遗产的挖掘和保护,提倡武术的搏击功能。20 世纪70 年代末,全国搞搏击比赛试点,总结经验,借鉴国外搏击比赛的赛制规则,学习他们的搏击技术,创设出具有中国特色的搏击擂台比赛。

有中国特色的搏击是什么?当然离不开我们老祖宗传下来战场搏杀经验。这些难能可贵的搏击技术(含兵器使用),仍然是中国武术的“压舱石”。因此,挖掘抢救这些古老技艺迫在眉睫!有真本领的老武术家越来越少,他们是“国宝”。

不可否认的是,在国家重视人才、重视宝贵遗产传承的大好形势下,有人钻空子,想方设法变身成“正宗”,变成“专家”,不把精力用在研习和传承传统技艺上,而大肆宣传包装、追名逐利,甚至弄虚作假、欺世盗名。正如收藏家所说,假古董满天飞,守着真古董的人只能独自欣赏,望天兴叹。一些有真本领的老武术家正面临这种尴尬和无奈。当然,国家在加强管理,这种状况逐步得到改善。

我寄望本门弟子,摒弃世俗偏见,不忘祖师创派初心,求真务实,不慕荣利,务以弘扬本门武学为目标而奋斗!

第十一章　单氏六合螳螂拳

第一节　内容概要

一、具有完整的体系

（一）简介

单氏六合螳螂拳,具有完整、系统的功法、套路以及独具特色的武术理论。

手型:锥子捶、平捶、铲捶、螳螂手、瓦垄掌、钩手。

步型:坐步(三七步、鸡步)、弓步、马步、独立步。

手法:勾、挂、锯、挫、沾、黏、撑、刺、缠、封、刀、刊、推、贴、逼、压、搂、扫、挑、划、展、劈、点、要。

步法:提拖步、偷撤步、闪骗步、流水步、三角步、蹿跳步、垫步、抽梁换柱步。

腿法:踢腿、撞腿、弹腿、踩腿、扁踹腿、勾挂腿、斧刃脚、大展拍。

手操功法:铁砂掌、抓铁球、插豆桶、打沙袋(有坐袋和吊袋两种)、抓手等。

拳术套路:铁刺、先手锛、截手圈、照面灯、藏花、双封、短捶。

器械套路:底盘六合棍(一、二路)、六合刀、六合枪、小金枪、三合剑、崩剑、撸手棍、斜步捶鞭。

徒手对练:拍打靠、劈斩、三捶、抓手、推手、磨盘手、捆摔手、搓挪手、扫边手、割手、搅江手、勾搂捶、八翻捶、斧刃脚、扁踹、大展拍、螳螂劈截、垂钩钓鱼、直钩钓鱼、三五手动作组合等。

器械对练:三合对剑、震把、撸手棍、十面埋伏棍、封杆(一路、二路)、斜步捶鞭、三种枪法。

用于初学者打基础的拳术套路有小虎燕、大红拳。有六合螳螂拳功底的学员,可辅助练习其他门派拳法:形意拳中的五行拳、连环拳、八式、杂式捶;八卦掌(程派、尹派)转掌法、换掌法;太极拳、太极推手;通背拳摘要。

理论方面:拳谱、剑谱、刀谱、棍谱、拳论。

健身功法:围腰功法(系列组合动作)、六合养生功法(系列组合动作)。

（二）探讨和说明

六合螳螂拳传承下来的套路，招远一支比龙口一支多出3—4个，如撩阴手、插花手等。传承下来的套路名称，招远一支与龙口一支也不完全一致，有的叫法不一样，有的音同字不同。这与两地的方言有关，也与代代相传中发生的变化有关。有人说，龙口一支所学不完整，比招远一支少了几个套路，招远的更正宗。这种说法正确与否，还有待考证。

龙口一支，丁子成门中，跟随其时间最长的是赵乾一。赵乾一是门中具有代表性的传人之一。赵乾一的长子赵明随父习武多年，并于1982年整理了拳谱，后将其公开。拳谱中记载了六合螳螂拳的7个套路和其他拳械内容。赵明整理出的拳谱中的套路名称与单香陵传下来的六合螳螂拳套路名称只有一字之别（音同字不同），二者套路中的动作名称也基本一致。这也说明赵乾一、单香陵传承的技艺是正宗的。

赵明整理的拳谱，既有打印的页面，也有赵明手写页面，有的页面是打印纸和手写纸拼接黏合而成的。有些打印内容，有手改的地方。手书页、拼接页、手改处，赵明均签字并盖章。可见此拳谱是赵明先生整理的初始版本。此拳谱内容每次整理，都标记了时间，可见整理之用心、严谨。这本拳谱对我们了解赵乾一这一代的传承情况，以及丁子成当年所学六合螳螂拳之原貌，起到了重要作用。我也非常幸运，收藏着这个拳谱的初始版本。

我也有幸收集到丁子成师门中的其他几家的拳谱。另外，单香陵的弟子中，有的转抄过单香陵的拳谱（后来传与我的那本），有的记录了单香陵传授的功法、套路等的名称。因此，通过交流和对照，我更加全面地了解了六合螳螂拳。

六合螳螂门的器械并不多，不像传说中的有几十种。在这些器械中，还有一大部分是本门第3代及以后的传人从别的门派，如太极拳、形意拳、八卦掌、通背拳门派吸纳的。

台湾张祥三前辈的弟子徐纪，听说我在整理本门资料，特为我录了时长一个多小时的音频，说明六合螳螂拳在台湾的传承情况。徐纪让他的师弟郄家骏及弟子林永中、卞国峰、许闰傅特来我处"走亲"，将录音光盘转交给我，还带来了蔡永煌出版的《六合螳螂拳》光碟和《腰横秋水雁翎刀》一书。由此，我得以了解雁翎刀的来历和内容。徐纪说："这套刀法是魏三宗师传下来的。非常遗憾，在很长一段时间，未见大陆有人传练。"他还告诉我，是他将雁翎刀带回大陆传授给一些人的。至于六合螳螂门中的其他器械，徐师兄与我有共识。

招远一支和龙口一支都有六合刀。但两地传承的六合刀的风格、内容不一样。

单香陵老师初随吕孟超习练枪棍和通背拳，后随丁子成习练螳螂拳，在北平又学习了形意拳、太极拳、八卦掌，并学习了形意门的六合刀、三合剑。我所练器械，都是单香陵老师传授的。

二、套路、动作名称及注解

为了让大家对六合螳螂拳有进一步的了解，本书公开"单氏六合螳螂拳套路、动作名称及注解"。

（一）铁刺

第一路：①搅手八翻捶。②螳螂勾刊。③挑进手。④反展手。⑤迎面手。⑥藏花手。

⑦ 螳螂勾刊。

第二路：⑧ 回身挂穿捶。⑨ 螳螂勾刊。⑩ 迎门双采手。⑪ 反展手。⑫ 迎面手。⑬ 藏花手。⑭ 螳螂勾刊。

第三路：⑮ 回身挂穿捶。⑯ 螳螂勾刊。⑰ 大封手。⑱ 捆封手。⑲ 连环踩踹。⑳ 投截手。

注解：

（1）铁刺套路，体现了螳螂手法带钩带刺、勾刊挑挂的特点，即两手向上钻起，继而向下翻抓，复又向上翻起。两手臂运动轨迹呈圆弧形，势如车轮转动，滚滚向前。在其他六合螳螂拳门派中（非单氏一支），此套路有贴刺、铁翅或铁齿的叫法。

（2）搅手八翻捶有两种练法：一种是直接上八翻捶，另一种是搅手八翻捶。这两种练法都是单香陵老师传授的。在其他六合螳螂拳门派中，此动作有穿嗓捶的叫法。

（3）螳螂勾刊，也叫铁刺手、连环手、铁刺连环手，是单香陵老师所传授的。在其他六合螳螂拳门派中，此招有勾搂倒打的叫法。

（4）挑进手，也叫托勾手。

（5）反展手。在其他六合螳螂拳门派中，此动作有翻黏手、反剪手、逼贴手、捧合手的叫法。

（6）迎面手。在其他六合螳螂拳门派中，此动作有迎面砍、迎面挂印之叫法。

（7）藏花手，有刁手（螳螂单刀）和拨机手两种练法。单香陵老师传授的为刁手练法。其他六合螳螂拳门派所传多为拨机手之练法。

（8）回身挂穿捶，也叫回身拐手、回身勾挑。在其他六合螳螂拳门派中，此动作有子母锁口捶、螳扬手的叫法。

（9）迎门双采手，也叫大封手，有大封手的练法，是单香陵老师所传授的。在其他六合螳螂拳门派中，此动作有马步双抓扣的练法和叫法。

（10）连环踩踹。在其他六合螳螂拳门派中，此动作有踩蹬、踏踹的叫法。

（11）投截手，也叫撸穿捶。在六合螳螂拳的 7 个套路中，有 5 个套路的最后一式是投截手，这是单香陵的标志性收势动作。其他六合螳螂拳门派多采用破膝挂耳圈或对耳圈的练法。

（二）先手锛

第一路：① 反展手。② 先手锛。③ 反展手。④ 采截挂腿。⑤ 反背手。⑥ 破骨手。⑦ 偷撤底漏圈。⑧ 左右展拍。⑨ 搅江反背手。

第二路：⑩ 回身螳螂劈截。⑪ 右弹腿。⑫ 挂手连环捶。⑬ 螳螂劈截。⑭ 左弹腿。⑮ 挂手连环捶。

第三路：⑯ 回身螳螂劈截。⑰ 左弹腿。⑱ 挂手连环捶。⑲ 螳螂劈截。⑳ 右弹腿。㉑ 挂手捶。㉒ 单插剑。㉓ 转身采手圈捶。㉔ 大展拍。㉕ 勾搂捶。

第四路：㉖ 回身挂手连环捶。㉗ 大封手。㉘ 捆封手。㉙ 连环踩踹。㉚ 投截手。

注解：

（1）先手锛，是以套路中第 2 式动作命名的。"锛"，木工的一种工具，似斧，横刃，长柄。

这是模仿使用锛的动作,即以两手臂由上向前、再向下连环劈抓并略向回带。此套路有铁耙开城门之势,锐不可当,故又有先手奔、霹雳手、铁耙开城门几种称谓。先手锛的"先手",在其他六合螳螂拳门派中,有善手、扇手、闪手的叫法。

(2)这套拳共有4路,也可采用3路练法,即第2路和第3路合并,去掉第3路中的16、17、18式。这是单香陵老师所传授的。其他六合螳螂拳门派多采用3路练法。

(3)反展手。在其他六合螳螂拳门派中,此动作有翻黏手、逼贴手、捧合手的叫法。

(4)破骨手,也叫截臂手。

(5)左右展拍,包含一左一右两个腿法,因手与脚动作分别向两侧展开而得名,也叫大展拍;又因手脚动作交叉进行,如剪刀剪物,又有剪踢、剪拍的叫法。此腿法在实用中有抄(剪)、踹、点3种踢法。抄踢,易将人踢翻,故名翻场钗。

(6)搅江反背手。在其他六合螳螂拳门派中,此动作有勾搂捶的练法。

(7)挂手连环捶。在其他六合螳螂拳门派中,此动作有脱钩手或十字捶的练法和叫法。

(8)单插剑,也叫十字捶。

(三)截手圈

第一路:① 外磨盘。② 撑磨手。③ 斧刃脚。④ 乱劈柴。⑤ 截手圈。⑥ 挂手连环捶。⑦ 扫边手。⑧ 勾搂捶。

第二路:⑨ 回身托掌撑磨手。⑩ 斧刃脚。⑪ 乱劈柴。⑫ 截手圈。⑬ 挂手连环捶。⑭ 扫边手。⑮ 勾搂捶。

第三路:⑯ 回身挂手连环捶。⑰ 大封手。⑱ 捆封手。⑲ 连坏踩踹。⑳ 投截手。

注解:

(1)截手圈,是以套路中第5式动作命名的,也叫接手圈。一手采截(或接手),另一手圈击,圈击由下向上、再向下,一圈到底。因此,此动作有底漏圈之说。在其他六合螳螂拳门派中,此动作有借手圈的叫法。

(2)斧刃脚。此腿法用脚掌或脚跟底部挫踢对方小腿,因其形、其势而得名。此腿法是低腿踢法,隐蔽性强,有埋伏的意思;且在五行学说中,脚掌为阴,脚背为阳,所以此腿法也叫伏阴脚。

(3)乱劈柴,也叫翻车手。

(4)据单香陵老师的传授,乱劈柴的下一个动作是截手圈。在其他六合螳螂拳门派中,乱劈柴的下一个动作多为开弓手(或叫弯弓勒马),再接着上截手圈。

(5)扫边手。在其他六合螳螂拳门派中,此动作有抹眉手、磨盘手的叫法。

(四)照面灯

第一路:① 搓挪手。② 大封手。③ 右弹腿。④ 大封手。⑤ 磨盘手。⑥ 铁轮手。⑦ 右弹腿。⑧ 大封手。⑨ 左弹腿。⑩ 大封手。

第二路:⑪ 回身撩阴手。⑫ 马形连环捶。⑬ 回身螳螂劈截。⑭ 右弹腿。⑮ 反背手。⑯ 败步搂圈捶。⑰ 捆手。⑱ 双帮肘。⑲ 败步搂圈捶。⑳ 败步封手。㉑ 右弹腿。㉒ 大封手。

㉓ 捆封手。

第三路：㉔ 转身捧合手。㉕ 拍刀手。㉖ 磨盘手。㉗ 撑磨手。㉘ 斧刃脚。㉙ 磨盘手。㉚ 撑磨手。㉛ 斧刃脚。

第四路：㉜ 回身螳螂劈截。㉝ 右弹腿。㉞ 反背手。㉟ 照面灯。㊱ 左右大展拍。㊲ 勾搂捶。

第五路：㊳ 回身挂手连环捶。㊴ 大封手。㊵ 捆封手。㊶ 连环踩踹。㊷ 投截手。

注解：

（1）照面灯，是以套路中第35式动作命名的。照面灯的"灯"，比喻为人的眼睛；"照面"即迎面。此招指以锥拳迎面刺击对方眼睛。台湾一支传承中，没有照面灯，而有镜里藏花。这两个套路名称虽然不同，但是内容基本一样。

（2）搓挪手，也叫中心刺。在其他六合螳螂拳门派中，此动作有锁口捶或搂穿捶的练法和叫法。

（3）第1路中的磨盘手、铁轮手、右弹腿、大封手4式动作，均是单香陵老师所传授的。其他六合螳螂拳门派中没有这几式。

（4）捆手。低提膝、点步、捆手，是单香陵老师传授的练法。在其他六合螳螂拳门派中，有捆手、起腿、点睛的练法。

（5）有人将第3路中的第24式转身捧合手和第25式拍刀手合为一式，称为捧合手或拍刀手。在其他六合螳螂拳门派中，此二式动作，有反背搜裆掌、搅江手的叫法。

（6）照面灯一招，在其他六合螳螂拳门派中，有偷撤登扑指睛捶的叫法。

（五）藏花

第一路：① 搓挪手。② 大封手。③ 螳螂勾刊。④ 挂印。⑤ 左右藏花。⑥ 撩阴手。⑦ 迎面手。⑧ 反展手。⑨ 圈捶。⑩ 挂手连环捶。

第二路：⑪ 回身盘龙手。⑫ 大展拍。⑬ 勾搂捶。⑭ 磨盘手。⑮ 铁轮手。⑯ 大展拍。⑰ 勾搂捶。

第三路：⑱ 回身挂手连环捶。⑲ 大封手。⑳ 捆封手。㉑ 连环踩踹。㉒ 投截手。

注解：

（1）藏花，也叫叶底藏花、叶里藏花。"藏花"指动作具有隐蔽性，变化多端，招中有招，势中有势。

（2）搓挪手，也叫中心刺、迎面刺、抖掌。

（3）大封手。在其他六合螳螂拳门派中，此动作有封劈掌的叫法。

（4）螳螂勾刊，也叫连环手。在其他六合螳螂拳门派中，此动作有勾搂倒打、三把手的叫法。

（5）反展手，据单香陵老师传授，有两种练法：一是一手扑面、一手撩阴练法；二是双推掌练法。

（6）回身盘龙手。此动作是盘手加圈捶，故有圈捶、撸手圈、平圈、腰斩的叫法。

注：以上5个套路最后一动作均为投截手（撸穿捶）。这是单香陵独创动作。其他六

合螳螂拳门派最后一动作为破膝挂耳圈(或对耳圈)。

赵乾一长子赵明先生整理的拳谱中,“挂耳圈”之后,又增加了“转身窝心肘”一个动作,并在谱中标注这是他增加的一个动作,即:“后加:转身窝心肘”。“窝心肘”即“平肘”“拱肘”。赵明先生先在门中有传,后也传给他人。

(六)双封

第一路:① 左拍刀。② 螳螂底漏反背圈。③ 右拍刀。④ 螳螂底漏反背圈。⑤ 螳螂逼贴。⑥ 单劈掌。⑦ 回身连环手。⑧ 螳螂点睛。⑨ 螳螂双封。⑩ 回身甩手撩阴。⑪ 左闪骗螳螂勾刊。⑫ 右闪骗螳螂勾刊。⑬ 左闪骗里磨盘。⑭ 右闪骗里磨盘。⑮ 连环勾挑。⑯ 单弓肘。⑰ 螳螂点睛。⑱ 螳螂三封手。⑲ 回身撩阴手。⑳ 螳螂点睛。㉑ 螳螂三封手。

第二路:㉒ 转身里摇车手。㉓ 反背手。㉔ 斜撑掌。㉕ 螳螂刁采手。㉖ 左右金剪手。㉗ 搓花掌。㉘ 螳螂双封。㉙ 勾刊撩阴手。

第三路:㉚ 转身行步螳螂封手。㉛ 回身拍刀手。㉜ 划挑手。㉝ 螳螂左右刁采手。㉞ 连环割手。㉟ 回手撩阴。㊱ 底漏圈。㊲ 大展拍。㊳ 回身螳螂劈截。㊴ 右弹腿。㊵ 螳螂勾刊。㊶ 螳螂缠封手。

第四路:㊷ 回身大封手。㊸ 左弹腿。㊹ 大封手。㊺ 捆封手。㊻ 连环踩踹。㊼ 投截手。㊽ 螳螂逼贴。㊾ 单劈掌。㊿ 回身连环手。(51) 螳螂点睛。(52) 螳螂双封。

注解:

(1) 双封是六合螳螂拳中独具风格的一套拳。整个套路以手法为主,很少有握拳动作。这套拳中的螳螂手法,较之其他几套拳更为鲜明,手法也更为细腻。双封中的“封”,是封闭、封锁的意思,即封住门户,制止对方出手。封手有左右封、单双封、进退封、斜缠封。

(2) 左拍刀。此动作与左扫边练法近似,二者区别在发力点上。拍刀手用的是拍劲、削劲;扫边手用的是“风扫”劲。

(3) 螳螂底漏反背圈。此动作中的“反背圈”,用的劲力是“提崩”劲,故有螳螂崩挂的叫法。

(4) 螳螂双封,也叫搅江手。

(5) 左闪骗螳螂勾刊与右闪骗螳螂勾刊均简称连环四手。

(6) 有人将连环勾挑、单弓肘这二式合并,叫挂穿捶或穿截手。

(7) 螳螂点睛。也有人将“点睛”手法演练成螳螂勾刊或螳螂劈砍。

(8) 搓花掌。第一个动作是翻手动作,用的是“沾黏逼贴”之混合劲力,故有沾黏手、逼贴手的叫法。手掌贴手掌搓手前刺,谓“搓花掌”。

(9) 勾刊撩阴手中采用的是勾刊的练法,在其他六合螳螂拳门派中有跺掌或劈掌的练法。

(10) 划挑手动作是划挑后加劈掌。其中,划挑的练法,有划挑和崩挂两种;劈掌的练法,有坐掌、按掌、塌掌几种。

(11) 连环割手。在其他六合螳螂拳门派中,此动作有磨盘手的叫法。

(12) 回手撩阴,因手向后下方斜斩,也叫下拍刀。

(13) 螳螂勾刊,也叫连环手、铁刺手。此动作与钩腾手的手法近似,故有人称之为钩腾手。

（14）螳螂缠封手，也叫螳螂斜缠封。

（15）第4路中第47式投截手、第48式螳螂逼贴、第49式单劈掌、第50式回身连环手这四式动作，与由这四式动作更改成的圈捶、双帮肘、回身采封手，均是单香陵老师所传授的。

（七）短捶

第一路：① 子母捶。② 连环勾挑。③ 单弓肘。④ 左右十字砍。⑤ 双插剑。⑥ 双弓肘。⑦ 下砍截。⑧ 逼贴。⑨ 左勾捶。⑩ 搂手回身肘。⑪ 反背捶。⑫ 挂手连环捶。⑬ 连环八翻捶。⑭ 背剑。⑮ 采搂钻捶。⑯ 左右十字砍。⑰ 下砍截。⑱ 拍刀捶。⑲ 连环八翻捶。⑳ 左右十字砍。㉑ 反展手。㉒ 双峰贯耳。㉓ 逼贴。㉔ 勾挑反背捶。

第二路：㉕ 转身双展耳。㉖ 采搂盘肘。㉗ 回身挂手捶。㉘ 拗步插捶。㉙ 回身勾挂捶。㉚ 左右搂手后平肘。㉛ 单插剑。㉜ 磨盘连环挑打。㉝ 背剑。㉞ 回身磨盘手。㉟ 弯弓勒马。㊱ 采搂盘肘。㊲ 回身挂手捶。㊳ 十字砍。㊴ 采搂盘肘。㊵ 反背捶。

第三路：㊶ 回身拍刀捶。㊷ 浪里滚沙。㊸ 回身肘底捶。㊹ 背剑。㊺ 回身双搂虎撑。

第四路：㊻ 回身肘底捶。㊼ 连环挑进手。㊽ 上步插捶。㊾ 反背手。㊿ 双展手。51 双峰贯耳。

第五路：52 转身挂手捶。53 十字砍。54 左右浪里滚沙。55 挑进手。56 反背手。57 撩阴手。58 破漏肘。

第六路：59 回身挂手捶。60 十字砍。61 虎坐。62 双插剑。63 连环八翻捶。64 背剑。65 左飞擒手。66 右圈截手。67 右飞擒手。68 左圈截手。69 采封手。70 逼贴连环捶。71 回身扫边捶。72 勾挑单弓肘。

注解：

（1）短捶，也叫六合短捶、罗汉短打、罗汉七十二短打。这是林世春家传的一套拳，没有螳螂拳的风格。林世春将其与螳螂拳一起传给后人，故被后人列入六合螳螂拳系。此拳以肘法和捶法为主，吸取马猴、老虎等动物之特长，长短兼备。此拳动作较多，有"短捶不短"的说法，正常演练下来需1分钟以上，是练体力的较好方式。

（2）连环勾挑，也叫，挂穿捶、穿截手。

（3）双插剑，也叫，虎撑。

（4）双弓肘。在其他六合螳螂拳门派中，此动作有神鹰抖翅的叫法。

（5）八翻捶。在其他六合螳螂拳门派中，此动作有锁口捶、穿捶、破骨千斤的叫法。

（6）背剑。其动作是一臂在上方顶肘，另一臂同时在下方撩拳，故有撩阴捶的叫法。

（7）回身磨盘手。在其他六合螳螂拳门派中，此动作有左右捶的叫法。

（8）弯弓勒马，也叫开弓手。

（9）连环挑进手，也叫连环托勾手。

（10）破漏肘，也叫搂手扣肘。先右手采，左手搂，再蹲身扣肘。蹲身时，两腿重心偏于左腿，右脚跟翘起，此步称为玉环步。

（11）左飞擒手，右圈截手；右飞擒手，左圈截手。在其他六合螳螂拳门派中，有将飞擒手和圈截手合并一起的，称龙门三叠浪。

（12）回身扫边捶，有回身扫边手的练法和叫法。

三、《三合剑谱》

三合剑是单氏六合螳螂拳门传承下来的一套剑法。此套剑法，是20世纪30年代单香陵在北平跟形意门李耀亭所学。后来，三合剑传于六合螳螂拳门。

李耀亭简介见本书第六章第四节。

三合剑法古朴实用，练法就是用法，讲究用剑的力道以及周身的协调性。常用剑法有劈、刺、抹、点、崩、挂、撩、挑、截、带、剪、提等。三合剑练习有单练和对练，今将单练动作名称提供给大家。由于种种原因，三合剑只在六合螳螂门和形意门中有少数人传练，到了濒临失传的境地。

《三合剑谱》中的动作名称如下。

① 仙人指路。② 太公钓鱼。③ 单举鼎。④ 鹞子入林。⑤ 坐剑。⑥ 苏秦背剑。⑦ 单举鼎。⑧ 斜劈。⑨ 海底针。⑩ 勒剑刺。⑪ 抱平。⑫ 翻江闹海。⑬ 勒剑刺。⑭ 抱平。⑮ 翻江闹海。⑯ 勒剑刺。⑰ 仙人指路。⑱ 泰山压顶。⑲ 里找腕。⑳ 退步斜劈。㉑ 怀中抱月。㉒ 白蛇吐信。㉓ 夜叉探海。㉔ 勒剑刺。㉕ 抱平。㉖ 翻江闹海。㉗ 勒剑刺。㉘ 抱平。㉙ 翻江闹海。㉚ 勒剑刺。㉛ 仙人指路。㉜ 泰山压顶。㉝ 苏秦背剑。㉞ 单举鼎。㉟ 退步崩剑。㊱ 上步挑剑。㊲ 力劈华山。㊳ 白猿献桃。㊴ 金鸡点头。㊵ 勒剑刺。㊶ 抱平。㊷ 要步伏虎。㊸ 转身伏虎。㊹ 鸿雁送书。㊺ 顺水推舟。㊻ 海底捞沙。㊼ 海底针。㊽ 翻展腕。㊾ 抱平。㊿ 翻江闹海。(51)外找腕。(52) 里找腕。(53) 退步。(54) 仙人指路。(55) 太公钓鱼。(56) 单举鼎。

四、《六合刀谱》

六合刀是单香陵20世纪30年代在北平跟形意门李文亭所学。后来，六合刀传于六合螳螂门。

李文亭简介见本书第六章第四节。

六合刀法简练实用，没有过多刀花，也没有抛刀、旋子、空翻、地滚等大幅度变化动作。六合刀在平实的刀法中，讲究身手相合、人刀相合，自然大气。六合刀法有劈、砍、挑、扎、崩、挂、格、斩、缠、裹、扫、藏等。

《六合刀谱》中的动作名称如下。

① 开门式。② 坐步送刀。③ 二起挎刀。④ 回身交刀。⑤ 缠头。⑥ 拦腰。⑦ 劈刀。⑧ 上步连环劈。⑨ 回托刀。⑩ 裹脑。⑪ 转身缠头。⑫ 要步独立藏刀。⑬ 蹬腿裹脑。⑭ 行步挎刀。⑮ 缠头踢腿。⑯ 落步拦腰。⑰ 弓步劈刀。⑱ 上步连环劈。⑲ 坐步捋刀。⑳ 踢腿举刀。㉑ 行步。㉒ 仆腿劈刀。㉓ 回身弹腿。㉔ 跳步缠头。㉕ 回身平刺。㉖ 回身压刀。㉗ 弓步挎刀。㉘ 独立提刀。㉙ 进步左右挂刀。㉚ 歇步劈刀。㉛ 回身劈刀。㉜ 歇步藏刀。㉝ 扫堂刀。㉞ 跳步连环劈。㉟ 回托刀。㊱ 裹脑。㊲ 转身缠头。㊳ 要步独立藏

刀。㊳蹬腿裹脑。㊵行步挎刀。㊶缠头踢腿。㊷落步拦腰。㊸弓步劈刀。㊹上步连环劈。㊺回身交刀。㊻独立托掌。㊼落步收式。

在此也列出台湾六合螳螂门陈明德的《六合单刀谱》中的动作名称,以供参考和研究。陈明德师承张祥三、刘云樵,而后又向戴士哲学习。

台湾《六合单刀谱》中的动作名称如下。

①预备起式。②大鹏展翅。③仙人指路。④二起踢落。⑤单凤朝阳。⑥仙人指路。⑦魁星独立。⑧落步藏刀。⑨乌龙摆尾。⑩渔樵问津。⑪连环劈刀。⑫推窗望月。⑬护膝撩刀。⑭仆腿藏刀。⑮横扫连环。⑯偷步把刀。⑰退步横扫。⑱挂劈刀式。⑲乌龙摆尾。⑳挥砍撩刀。㉑向后撩刀。㉒十字劈刀。㉓轻风落叶。㉔转身韧马。㉕跳步缠头。㉖撤步裹脑。㉗连环劈刀。㉘仆腿后撩。㉙转速劈刀。㉚捧刀独立。㉛弹腿戳刺。㉜撤步托刀。㉝快马前进。㉞缠刀坐盘。㉟旋风三刀。㊱挂面踢脚。㊲左右劈刀。㊳背刀旋风。㊴进步缠刀。㊵撤步裹脑。㊶抱刀收式。

五、《底盘六合棍谱》

底盘六合棍,简称六合棍。这套棍法,是单香陵少年时跟吕孟超所学。后来,六合棍传于六合螳螂门。六合棍由四川人周山传给太平军的一位刘姓将军,又被刘将军传给吕孟超。

吕孟超传下来的六合棍、六合枪是同一系列,有功法、套路,也有用法要诀。六合棍虽名为"棍",但实为枪、棍技法之混合——七分枪法,三分棍法。棍法古朴简单,没有平抢、低扫、抛棍、跌滚等动作,棍多贴身而走,姿势低。练功用棍,直径最好在3厘米以上,棍长超过人高;最好用生长3年以上的白蜡木或黄蜡木制作而成。

六合棍法有封、带、挑、劈、撑、刺、点、送、提、推、勾、挂等。

《底盘六合棍谱》中的动作名称如下。

①缠封。②刺棍。③回送棍。④上步拖棍。⑤上步扫叶。⑥缠封。⑦刺棍。⑧回送棍。⑨上步拖棍。⑩偎步大头推。⑪拗步离水。⑫倒把劈棍。⑬回身巧檐滴水。⑭上步仆腿倒把。⑮倒把单提留。⑯朝天一炷香。⑰大头推。⑱舞花。⑲回身拖棍。⑳骑马提蹬。㉑猴行拨草寻蛇。㉒回身扑地虎。㉓上步仆腿倒把。㉔缠封。㉕刺棍。㉖后顺棍。㉗猴行回身扣棍。㉘舞花。㉙缠封。㉚收棍。

第二节　单氏六合螳螂拳特点

一、继承传统

单氏六合螳螂拳在继承传统六合螳螂拳的基础上有所改变和创新。

六合螳螂拳也称马猴螳螂拳。此拳以六合(心与意合、意与气合、气与力合、手与足合、肘与膝合、肩与胯合)为原则,以圆弧、螺旋形运动方式为主,吸取了螳螂、马猴之神、态、动作诸特长,并融入了他拳之精华而自成一系。

六合螳螂拳古朴自然，注重实用。正如谱曰："不用'登山（弓步）'和'骑马（马步）'，怎么练怎么发，怎么合适怎么打。"此拳结构工整、紧凑精密，无大开大起、蹿蹦跳跃、滚翻跌扑的动作。演练起来意形并重，威猛凌厉，刚中带柔，手似机轮，腰似钻杆，绵绵不断，一气呵成。

六合螳螂拳的拳、掌中，锥子捶、瓦垄掌最为常用；指、爪、钩在运用过程中，多有变形或混合使用。步型中，坐步最为常用；步法中，提拖步最为常用。

手法以攻击面部为主，常以劈、刊、挑和直击动作作为打击手段，一手跟一手，手手连环，或翻上打下，或滚入滚出。打法讲究：彼进，我也进；彼攻，我也攻；插进门里，先击其面，后开其手；手到步随，周身协调，以逸待劳，后发先至，势如暴风骤雨。

腿法以低腿暗腿为主，有"腿不过膝""腿踢下步"之说，讲究顺势自然、连环，并与手法、身法密切配合。移步时，讲究脚踏实地，步步为营。

六合螳螂拳之"六合"，是拳之核心。"六合"，泛指宇宙万物之存在规律，万物与人相互关联、相互契合之关系。"六合"之说，还涵盖了中医、哲学、宗教等门类诸多内容。

"六合"，分"内三合"与"外三合"。

"内三合"包括心与意合、意与气合、气与力合。心与意合：心如镜，意如相，一有皆有，一无皆无。意与气合：意即思维，意起则导气。气与力合：气为力之源，以气催力，气到力到，刚柔相济。

"外三合"包括手与足合、肘与膝合、肩与胯合，指的是手、足、肩、背、肘、胯、膝这些部位在运动中的相互协调。腰为主宰，由内及外，上达肩、臂、肘、腕、手，下催胯、腿、膝、踝、足，力达四梢（两手、两足）。正所谓：手去脚不去，则枉然；脚去手不去，亦枉然；手脚齐到方为真。

一动俱动，一静俱静，刚柔顺化，周身一家。全身的力量与精气神，瞬间集于一处，即为意到、气到、力到，称"六合归一"。

二、独具一格

六合螳螂拳的拳理拳法，经历了数代传人的研习和经验积累，已臻系统、科学和全面。先辈们在身体素质、性格、经历、对拳法的领悟、所下功夫等方面有差别，因此操练出来的拳法会有差异。差异小，则所习仍在原有的范畴之内；差异大，则所习会形成另一种风格，乃至另辟蹊径、开宗立派。

六合螳螂拳传人单香陵，早年跟随丁子成习武8年，系统全面地掌握了六合螳螂拳。他自小聪颖好学，接触到的武术都是正统的，有些是绝技绝学。他到北平后，与各派高手交流并向人学习，技艺大有提高。另外，他胆子大、实战多，积累了丰富的经验。因此，单香陵的六合螳螂拳独树一帜。

（一）突出了快速、连贯性

螳螂以小搏大克敌制胜，靠的是速度和连贯性，以巧破千斤。

天下武功唯快不破。"快"字当头，谁都想快。怎么能比别人快，能后发而先至？当然，这要靠下功夫操练,熟能生巧,熟能生快。还有一个重要因素,就是训练方法和运用技巧要恰当。

单氏六合螳螂拳,讲究出手时"意"与"动"的一致性,即意识和动作同步。不论是一个动作、两个动作还是几个动作组合,都是一气呵成、瞬间完成的。有人说打"一"不打"二",就是这个意思。

"出手雕翎箭""伸手不见手""打闪纫针",这些都是单香陵一再强调的在练功中或实战中所要具备的意识。就是说,脑袋里时时有"快"的意识。通过训练,速度会得到明显提高,灵活性、连贯性也会得到提高,拳法的威力也会增强。这是"意"之潜能所发挥出的超常能量。六合螳螂拳的"六合"是核心内容,单氏拳法在这方面更为突出。有人说单香陵动起手来特有精神,目光犀利,让人触目惊心,不用交手都能意识到他的手脚会相当麻利。这是心、意相合达到一定的程度的表现。

螳螂拳以手法见长,单氏六合螳螂拳在手法运用上更有其独到之处。单氏六合螳螂拳手法更为细腻、快速、灵活,变化更为丰富。例如:螳螂点睛手法,在出手运行中,手指逐渐勾屈,到点位时,三指捏合成钩手。螳螂勾刊手法,勾时小指、无名指、中指、食指、拇指依次屈勾握拳;刊时拇指、无名指、小指屈勾,食指、中指伸直。拳法也一样,出手过程中,平拳、锥拳、铲拳等随时可变,由拳变掌、变钩等灵活自如。这些手法的运用过程中,手指变化,腕部、肘部、肩部等部位都随之变化,身体各个部位协调配合,因而减少了阻力,增加了隐蔽性,加强了攻击力。

攻击与防守同步进行。攻击与防守不是独立而行的,防守的同时必有攻击,攻击的同时必有防守。虽然攻防结合、攻守兼备是任何拳种都讲究的,有的也注重打防同步进行,但是单氏六合螳螂拳在这一点上尤为突出。不论是一击还是连击,是一个防守动作还是连续的防守动作,每次攻击的同时必有防守,每次防守的同时必有攻击。这种攻防意识、攻防模式,是单氏打法的重中之重。在日常训练和实战中,每个细节都要遵循这一规律。

防守时,两手应放在哪个位置,胸怎样含,身怎样侧,肩肘位置以及站位等是怎样的,这些技术要求,不单是为了防守,更多的是为了同时反击。攻击也是一样的。攻击对方的同时,可能遭到对方反击,因而必须有动作同时保护自己的要害部位,做到打防兼顾。这种招打并举的模式,在单氏六合螳螂拳日常训练中有严格要求。学生们通过练习,形成"条件反射",即"肌肉记忆"。这种攻防技术,是本门的一大特色。

根据单香陵的归纳,单氏螳螂拳有3种打法,其中一种叫撑之打,即撑开对方来拳,以原手同时刺击对方面部或胸部,一箭双雕。"彼进我也进,插进门里,先击其面,后开其手。击其面、开其手,是一时之事而不分先后"。这类打法,改变了一手防、一手攻的单一技法,瞬间招打并举,缩短了攻击时间,令对方猝不及防。另外,要注意抢占中门。两点间直线最短。假若与对方同时出拳,我方手抢在对方手里侧,则我方出手击打对方的距离较对方击打我方的距离近。

撑之打,是单香陵首先提出的一种打法,在单氏六合螳螂拳中占有重要地位。单香陵将这种打法作为重点,进行研究,使其在更多的招法中得到应用,也使防守反击技法做得更为细腻、有效。

快速与连贯，相辅相成。有了"快"的概念，再集单招、单势为连招、连势，形成招招连环，一手跟一手，势如车轮滚滚。单香陵曾说："我们的招法，如黄河之水，滔滔不绝。"他曾这样形象地说连贯性："步枪（当年的'三八大盖'）只能打单发，机枪能打连发。我们出手，都是连发，不给对手喘息的机会。"

这些都凸显了单氏六合螳螂拳快速、连贯、攻击凌厉的特点。

（二）突出了灵活性

单氏六合螳螂拳，不单单是一门武艺，还是一门道艺。武艺，指的是武术的技艺；道艺，与武艺相比，则更高一层，不仅在战术方面，而且在战略方面更高明。

六合螳螂拳的打法，是以硬朗和凌厉见长，有迎头而进和打反击的特点。单氏六合螳螂拳在此基础上更讲究战略上的"灵活多变"。正像单香陵所讲："世间打法千千万，你一下很难知道对手擅长什么，因此要先探其虚实，知其长短，再进行应对。"这种先问手，不与对手硬磕的战术，也算是一种战略。有的放矢，避实就虚，运用灵活的步法和身手调动对手，击其不备，可以小胜大，以弱胜强。

综观单氏六合螳螂拳之打法，有打有破，有轻有重，刚柔顺化，闪展腾挪，极尽灵活，一招多变，伏手四起，有招却无招，无招胜有招。用单香陵的话说，"按倒葫芦瓢起来"。

单氏六合螳螂拳讲究身法活：腰似车轴，身似钻杆；讲究手法活：两手活似机轮；讲究步法活：起脚移步随势而动，身体重心随时调节。

单氏六合螳螂的"活"，还体现在与其他拳种的融合方面。凡是跟随单香陵习武多年的弟子，其步法都能灵活运用。这是因为，单香陵的弟子在练习螳螂拳各种步法的基础上，又兼习了以步法灵活著称的八卦掌、形意拳等，并能将这些好的步法与螳螂拳的手法密切结合，运用得恰到好处。

单氏六合螳螂拳的"活"，也不单单体现在战略、战术中，在身体素质方面的体现也很明显。

眼睛是人心灵的窗户，能够体现出人的精神状态。"心明眼亮""眼疾手快"等良好状态，有人是先天具备的，可大多数人是通过后天有机的训练而达到的。对此，单氏六合螳螂拳有专门的训练方法，包括抓手、推手、活肩、抓铁球等。抓手、推手训练，主要是活动腰、胯、肘、膝、踝、腕关节，使各关节变得灵活，并练习身体重心的及时调整。活肩训练，主要通过"摇臂活肩""左右开肩""上抻下拉"等多种方法，使肩臂灵活度提高。抓铁球，每天都要练习上百次。进行抓铁球训练时，眼盯着被抛起和下落的铁球，手和眼配合。抓铁球训练使手、眼的协调性得到提高。通过这些针对性的训练，人反应的灵敏度会大大提高，眼睛会变得有神，动作会变得敏捷，思维也会变得聪敏，身体各部都会变得灵活起来。

单香陵目光冷峻有神，动作敏捷、干净利落。另外，通过一定的训练，他肩关节、韧带及背肌肉等发生了变化，两肩耷垂，肩背收缩范围扩大，是灵活的表现。六合螳螂拳也称马猴螳螂拳。创拳之初，先辈们也是看到了猿猴、豹子的反应速度是人反应速度的数倍，受到启迪,并模仿训练。当功夫到了一定程度,人自然会展现出一种超凡脱俗的形象。

单氏六合螳螂拳有平捶、铲捶、锥子捶、螳螂手、瓦垄掌。这些拳与掌的运用,经单香陵之手,被赋予了新的内容,变得更加灵活自然,可发挥出更大的作用,具有更大的威力。例如,同一只手,先打直拳,再打圈捶:打直拳时,用的是锥子捶;打圈捶时,则随机变用平捶。这样的组合和变化行云流水般自然。

马猴手法,讲究发力饱满,大劈大砍,大抓大搂;螳螂手法,讲究手、腕和臂在运动中变化,速度快而灵活。二者风格有较大反差,一般人不易掌握。在单香陵演练的六合螳螂拳中,二者相辅相成,变化有度,洒脱灵活,风格独具。这得益于他借鉴了多门武术精华。

单氏六合螳螂拳还有一种打法叫闪之打。单香陵先生用"'闪'字莫作闪字用"这句话,一针见血地道出了这种打法的关键——闪不是为了躲避或逃跑,而是为了打,如在防守中用闪躲技术,同时在闪躲中打击对手。闪躲也讲究有虚晃和实进技法,打中带闪,虚虚实实,兵不厌诈。在进攻时,不论对方闪与不闪,我方照打无妨。撵着打、连环打、一打到底,对方闪躲不及必有招架,一招架则为我所用。

这些都是单氏六合螳螂拳灵活之所在。

(三)突出了刚柔顺化

单氏六合螳螂拳恰到好处地处理了快与慢、收与放、圆与方、刚与柔之间的关系。

综观单氏六合螳螂拳法,直来直去的少,圆弧形、螺旋形和缠绕形的多。即使是直拳,也是旋臂而出,旋臂而回。例如,练习直拳中的三捶:"右拳内旋打出(手心向下),继而左拳内旋打出(手心向下)。打左拳的同时,右臂外旋回收,肘抵于肋前(手心向上)。再打右拳,同时回收左拳,右拳变成拳心向下,左拳变成拳心向上。"练习三捶,手臂直中有曲,其劲也旋。出手撑刺,回手捋带;出手使暗刚劲,回手使暗柔劲。在三捶对练中,更能体现出螺旋劲和刚柔顺化之特点。

顺化,即顺畅、化解。而非硬顶、硬抗、硬磕。一套单氏六合螳螂拳演练起来,自然纵放,内旋外旋,横圈竖圈,整圆半圆,刚柔顺化,让人赏心悦目。

"手似机轮""腰似车轴""身似钻杆"这些说法,是单香陵经常强调的,体现一个"活"字。想要变"活",首先要通过练习将自己的拙力化去,使得自己可随心所欲,化对方之力为己用。

有人将螳螂拳几大门派依据风格划归为"硬螳螂"和"软螳螂"。这种划分方法已被广泛接受,甚至被写进传承的谱系。各螳螂拳门派中,只有六合螳螂拳被划归为"软螳螂"。

六合螳螂拳属"软螳螂"之说,指的是六合螳螂拳较其他门派的螳螂拳,风格相对柔一些。但事实果真如此吗?在这里,我将自己所了解的六合螳螂拳各家之风格阐述一下,也将"软螳螂"的来历,以及单氏六合螳螂拳的"刚"与"柔"介绍给读者。

六合螳螂拳第二代传人林世春,在今招远和龙口两地传拳。六合螳螂拳后形成招远和龙口两大支派。

林世春在招远的主要传人有赵同书等。林世春墓碑中记载了其九大弟子,其中赵同书排在第四,是招远一支弟子中排名最靠前的。赵同书传其孙子(第四代)赵春合,赵春合传张玉坤、郝世文、王才善、张玉海等（第5代传人）。

我同招远一支第五代传人是同辈，我们一起参加过活动并成为朋友。我见过他们演练的拳。我敢说他们所练六合螳螂拳的刚猛程度不亚于其他任何门派的螳螂拳，或说有过之而无不及，甚至和中国武术中以刚猛著称的拳种比也不逊色。张玉坤曾问我："赵老师，听人（龙口六合螳螂门的一位名家）说，六合螳螂拳是'软螳螂'，不能用力。是这样的吗？"我的回答直截了当："不是这样。"

林世春龙口一支的主要传人有丁子成等。丁子成是林世春的掌门弟子。丁子成所传拳的风格，从他的弟子中便可窥见一斑。高振华（高守章）练的拳我见过；赵乾一、袁君直、张祥三、刘云樵几位前辈的弟子练的拳我见过；张祥三所著《六合螳螂拳》一书及部分弟子出的光盘，我也见过。可以说，他们的螳螂拳风格，看不出"软"，也看不出"柔"。龙口武林知名人士，年逾90的赵乃环对我说过，他见过丁子成练拳，"丁子成的东西（拳）硬朗"。

拳不是越柔越好，也不是越刚越好。什么都是辩证的，拳法也是如此。刚有刚的好处，柔有柔的道理，都是先辈们反复研习传下来的宝贵遗产。

那么，六合螳螂拳"偏于柔""属'软螳螂'"的说法究竟从何而来？查其来龙去脉，认为此说法可能与单香陵之六合螳螂拳有关。理由如下。

（1）六合螳螂拳在历史上密而不传，这在一定程度上束缚了其发展。虽然后来有较长一段时间在局部传承，但传播面窄，只能属地方性小拳种。林世春以及他的弟子丁子成、赵同书等均在地方有名，没在大城市发展，客观上影响了六合螳螂拳的传播与交流。因此，他们的拳风不会有大的改变。

不同的是，到了第4代，也就是单香陵这一代，六合螳螂拳才有了较大的改变。特别是单香陵，他早年就到了北平，常与人交流。同他交流的人当中，内家拳高手居多，使他受益匪浅。内家拳法对他的六合螳螂拳产生了影响，使其拳风有所改变。

（2）早在20世纪30年代初期，单香陵在北平就有了名气。其六合螳螂拳也渐渐受到了武术界的关注。

（3）在一些公开的展示中，单香陵喜欢表演的套路是"双封"。这个套路有别于六合螳螂拳的其他套路，其特点以轻灵柔顺、连贯快速为主。

由于上述原因，很多人对六合螳螂拳的了解趋于片面，产生了不刚猛的印象，以致定性为"软螳螂"。

虽然客观上，单氏六合螳螂拳中"柔"的成分有所增加，但还不能用"软螳螂"来定义。

磨盘手是单氏六合螳螂拳的基本功法，最能体现出刚柔之劲法。其劲法有撑、捆、滚、压、冲、拨、刁、沉、化。磨盘手对练中的直钩钓鱼、垂钩钓鱼手法，更能将浑厚之劲法展现出来。这两个手法，是单香陵将通背拳与螳螂拳融合之结晶，是单氏六合螳螂拳独特的手法。

单氏六合螳螂拳之刚柔，分明刚明柔和暗刚暗柔。初习者，多见明刚明柔；久习者，方能暗刚暗柔。暗刚之劲，门中称之为"艮硬劲"，如绵里裹铁，外柔里硬；暗柔之劲，沾、黏、顺化，如曲水浸沙，无微不入。刚者，多用以攻击；而柔者，多用以防守。刚者，寸劲瞬间爆发，如铁杵碎石，石尽化为粉。其刚也不独在一捶一掌之能事，而在于其势逼人。柔者，沾、黏、连、随、逼、贴，顺化，迎风斗条，密不透风。

有道是：纯刚易折，纯柔无骨，刚柔相济，方为上乘。

歌曰："乱截中门一条沟，迎面劈扎往里投，圈捶连环向前进，刚破刚来柔破柔。""彼手刚来我手柔，一时刁住不能留，而今造出双采手，金刚也拜下风头。""拳脚到头，捆封底漏。"

（四）开拓创新，不拘一格

六合螳螂拳是古老的拳种，以实用为宗旨，练法就是用法，朴实无华。此拳结构严谨、紧凑，理法科学。习练者越学，越觉得高深，对先辈高超的智慧也越赞叹佩服。

大多数六合螳螂拳的习练者，只是在学习、演练和传承，而没有对它进行改变、发展、提高。就像大书法家的字，多数人只是在临摹，少有人敢想超越。然而，单香陵不同。他自小聪颖好学，又得名师指点，且广泛地和人交流，善于学人之长，还能从实践中积累经验。这使他在对六合螳螂拳有深刻认识的基础上，融合诸家所长，自然而然地对六合螳螂拳做出改变，形成了他独有的风格。

从本书第十一章第一节可以看到，单氏六合螳螂拳套路中的许多动作与其他六合螳螂拳门派不同。这些不同之处，是单香陵在保留了六合螳螂拳基本骨架的基础上，对具体的动作进行的调整和完善。

六合螳螂拳共有7个套路，几乎每个套路结尾都以圈捶作为收势动作。而单氏六合螳螂拳则以投截手作为收势动作。这是单氏一支标志性收势动作。

为什么用投截手来取代原有的圈捶收势呢？本人在这里尝试分析，并无褒贬之意，而旨在务实求精。

挂耳圈、对耳圈统称为圈捶，其技击含义类似双峰贯耳，即两手向下截击对方击我方胸部之拳后，向上以两手同时对圈击打对方太阳穴。这招很实用，中国武术各大门派中多有此招。此招既有简单直接的下截防守，又有一气呵成的反击，一击足以致命。传统武术中有"上不打太阳锁口"之谚语，指的是武人要有武德，即使具备打要害而置人于死地的条件，也不实施而给人留条活路。六合螳螂拳几乎所有套路都以打太阳穴的致命招法收势，其意了然。

既然如此，为什么单香陵要用投截手来替代圈捶？

我们有必要先了解投截手的用法。《六合螳螂手法真传秘诀》中载："我立右步，出右手击彼。彼立右步以右手向上一架，上左步，以左手从外门击我肋下。我即以击彼之手，往下截开彼击我肋下之手，以左手向上投开彼架我右手之手，或以右脚弹之，或以右手往上挑打皆可。"

圈捶走外门，投截手走中门。哪个更便于使用，关键是看对方与我方所处的位置以及应对的合理性。

圈捶的上一个动作是连环踩踹（左踩、右踹连环腿法）。当连环踩踹动作完成后，我方是侧身，右步在前。两手下截进而圈捶时，我方又转向正身，或变成弓步。

圈捶美中不足之处主要有3点：① 我方侧身转正身时，这瞬间可能遭到对方拳的攻击。② 我方手的运行路线稍远，绕半圈。③ 上个动作是连环腿法，按规律，或将对方踹倒、踹出,或对方闪开,对方与我方的距离相对较远。这时并不适合用两手弯曲下截的手法截击对方来拳。

使用投截手的理由如下:① 我方右步、右手在前,重心在后(区别于重心在前的弓步),头部相对安全。② 我方出前手,起到格挡防守和出手"要手"的作用。"要手"(也称"叫手""引手")时,手伸得略远些,留有回手蓄势向上穿打空间,也为投手留有空间,可防中带打,一举两用。③ 投截手走中门,打击部位是对手的要害——下颌,用拳上勾,可谓"短平快"。④ 后手用投手,是轻巧转换和避实就虚的手法,使对手招法落空。⑤ 我方使用连环腿过后,对方很有可能闪到我方的侧面,或出拳攻击。这时,我用此招,防中带打更为周到。因此,单香陵说过,这里用撸穿捶(投截手)更顺便。

六合螳螂拳中的许多招法,通过单香陵之手,有了新的变化。

单香陵在外表演时,常常特意加几个漂亮的螳螂手法作为收势。这几个动作是投截手、螳螂逼贴、单劈掌、回身连环手、螳螂点睛、螳螂双封。

招法千千万,想招招明白、招招精通不太可能。明招不如明理,道理明白了,一切就会迎刃而解。如六合螳螂拳中有一手法叫作里磨盘,此手法类似太极拳中的云手,也类似形意拳中的鼍形。云手飘逸轻灵,具有明柔暗柔的特点;鼍形厚实沉重,具有明刚暗刚的特点。两种手法都是防中带攻。

单香陵在讲解里磨盘手法时,不单单讲防中带攻,更强调攻中带防,提高了学生对攻防理念的认识。

例如,同为运用里磨盘这个手法,是"先格其手,后伤其面",还是"先伤其面,后格其手",抑或是"伤其面、格其手是一时之事"? 一目了然,后二者无论是理念,还是战术,都较前者优越。其战术的运用,也更为细腻,旋臂而进,撑刺勾扫,顺化捋带。此手法在运用过程中还可变摇车手、铁夹手、投漏手、扫边手等。这些都是单氏螳螂拳门派在传授中的一大特色。

又如"扫边手"一招,《六合螳螂手法真传秘诀》中载:"彼立右步、出右手击我。我立右步、以右手从外向里格开彼手,将身子一拧,上左步,以左手扫其面,即扫边手。"此手虽然用力不大,但出手路线隐蔽,不易被对方发觉,令其防不胜防。又因其击打的是对方眼睛,故被称为毒手。单香陵教授此手时,格彼手、上左步、扫彼面同时进行,摔、拧、推、捋四劲合一,周身圆顺,连环快速。他还将对方化解我方的招法加以剖析,并给出相应的对策,以变应变,从而达到最佳效果。

还是以扫边手为例,讲其变中有变,窥单氏六合螳螂拳打法之妙。

变化一:彼立右步,出右手击我。我立右步,出右手从外向里格开彼手。倘若对方拳速出速回,使我方格手落空,我方仍可上左步,以左手封住对方中门的同时扫其面。

变化二:我方上左步并以左手扫其面。此时,我方左脚已扣在对方右腿后,以防其退逃。若对方退逃,则被我方腿阻绊,并被我方使捆摔手捆摔。

变化三:当我方扫对方面时,若对方出左手拦我方手,我方就势持住,手臂一转一拉,擒住其臂,右前臂挫击其肘,可破其骨,截其臂。

变化四:当我方扫对方面时,若对方出左手拦我方手,我方就势持住。此时,若对方力大,我方持不住也拉不动,或反被对方持住,我方则可变划挑手、撑磨手、里磨盘等招法。

这里只是简述。读者也可从本书第七章第三节窥见一斑。总之,单氏六合螳螂拳在传统六合螳螂拳的基础上,有了创新,在有些地方得到了发展,独树一帜。

（五）健身功法,简练实效

练武术是有氧运动,内练精气神,外练筋骨皮。

六合螳螂拳属内外兼修的一个拳种,意形并重,自然圆顺,少有蹲、蹦、跳、跃和滚、翻、跌、扑这些较为刚猛的动作。主要步法是提拖步,两腿一虚一实,互为交替。主要手法是螳螂勾刊一类的动作,两手常做上擎下抓之弧形运动。手臂动作多以拧腰顺胯带动。各种伸展收缩动作交替进行,节奏分明。因此,练习六合螳螂拳,可大大改善人的血液循环,调理五脏六腑的机能,锻炼骨骼、肌肉、筋脉,具有很好的健身作用。

世界著名医学杂志《柳叶刀》有一篇论文研究了各类运动对人体健康的影响。研究者对不同运动对精神和身体健康的影响程度进行分析后发现,挥拍运动收益最高。研究结果表明:挥拍运动可以刺激肩部肌肉及手臂肱二头肌与肱三头肌,有效增强肩部和手臂肌肉的力量。在快速移动过程中,需要全身肌肉协调,腿部肌肉会得到有效锻炼。同时,挥拍运动可以促进大脑快速紧张思考,有健脑功能;也能使眼睛在观察中得到锻炼,促进眼部组织的血液供应。

六合螳螂拳的特点是取螳螂、马猴等动物之长,模仿进行上擎下抓、上挑下撩、上圈下截,步法、身法灵活多变,动作协调连贯,眼到手到。这些运动形式与挥拍运动非常近似。久练螳螂拳的人,动作敏捷,肩背部位较常人厚一些,手臂也变得坚硬有力。

一套拳练起来,动作工整,轻重缓急有度,开合收放自如,周身协调,动静结合,呼吸深长。练习六合螳螂拳,能陶冶人的性情,使人精神矍铄、体魄增强。

单氏六合螳螂拳还有一系列针对性的健身功法,如活肩、活肘、抻拉、拍打、围腰等。

围腰,是练功前必做的热身运动,是门中的基本功,也是一套专门的健身功法。功法操作简单,只有5个动作,可锻炼腰、腿、膝、踝等部位,对大脑和内脏能起到保健作用。

围腰功法适合大多数人练习,习练者可根据自身的情况,选择全套练习或单式练习。对于老年人,做动作要量力而行。

围腰功法介绍见第十一章第三节。

第三节　基本功法

单氏六合螳螂拳基本功法有桩功、腰腿功、手臂功。

一、桩功

（一）坐步

坐步也叫坐山步、三七步、三捶步、鸡步。前腿屈膝,脚尖向前;后腿半蹲,脚尖外展。两脚间距约为两脚长,两脚夹角约60°,重心大部分落在后腿。

（二）马步

两脚左右分开,间距约两脚长,脚尖向前,屈膝半蹲,大腿接近水平,膝与脚尖的连线与地面垂直,两腿向里裹扣。左拳架于头上方,拳心向前;右手握成立拳,向右平伸。眼看右拳方向。

（三）弓步

一腿在前,屈膝半蹲,大腿接近水平,膝微扣,膝与脚尖的连线与地面垂直;另一腿在后,蹬直,脚尖里扣并斜向前方。两腿左右距离约5厘米。前弓腿一侧手臂向外平伸,握成立拳;另一臂弯曲,握拳拳心向下,置于胸前。眼看立拳。

（四）仆步

一腿全蹲,大腿和小腿靠紧,全脚着地,膝与脚尖向前;另一腿平铺接近地面,全脚着地,脚尖向前。两手分别按在两膝盖上,直腰,眼看仆腿一侧前方。

二、腰腿功

（一）围腰

围腰是锻炼腰、腿、膝、踝部位的一种功法,既是练武前的一项热身运动,又是一套健身功法,具体动作如下。

（1）两腿并拢,屈膝下蹲,两手分别按在两膝盖上,反复起蹲3次。

（2）两手不动,两腿伸直,随着向前弯腰,两手向后按压两膝,反复按压3次。

（3）两小臂抱平,上下贴靠,随着向前弯腰动作,两小臂向下平压,反复弯腰下压3次。

（4）两腿伸直,向前弯腰,两手分别从后扳住两脚后跟(够不到脚后跟的,可扳后小腿),屈身低头,头部向小腿部位贴靠,反复贴靠3次。

（5）身体直立,左脚向左跨开一步,两脚间距约两脚长。两手上举,继而分别向两侧打开,下落托扶在两大腿根后,头向后仰,反复向后弯腰3次(向后仰头、弯腰时,张开嘴呼吸)。

（6）起身,收手,两脚并步还原。

（二）压腿

一腿独立;另一腿平伸,放在支撑物上,脚尖朝上回勾。两手按压平伸的那条腿的膝盖。随着腰腿功夫加深,可分别用肘、头和下巴接触到脚尖。

（三）踢腿

两脚并步,两手在胸前托起,左手在前,右手在后,手心向上。右手向上翻,举至头顶,手心向上。同时,左手捏勾,左臂伸直,置于身后,指尖勾向后上方。右脚上前一步,左脚脚尖上勾,左腿伸直上踢。左脚落地并步。

左右踢腿换势动作据上述类推:左手上举,右手后勾;左脚上前一步,踢右腿,落步。

练习踢腿次数不限。

（四）弹腿

两脚并步，两手握拳，两臂下垂挎起，肘部微弯。

右脚上前一步。左腿提起，脚尖向下，脚面绷直，小腿向前弹出，干脆、快速、有力，膝部挺直。左腿弹出便回，落步。两脚并立。

左右弹腿换势动作据上类推：左脚上前一步，弹右腿，右腿落步，两腿并立。

练习弹腿次数不限。两手握拳动作也可改为两手掐腰动作。

（五）撞腿

撞腿也叫蹬腿、正蹬。两脚并步，两手握拳，两臂下垂挎起，肘部微弯。右脚上前一步。左脚向前划弧提起，贴靠于右膝内侧，脚尖上勾。左脚向前蹬出，力达脚跟。左腿落步，两腿并立。

左右撞腿换势动作据上类推：左脚上前一步，提右腿，蹬右脚，右腿落步，两腿并立。

练习撞腿次数不限。

（六）扁踹

扁踹也叫侧踹。

两脚并步，身体左转。左脚向前迈出一步，脚尖外展。左手手心向上，旋臂360°向前、向左呈弧形搂抓，收于左腰间。同时，随身体左转，两腿盘叠成歇步，右手握拳，拳心向上，右臂由右向左呈弧形格压。左手握右手腕。右腿由屈至伸，脚尖勾起内扣，向侧踹出，膝部伸直，身体倾斜，脚与胯同高。右脚向前落地，左脚跟进成马步。

左右扁踹换势动作据上类推：抬右腿，右脚尖外展落于原地，同时搂右手、格压左手并盘腿；踹左脚，左脚前落，右脚跟进成马步。

练习扁踹次数不限。

（七）踩腿

踩腿也叫铲腿。

两脚并步，身体左转。左脚向前迈出一步，脚尖外展；同时，左手由手心向上，旋臂360°向前、向左呈弧形搂抓。右脚上前一步，落地后重心在左腿；同时，右手握拳，右臂自右向左呈弧形捆压。两小臂持平，右手在前，左手在右肘内侧，两拳心向上。右脚向前迈出一小步，左脚外扁提起，脚尖回勾，贴右腿内侧，由屈至伸，向前下方踩蹬，膝部伸直。左脚落地，右脚跟进一小步，重心落于右腿。

左右踩腿换势动作据上类推：右手旋臂360°由左向前、向右搂抓，左手捆压。左脚上步。右脚外扁提起，贴左腿内侧向前踩蹬。右脚落步，左脚跟步，重心在左腿。

练习踩腿次数不限。

（八）摆莲腿

两脚并步。右脚向右前方迈出一步，左腿由右经上向左呈弧形摆踢。同时，两手上下合在一起（左手在下），由右上方向左、向下划弧线，迎着左腿向上摆踢在额前拍击左脚面。左脚落步于右脚内侧，两腿并立，两手下落在两腿外侧。

左右外摆腿换势动作据上类推:左脚向左前方迈出一步,呈弧形摆踢右腿,两手(右手在下)拍击右脚面,落脚并步,两手下落在两腿外侧。

练习外摆腿次数不限。

(九)里合腿

两脚并步。右脚上前一步,左脚由左向右在头前呈弧形挂踢。同时,右手在空中拍击左脚里侧。左脚落于右脚内侧,两腿并步,两手下落在两腿外侧。

左右里合腿换势动作据上类推:左脚上前一步,右腿呈弧形挂踢,左手拍右脚,落脚并步,两手下落在两腿外侧。

练习里合腿次数不限。

(十)斧刃脚

两脚前后分开,右脚在前,左脚在后。两手抱起在胸前护住门户。右脚向前迈出一小步,左脚横脚,脚尖回勾,用脚底从右腿内侧向前踢出,高与小腿平。同时,两手向下带回,握拳在腹前。左脚回落原处,身体重心在左腿。

左右斧刃脚换势动作据上类推:左脚在前,右脚在后。左脚上前一小步,踢右脚,收两手在腹前,右脚落原处。

斧刃脚的实用踢法,是用脚掌或脚跟底部挫踢对方小腿,因其形、其势而得名。此腿法是低腿踢法,隐蔽性强,有"埋伏"的意思。五行学说中,脚掌为阴,脚背为阳。用脚掌踢人,为"阴脚"。因此,斧刃脚也称伏阴脚。

(十一)大展拍

两脚前后开立,右脚在前,左脚在后。右脚提起,向左斜移一小步落地,脚尖外展,两腿弯曲;同时,右手从左上方向前、向右下方呈弧形采抓,手臂伸直在右腿外侧,手心向下。两手向上、向左连拍带搅,置于头的左方,手心向外;同时,左腿由屈到伸,左脚向前呈弧形蹬踹,身体倾斜。左脚向右斜前方落地,右脚随之跟进一步成马步。

左右大展拍换势动作据上类推:左腿提起,脚尖外展,原地落步,抓左手,两手拍搅,蹬踹右脚,落脚带步。

练习大展拍次数不限。

大展拍腿法,因其手与脚动作分别向两侧展开而得名。其又因手脚动作交叉进行,如剪刀剪物,而称剪踢或剪拍。此腿法有抄(剪)、踹、点3种踢法。抄踢,易将人踢翻,故名翻场钗。

三、手臂功

铁砂掌、抓铁球、插豆桶,是六合螳螂拳手臂功的主要内容。这些功法,在第十一章第四节中介绍。本部分介绍排靠功、铁牛耕地、抓手、推手等手臂功法。

(一)排靠功

排靠功也叫拍打功。排靠功单练。用帆布做成棍状袋,装满沙子。此沙袋直径约5厘米,长约 30 厘米。使用沙袋拍打双臂、双腿乃至全身。通过一段时间的练习,身体抗击打能力提高后,再换用短木棍练习。也可以把树木当作操练工具,用小臂内、外侧靠打,用胸、背、肘、胯等部位撞击,并配合气息练习。

两人对练:拍胸、拍腹、靠胸、靠背、靠肋、靠臀。

练习排靠功法,要由轻到重,由慢到快,循序渐进。不可盲目操练或急于求成,以免造成身体伤害。

(二)铁牛耕地

铁牛耕地功法与俯卧撑类似。俯卧撑是上下屈臂起卧,铁牛耕地则是身体向前拱出时为直臂、抬头;身体向下、向回收,两臂由直到弯再到直,头和脖子随之向回收缩。如此前拱后收,反复练习。

(三)抓手

抓手有空手抓、二人对抓和抓实物几种练法。

空手抓练习:右手向外拧裹,由胸前钻起,向上、向前再向下呈弧形旋臂下抓;左手随右手下抓时,即钻起,继而向前呈弧形下抓。下抓之手与同侧腿在前,叫顺步抓手;下抓之手与异侧腿在前,叫拗步抓手。练习抓手次数不限。

二人对练抓手:一人出右直拳,另一人出右手从对方手臂外侧将其撑起(手臂外旋,拧裹钻起),随即翻手抓下。右手抓对方右手,左手抓对方左手,称为走外门。练习抓手,顺步、拗步皆可。

另有抓铁球、抓豆子、抓坛子等抓实物练习。此类练习可提高手的抓握力和抓扣力,谓之"鹰爪功"。

(四)推手

二人推手练习:一人弓步单手前推,掌心向前;另一人用小臂从对方手臂外侧搭手,向回、向外引带(引带时,利用转体,掌心翻转向上,重心移于后腿),随即翻手推对方,重心前移变弓步。如此往复运动,为单推手。

单推手是用一只手推。用两只手推叫双推手。双推手较单推手变化复杂,但原理与单推手相同,练的是推力和化劲,以及臂和腰的旋转、各关节的灵活程度和对身体平衡的掌握等。推手有顺步、拗步、进步、退步和磨转步的练习。

第四节 主要功法

一、铁砂掌、抓铁球、插豆桶

(一)铁砂掌

铁砂掌的操练是打铁砂袋。帆布袋内装铁砂(即早年土枪用铁砂,称作"小米"铁砂),制成规格为 30 厘米 ×20 厘米 ×10 厘米的铁砂袋。将 2 个铁砂袋叠在一起使用。铁砂袋的放置高度,以便于拍打为宜。放置于凳子、桌子等上的铁砂袋为坐袋,而吊挂在空中的叫吊袋。

操练方法如下。

拍铁砂袋:马步站好,掌心朝下或掌背朝下,从手指到腕部皆可拍打铁砂袋。

用掌劈铁砂袋:掌竖立,用小指外沿一侧砍劈。

用指尖戳击铁砂袋:指尖向下,五指微屈分开,呈弧形撑起,向下戳击。

注意事项如下。

(1)若制作铁砂袋的帆布粗糙,可在上面铺一层柔软的布或毛巾。

(2)初练时,不可急于求成而用力过大,以免受伤。下手时,要由轻到重逐步适应,精神要集中,气力要足。

(3)两手互换操练及拍打次数不限,量力而行。练功过后,轻轻搓手或用温水洗手。慎用自行配制的活血化瘀药水。

(二)抓铁球

抓铁球训练,是练手眼配合以及手臂的力量。铁球一般重 5～6 千克。

操练方法:马步站好,一手将铁球抛向空中。当铁球下落时,另一手在空中将其抓住。待铁球下落至脐前,再翻手将铁球抛向空中。

注意事项如下。

(1)根据个人情况,选择合适大小的铁球。

(2)初习者上抛铁球时,不必抛得过高。随着功力提高,可将铁球抛高一点。

(3)抛抓铁球次数不限,量力而行。

(4)铁球下落时,谨防其砸到脚面或其他物品上。最好选择在室外泥土地面练习。

(5)练功过后,轻轻搓手或用温水洗手。

(三)插豆桶

插豆桶,练的是手的抓力、指的插力、掌的按力、臂的旋力。配合气息和内劲操练,效果会更好。

练功所用装豆子的桶,木质、瓷质等的均可。桶高约 50 厘米,直径约 40 厘米。桶内装入混合豆子,最好用黑豆、绿豆、红小豆。3 种豆子的体积比如下:黑豆占 60%,绿豆占 20%,红小豆占 20%。若这 3 种豆子取材困难,也可用黄豆等其他豆类代替。

操练方法:两腿分开站立。两手提至胸前,手心向上。手指并拢内翻,向下用力插入豆桶内。两腿随之下蹲变成马步。两手在桶中抓满豆子握紧,继而分别向外拧翻,直至手心向上,再微向上提。两手松开,随即内翻并向下按掌,按在桶内豆子里或豆子上。起身,双手提起。

注意事项如下。

(1)插时,初习者不要插得太猛,要循序渐进,避免手指受伤。

(2)要经常修剪指甲。

（3）操练时间和强度不限,因人而异。

（4）练功过后,轻轻搓手或用温水洗手。慎用自行配制的活血化瘀药水。

二、三捶

六合螳螂拳门派中有"三捶难打"的说法。三捶被本门派称为母拳,有"万法出于三捶"之说。

三捶中的捶法:用锥子捶,旋臂而出,旋臂而回。有人将两手出拳的动作形象地比喻为"手拉钻"。三捶中的步法:提前拖后步,简称"提拖步",即一脚提起向前迈出,后脚贴地面拖步跟进,近似拳击中的前后滑步。

练三捶者,后拳不发,前拳不拉;出手似钢锉,回手似杆钩;手不离肘,肘不离肋,合膝严裆。讲究龙腰蛇臂,周身协调,拳走一线,手到步到,拳打整劲。

三捶有定步、活步和对练几种练法。初习者先做定步练习,再做活步练习,最后进行二人对练。活步三捶,又分顺步、拗步和龙形步几种。三捶对练,有撑刺手法对练和逼贴手法对练两种。

虽然三捶的练习方法多种多样,但其要领和法则相同。本部分只介绍顺步三捶及三捶对练。顺步三捶,顾名思义,出拳迈步为同侧之手脚。顺步三捶是三捶中最基本的一种,通常所说的三捶一般指的就是顺步三捶。本部分介绍的三捶对练,也是顺步三捶对练。

（一）三捶练法

1. 起势（搓花掌）

（1）身体直立,两脚并步。（图 11-1）

图 11-1

（2）左脚回撤一步,脚尖外展约 60°,左腿弯曲,右腿稍弯,重心大部分落在左腿成坐步型。同时,右手向左、向上旋臂翻掌,手心向上,手指向前;左手提于右肘内侧上方,手心向

下成俯掌。（图 11-2）

（3）左手从右手上方向前戳出。同时，右手向下、向回捋带，右肘挤靠右肋。目视前方。（图 11-3）

图 11-2

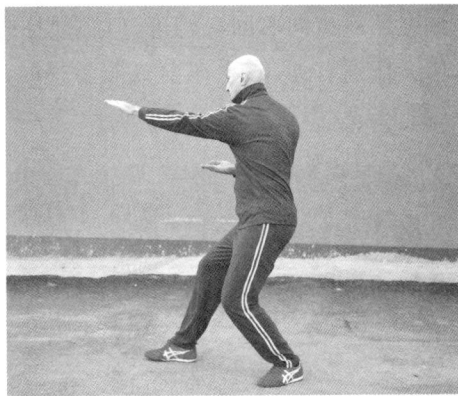
图 11-3

2. 第一捶

右脚进步，左脚跟步（谓"提拖步"），重心仍在左腿。同时，右手握成锥捶，内旋向前打出，高与肩平，拳心向下；左手握成锥捶，外旋回收，拳心向上，左肘挤靠于左肋。目视前方。（图 11-4）

3. 第二捶

步型不动，左臂内旋，左锥捶向前打出，高与肩平，拳心向下。同时，右锥捶外旋回收，拳心向上，右肘挤靠于右肋。目视前方。（图 11-5）

图 11-4

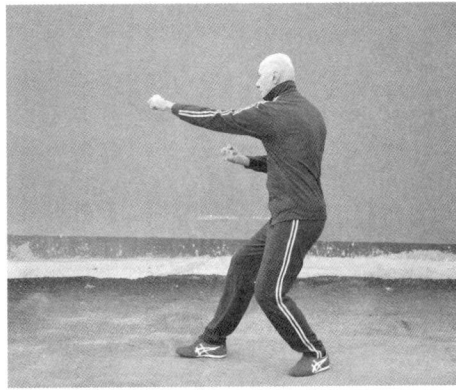
图 11-5

4. 第三捶

右脚进步，左脚跟步，保持原步型。同时，右臂内旋，右锥捶向前打出，高与肩平，拳心向下；左锥捶外旋回收，拳心向上，左肘挤靠于左肋。目视前方。（图 11-6）

继续练习。左脚上前迈出一步，右脚跟进半步，重心移至右腿，成右坐步型。同时，打左捶、收右捶为第一锤。打第二捶时，步型不动，打右捶收左捶；打第三捶时，左脚进步，右脚跟步，同时打左捶、收右捶。

5. 回身（挂手连环捶）

向左回身或向右回身皆可，但必须打成顺步捶时回身。

（1）打到右脚、右手在前成顺步捶时，右脚内扣 90°，身体左转成马步，收右拳抱于腰间。（图 11-7）

图 11-6

图 11-7

（2）体左转，左脚向前迈步，右脚跟步，成右坐步型。同时，左臂屈肘向上、向左前方格挂，目随左臂前看。（图 11-8）

（3）左臂动作不停，向下抒压，捶心向上，左肘挤靠于左肋。同时，右锥捶向前打出，高与肩平，拳心向下。目视前方。（图 11-9）

图 11-8

图 11-9

（4）左脚进步，右脚跟步，重心仍在右腿，成坐步型。同时，左锥捶向前打出，右捶回收。目视前方。（图 11-10）

继续练习。右脚上前一步，左脚跟进半步，成左坐步型。同时，右锥捶向前打出，收左拳。（图 11-11）

图 11-10

图 11-11

6. 收势（肘底捶）

（1）当打至右捶、右脚在前时，方可做收势动作。

（2）左脚回撤一步，左转身 90°。右脚随之回收于左脚内侧，离左脚距离约一脚长，脚尖点地。两腿弯曲。同时，左捶由下向上竖臂，置于左额前，拳面向上，拳心向内；右臂屈肘，右捶于左捶上竖时从左臂外侧和左捶呈"十"字交叉，下砍成立拳。右拳、左肘与左膝、左脚尖的连线和地面垂直，称"肘底捶"。目视右方。（图 11-12）

图 11-12

（二）三捶对练

甲乙二人相距约 1 米，并步相对而立，目视对方。

甲：右脚上前一步，左脚跟进半步，成左坐步。同时，出右锥捶直击乙心窝。（图 11-13）

乙：左脚回撤一步，右脚随之回撤半步，成左坐步。同时，右手格捋甲右捶。（图 11-14）

图 11-13

图 11-14

甲出左锥捶直击乙面部。乙右臂向外格带甲左捶。（图 11-15）

甲右脚进步，左脚跟步，同时右捶直击乙心窝。乙左脚回撤一步，右脚随之回撤，保持原有左坐步，同时右手格捋甲右捶。（图 11-16）

图 11-15

图 11-16

继续练习。左右换势动作据上类推：甲上左步，出左捶击乙面部；乙退右步，出左手格捋甲左捶……

三、磨盘手

磨盘手，因两手平面划弧似磨盘而得名。左手由右向前、向左，右手由左向前、向右，两手交替划拨，如鼍在水中分水之势。

磨盘手有里、外之分。里磨盘手，走里门，指我方手从对方手臂内侧向外划拨。外磨盘手，走外门，指我方手从对方手臂外侧划拨。通常所说的磨盘手，一般指外磨盘手。

六合螳螂拳门派除了将三捶称为母拳外，也将磨盘手称为母拳，足见磨盘手的重要性。练习磨盘手，能增加手臂的沉实力和身体的浑厚力，使得人能更好地发挥螳螂拳的凌厉快速、变化多端的特长，使螳螂拳更具威力。

磨盘手有单练和对练两种。对练也称"捆手"或"捆磨盘手"。这部分介绍的磨盘手对练，是单香陵所传授的沾、黏、贴、靠、刁、采、捆、压、沉、钓、撑、刺等劲法的混合运用技法。其风格特点突出。

（一）磨盘手单练

（1）身体直立，两脚并步。（图11-17）

（2）右脚上前迈出一步，脚尖外展约60°，两腿略弯。同时，右手向上拧裹钻起，高与头顶平，指尖向上，手心斜向右后方；左手握拳移至脐部，拳心向下。目视前方。（图11-18）

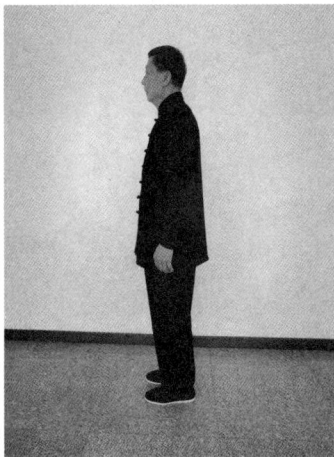

图 11-17

图 11-18

（3）右手动作不停，翻手向前、向下呈弧形采抓。左臂由上横臂前移，拳面向右，拳心向下。同时，左脚向前迈出一步，重心移至右腿成坐步；右拳外旋，手心向上，收于脐前。（图11-19）

（4）左臂小臂外旋滚压而下，左肘贴靠左肋，拳心向上，名"捆手"。同时，右脚蹬地成左弓步；右拳向前打出，拳心向下，高与肩平。目视前方。（图11-20）

图 11-19

图 11-20

（5）重心后移成坐步型，右拳翻手变掌，向左划弧回收于左胸前。同时，左手向上钻起，高与头顶平，指尖向上，手心斜向左后方。（图11-21）

（6）左手动作不停，翻手向前、向下弧形采抓，右臂由上横臂前移，拳面向左，拳心向下。同时，右脚向前迈出一步，重心移至左腿成坐步型；左拳外旋，手心向上，收于脐前。（图11-22）

图 11-21　　　　　　　　　　　　　　　图 11-22

（7）右臂小臂外旋滚压而下，右肘贴靠右肋，拳心向上，名"捆手"。同时，左脚蹬地成右弓步，左拳向前打出，拳心向下，高与肩平。目视前方。（图11-23）

（8）磨盘手回身。向左回身或向右回身皆可，但必须打成顺步捶时回身。

（9）收势。承上势，右拳再打一拳，成顺步捶，拳心向下，高与肩平。同时，左拳回收，拳心向上，左肘贴靠左肋。目视前方。（图11-24）

图 11-23　　　　　　　　　　　　　　　图 11-24

（10）左脚回撤一步，左转身90°。右脚随之回收于左脚内侧，离左脚距离约一脚长，脚尖点地，两腿弯曲。同时，左拳由下向上竖臂，置于左额前，拳面向上，拳心向内；右臂屈肘，右拳于左拳上竖时从左臂外侧和左拳呈"十"字交叉,下砍成立拳。右拳与左肘与左膝、左脚尖的连线和地面垂直。目视右方。(图11-25)

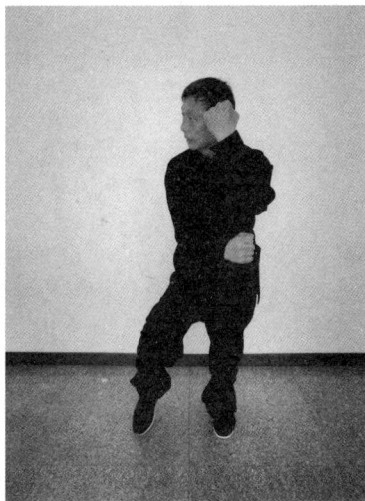

图 11-25

（二）磨盘手对练

甲乙二人相距约1米。两人均两脚前后而立,右步在前,重心在后,侧身相对,目视对方。

甲:右脚上前一步,左脚跟进半步,同时出右拳直击乙面部。(图11-26)

图 11-26

乙:右臂从外门撑挡甲拳,继而旋臂翻手抓下甲手。(图11-27、图11-28)

图 11-27

图 11-28

甲：沉肘，破解乙之抓手。（图 11-29）

图 11-29

乙：左脚上前迈出一步，成右坐步，同时左臂滚压捆住甲右臂。（图 11-30、图 11-31）

图 11-30

图 11-31

甲：垂臂，破开乙之捆手。（图 11-32）

图 11-32

乙：右拳直击甲面部,蹬右腿成左弓步。（图11-33）

图 11-33

甲：撤右步,同时左拳撑开乙拳,重心在右腿成坐步。（图11-34）

图 11-34

乙：右手向左格,左臂从外门撑挡甲拳,继而旋臂翻手抓下甲手。（图11-35、图11-36）

图 11-35

图 11-36

甲：沉肘，破解乙之抓手。（图 11-37）

图 11-37

乙：右脚上前迈出一步，成左坐步，同时右臂滚压捆住甲左臂。（图 11-38）

图 11-38

继续练习。左右换势动作据上类推：甲垂臂破开乙捆手，乙左拳击甲面……

第十二章 拳 论

关于螳螂拳的理论，如今我们见到的最早记载是梁学香（1810—1895）编写的《可使有勇》拳谱。螳螂拳的三大门派中，七星螳螂拳和梅花螳螂拳的分支时间大约在清朝中晚期，两支传承下来的功法、套路及理论等差异不大；而六合螳螂拳的内容及风格特点，则与七星螳螂拳和梅花螳螂拳差异较大，理论方面也有所不同。

关于六合螳螂拳的理论，最早的记载是林世春与弟子丁子成共同整理的《六合螳螂手法真传秘诀》拳谱。除此之外，陈云涛的《螳螂拳略论》也是重要的理论文献。

陈云涛曾是建筑材料工业部副部长，也是一位螳螂拳家。他早年师承梅花螳螂拳家郝恒禄、六合螳螂拳家丁子成。陈云涛与单香陵都是 20 世纪 20 年代初期跟随丁子成习武的，二人关系一直很好。陈云涛晚年曾多次建议单香陵写一部有关六合螳螂拳的著作。他于 1975 年写就《螳螂拳略论》一文，并征求单香陵的意见，拟将此文作为单香陵著作的序言。遗憾的是，单香陵年事已高，有心无力，最终未能成书。

《螳螂拳略论》一文，概述了螳螂拳的起源，较为系统地阐述了"七星""梅花""六合"三大螳螂拳门派的内容和特点，特别是对六合螳螂拳进行了深入的论述。在文化信息闭塞的 20 世纪 70 年代，此文以其对拳理拳法深入浅出的论述，以及简练精准的表述，让人耳目一新。今天再读，仍回味无穷。

1984 年，陈云涛的《螳螂拳略论》一文曾被打印出来，在黄县县委、政协等部门传发。今将这篇论文载于此书，以飨读者。

当今，网络上陈云涛的《螳螂拳略论》有多个版本。本书所载，依据的是陈云涛用毛笔所写原稿。这份原稿，单香陵让学生用复写纸誊抄了几份分发。

第一节 陈云涛《螳螂拳略论》

螳螂拳相传为宋代王郎所创。其传说有二：一曰为与宋太祖之长拳斗争中应变而生；另一曰则与韩通之通臂拳斗争中见螳螂斗蛇，有所悟而创。通臂拳为七长之拳；而螳螂拳则为七长八短，长短俱备，八刚十二柔，刚柔相济，为短打中之绝妙好拳。

关于螳螂拳,民间传说:"宋韩通与王郎比武,王为之所败,遁苇塘中,苦思不已。突出一蛇,昂首蠕行直奔草丛。耸立之螳螂似有所见,遂伏首双刀抱起,似有所待。刹那间,毒蛇突然昂首直射。甫及螳螂之前,螳螂一刀攫住其舌,另一刀钩刺其目,愈陷愈深,经久不脱。毒蛇唯翻滚挣扎而已。王郎因有所悟,乃创螳螂手法,终胜韩通。"

螳螂有刀,一名锯斧,如人手臂然。若以草棍戏之,则沾、连、蹦、扑、勾、挂、锯、挫,曳腰耸距,骧首奋臂,形如天马行空,极矫健敏捷;一动一静,极尽机警之能事。遇敌时则虎抱一辗,磬空纵送,忽前忽后,瞻前而顾后,闪展开合,曲尽其妙,奋臂轻去,迅雷不及掩耳。秋蝉遭之必伤,毒蛇袭之则损目。盖吐信之技虽迅如石火电光,而何若信手一拈,以逸待劳?故察其动静,取其神态,设意度形,以小彰大,赋以刚柔相济、软硬兼施之理,发其虚实变化之精微,用以技击技巧。于是由简而繁,由单式而集为连拳。上、中、下三路综合,地趟滚翻互用,摘星换月一气呵成,此即螳螂拳术之别具风格也。自创始迄今,增长增高,代有传人,扩而充之,贯而通之,独树一帜,愈演愈精,而螳螂短打之锦绣花簇已臻佳境矣。此所谓螳螂拳术也。

螳螂拳法丰富多彩。一言其轻,则有随风飞舞之妙,出手点睛,快利轻捷,如蜻蜓点水;一言其柔,则迎风斗条,缠绕不脱,软如曲水浸沙,无微不入。若论其刚,则铁杵碎石,石尽化为粉,实劈硬砸,无坚不摧,有门则由径以升堂,无门则破壁而入室。查"依力降十会,依巧破千斤"之句,方知刚中有柔,柔中有刚也。故周身软硬歌曰:"手眼身法步秘诀,软似花胎硬似铁。进如秀女透轻巧,出似霸王逞莫遮。"信哉斯言。

螳螂短打之技巧妙矣,劲路奇出,变化万端。两臂虚实互易,一臂自为长短,虚实长短无不曲中。缠、封、挑、勾、腾、劈、砸,度势运用。黏、拿、连、随,随手而化。勾、刊、推、贴、压五种劲路,一齐俱发。无手最难防,彼进我亦进,见刚则偷手,手快打手迟,此后发先至之妙也。无中生有,有而辄无,疾出神行,发不及觉,千变万化,浑化无迹。即所谓"分明香在梅花上,寻到梅花香又无"。不着迹象,只可意会也。故刚之有柔,而不能无刚也,柔能克刚,特患我不能善用其刚也。夫刚也有明暗之分,柔以化之,刚以用之。柔也有明柔暗柔之分,不能束于一格也。当化而深入之际,可无贴胸靠肘之势乎?深入重地,险象环生,可无泰山压顶之力,一触即发乎?歌曰:"乱截中门一条沟,迎门劈砸往里投,圈捶连环向前进,刚破刚来柔破柔。"又曰:"螳螂使出双采手,罗汉也拜下风头。"以螳螂之微敌罗汉,显非力胜,唯其刚柔相济,则艺法未有不善者。

螳螂拳之地趟功夫亦为短打之绝技。千头万绪变化莫测,出人意料,有备难防。一拳飞来天外,未见其形,而突然落于地下。九转十八跌,势如风驰电掣。蝎蜇针、蛇塌地、螳螂大捕蝉,剪、绞、蹬、跐、跌、打、翻、滚,耸身而起,侧踢云霄。如连环、闪踹、抽梁换柱、蹿跳等步法,四面八方,圆满周洽。至其群战法,则倒竖打、流水打、大小回风打、重围打、挟山起海打。声东击西,指南打北,出有回势,回有出势,内线而转外线,倏忽变化,令敌措手不及,虽陷重围,而应付裕如也。总之,螳螂拳法为短打之总。站着打,躺下去也打,浑身是打,处处是打,实为短打之妙境,技巧之极致。顽强、泼辣、机智、勇猛之风格,此足以说明我国劳动人民之刚毅不屈之性格与无比坚强之斗志。在阶级社会中,打端已开,则唯有一打到底。仆而再起,起而再打,不获全胜不休也。

尝见各门拳术之创造,多取于龙、虎、鹰、蛇等凶禽猛兽之形。而创造者,往往托诸禅师、大仙之名。而螳螂拳独不然,不仅取法于一蕞尔之小虫,而创造者亦仅一平凡农夫而已。是诚保璞守真,一本庐山真面目,用彰我先辈劳动人民之智慧与艰苦创造之伟绩也。而况一臂单举,临铁轮而无惧,庄公回车嘉其勇也,小虫云乎哉!

螳螂拳流派有三:一为七星螳螂,一为梅花螳螂,一为六合螳螂。三种都源出王郎,流传胶东各地。其中以梅花螳螂流传较广,六合螳螂仅黄县、招远、栖霞之地流传一时,至今已成绝响矣。七星螳螂至今流传也较少。

六合螳螂。

据传清末江洋大盗魏三(号)德林,绰号"鸭巴掌"者所传,从登州潜逃匿于招远川林家村林姓庄园中,一面养伤,一面传艺。所传仅林世春一人而已。林世春艺成之后,遐迩闻名。后为黄县丁悦来当铺延为拳师,始传丁子成、王吉臣等,其中以丁老师武艺最精。再传赵乾一、单香陵、张习易、丁介眉、丁佛遗、袁君直等人。

单香陵不仅精于六合螳螂拳及其技击技巧,而又精于六合枪棍术,来北平后阅历更广,对各门拳术无不潜心研究。1933年北方国术擂台赛上曾与保定形意名手刘书琴比武,以大展拍之手获胜。后应富连成科班聘为该校武术教师,并兼任火神庙第一国术馆教师。

"七七"事变后……[1]武术社被打者已有数家,武界无不惊悚。当第一国术社社长武丕卿(李复祯弟子,车毅斋徒孙)为某人[2]打倒时,适单赶到,义愤填膺,挺身而出,甫一交手,而某人[3]为其底漏圈之手击于地下,半晌方苏。事后不久,即有几名日本特务追踪,而单乃跳城而去,始得脱险。至此武术界无不称快,嘉其艺更尚其爱国义勇之行也。此外丁老师后学虽多,得其真传者少。

综观三种螳螂拳的理论和套路及技击手法,虽源出一脉,但从各派之风格而言则有不同。梅花螳螂更近似七星螳螂,身法、手法、步法较之为轻巧多姿,柔化成分大为增加,招数更多,手法更轻巧快利,但硬法仍多。横劲、直劲如圈捶、握肚捶等劲路偏于太直,失之于太刚。但身法姿势之优美为其他两种所不及。另外则为地趟功夫已掺入一般套路中,九转十八跌已不复独存在矣!

六合螳螂之风格与"梅花""七星"不同。如果说螳螂拳八刚十二柔,而六合螳螂则偏于十二柔者多。暗刚多于明刚,缠绕、旋转、沾黏、滚圈之劲路多于直冲之手,而直冲之捶,亦多讲寸劲,不尚硬使横劲。身法、步法极为灵活,缠搅、勾挂之手与闪骗、流水、提拖、抽梁换柱之步法紧密配合。手法密而路更近,赚其外门而进其中门,目的是攻其中门。故有人对三种螳螂拳做了比较、对照之后,认为"七星""梅花"走外门多,为走弓背;六合螳螂

---

① 此处有删节。

② 此处隐去原文中写明的姓名,代以"某人"。

③ 此处隐去原文中写明的姓名,代以"某人"。

走中门多，为走弓弦。确属恰切之话。六合螳螂对地趟功夫比"梅花"更少，虽有捆摔之法，而明劲改为暗劲，出腿进腿多属随腿暗递，发不及觉，大跨大蹦之步基本不存在了。

　　六合螳螂之所谓"六合"，简言之，即上、下、左、右、前、后几方面与身体各部密切配合而言，实则是应付四面八方也。对身体之锻炼，要求内外兼修，意形并重。具体言之，即精、气、神、身、手、步内外配合，意、气、力三者协调一致。动作起来则绵绵不断，一气呵成，紧凑精密，无懈可击。常见一趟六合螳螂练起来，几个动作如疾风骤雨，一力齐发，连贯紧凑，无意断、气断、力断之缺陷。柔者，如大封手、磨盘手，两臂划圈，极尽灵活轻灵之意；前后搅江手，则如醉翁行路，似倒非倒，倾而后立，见其形而不知其意。行气则长短配合，所谓"牛气"即急行气；"蛤蟆气"，即慢行气。长、短、缓、急与动作之轻、重、缓、急、开、合、收、放协调一致。手到步随，形如螳螂扑蝉，勾、挂、锯、挫、缠、封、刀、刊、撑、挑、劈、划手法多样化，劲路多样化。其柔也刚，如棍牛之鞭，从根到梢，一理到底。五个点大臂、小臂、腕、掌、指随机而化，一手敖上，则勾、刊、推、贴、压五劲俱发，螳螂逼贴之手，则沾、黏、连、随、搓、挪、挫、摩，刹那之间应手而变，两手交替神速，后手跟前手，一手出，另一手自小臂下偷递而出，即所谓叶底藏花也。至其螳螂双封、双勾之手法，更属绝好招，出人意料也。

　　六合螳螂的刚柔之分，亦可从其全身动作中观察之。如一套拳中，动作除几个直捶以外，大部分为圈划缠封之动作。小动作多在腕以下旋转缠绕、刁勾采划；大动作则两臂展伸，竖圈、横圈交替，整圆半圆互用。视其形而不知其所划之意何在也。所谓直捶，劲路也与一般不同，盖其形虽直，其劲乃旋进也。其状虽刚，而劲于梢束，寸劲一点，则触手成打矣。六合之刚劲不独在一捶一掌之间，主要在于其势逼人。虽然其步以流水连环、提前拖后、闪骗、三角、抽梁换柱等为主，但于必要时亦用其他步法。如捆手，一面敌三面之后，则非用骑马登山势不足以施展其捶帮挤靠之攻力，即此姿势亦足以使人倾倒，更何况用力一击，断劲一发也。歌曰："拳脚到头，捆封底漏。"短途突击，神手难防也。至其乘隙暗递，拳中腕，更是六合螳螂之绝招，秘而不传者也。

　　六合螳螂的技击特点为出手点睛，手不离脸，打蛇先打头是其理论根据。如圈捶、拨机、铁轮、摇车等手，手不离太阳穴即其证明。故有人名之为上三路拳。头部是大脑神经中枢，为全身之主宰，而五官则是无抵抗能力之薄弱环节，最易着伤，而太阳穴受伤则全身颓败矣。感觉最敏，手在眼前晃，是对精神之一大威胁。闪则打，不闪也打，闪躲不及，则未有不相招者，出手一招，则中其彀矣。统观丁老师《六合螳螂手法摘要》一书，九十三手有打有破，变化万端，其变化何止一百八十手也。一刁一打，既击彼面又要彼手。击彼面是虚手又是实手，不招便打，一招则变他手打矣。其所谓虚虚实实，真真假假，变化莫测也。至其出手如箭、不招不架，亦打亦架，尤为奇妙。盖奇峰三十手，未有空格人手者，可谓螳螂手有招却无招也。

　　六合螳螂拳以三捶为母拳，即拳之根基也。此拳为练直击与练发底劲之最好形式。捶出步随，提前拖后，挂避之手与出手同时行动，强而有力。两点之间，直线最短，中门势宽，有隙可乘，得机得势时则可出手如雕翎，拳点中脘、膀胱，强而有力，虽铁罗汉也无不应手而倒,何况六合螳螂"锥子捶"乎?此捶中指突出,一名透骨捶,又名点捶,其言专点穴位也。

曾听人说:"螳螂虽好,可惜无腿。"其实不然。螳螂非无腿底功夫,只无高腿而已。常见其他拳术,确实高腿很多,如朝天蹬、倒踢紫金冠、二起脚、飞脚、旋风脚、挂面、摆莲,十分精彩。螳螂拳主张高腿不能过肩,弹腿也不过裆,至于蹬踹之腿,最高也不过胸背部以下而已。但螳螂之腿脚别具风格,横蹬倒踹,随步而起,勾、截、蹉、撮,顺势暗递,有意想不到之妙。至其地趟功夫,则非腿部有独到之技,而且非全身武艺综合不可。如地风剪、抢背、滚身、鲤鱼打挺、跌脊等动作是轻而易举的动作。而螳螂仰面打则比较难做。歌曰:"仰面躺地头上捧,倒蜷腿起双脚蹬,扑踝屈腿勾蹉住,一腿弯里一腿冲。"这还是比较容易的,另如抢别摔则更难了,不但躺下要翻起来,而翻起之时,还要一腿冲去,脚打太阳穴。歌曰:"吃腕买根屈膝搬,又腿底别挺身翻,落地转脚拕耳,送去脚跟太阳面。"其他如蝎螫针、猪拱地、倒提锄等,有的看来动作比较容易,然而非有数年纯功夫不可。可惜这一套地趟功夫,老练家不多了,而新学者也不愿练。但这些特技,如果经过艺术加工,作为民族形式舞蹈,也是有价值的。用于武打戏中,实为戏剧舞蹈生色不少,而且为群众所欣赏。

总之,螳螂拳作为武术领域中的一个流派,也是洋洋大观的。综合三种螳螂拳的传统套路与器械套路,分别加以整理,去粗取精,保留其优秀部分为青年一代的健身工具,增强国民体质,锻炼刚毅顽强的意志,都是很有用的。在今日社会主义制度下,人民政治思想觉悟大为提高的情况下,把技击技巧运用到友谊比赛方面,也是一种很好的体育活动。

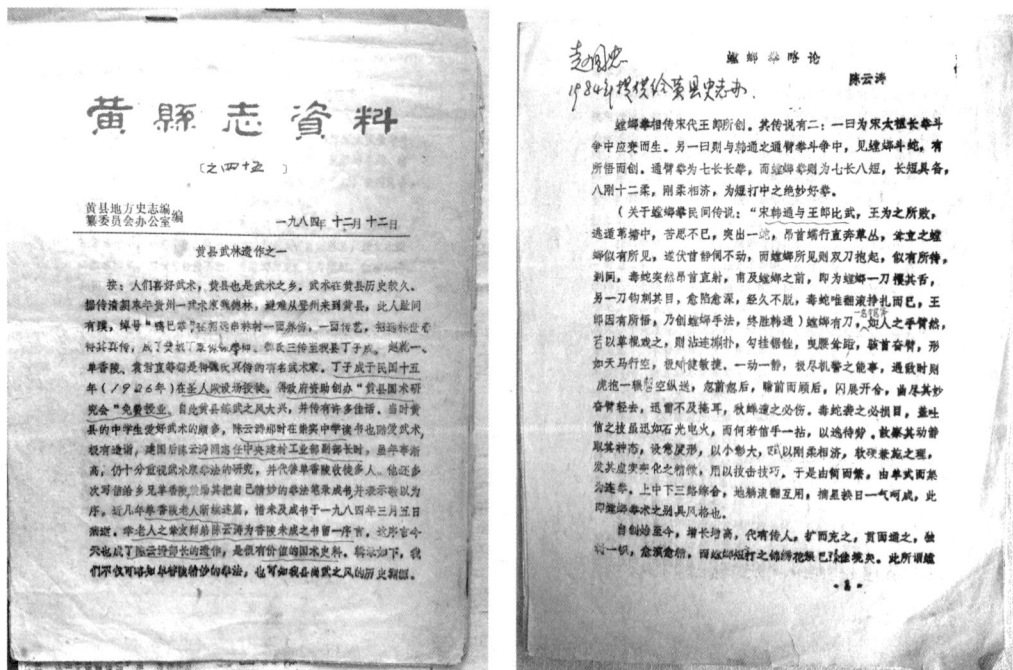

图 12-1 《黄县志资料·螳螂拳略论》

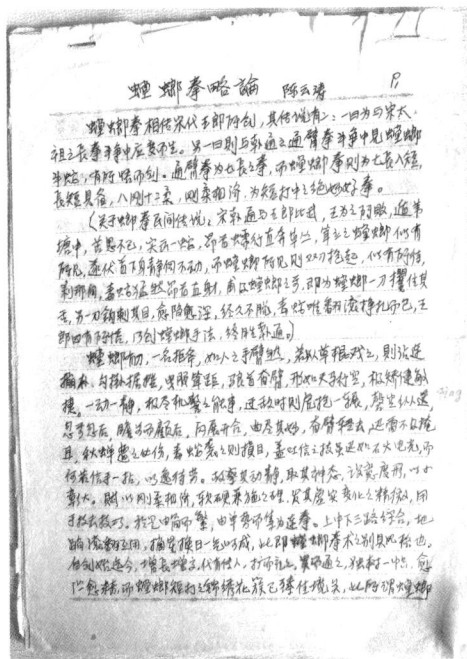

图 12-2　20 世纪 80 年代初,单香陵让徒弟用复写纸誊抄的陈云涛《螳螂拳略论》一文

第二节　六合螳螂拳歌诀

一、六合螳螂拳口诀歌

出手闪电独一家,提拖滑步实堪夸。
勾搂刁采缠丝手,崩砸挂劈螳螂抓。
闪赚腾挪危后安,沾黏贴靠力排山。
里外磨盘怀中抱,随手底漏法无边。
手下有手势中势,随形捉影镜里花。
顺提倒牵飞擒手,挑进斩关霹雳惊。
败步似退实是进,旋身展拍左右分。
指似杆钩劈点打,点捶乘隙上中下。
子母连环三尖照,腰似龙形身法妙。
手手相因门不抛,步步向前世无双。

心意相合出自然,意气守沉在丹田,气力齐发动山岳,妙法运用意形间。
伸缩自如遂心意,闪展腾挪神不离,起伏翻转迎机变,巧练妙法定根基。
手眼身法步妙诀,软似花胎硬似铁,进如绣女透轻巧,出似霸王逞莫遮。
仰面躺地头上捧,倒蜷腿起双脚蹬,扑踝屈腿勾踏住,一腿弯里一腿冲。
彼手刚来我手柔,一时刁住不能留,尔今造出双采手,金刚也拜下风头。

乱截中门一条沟,迎门劈扎往里投,圈捶连环向前进,刚破刚来柔破柔。

二、六合螳螂拳要领口诀

不用登山和骑马,怎么练怎么发,怎么合适怎么打。

头有顶力,腰有竖力,脚有踏力。

手似机轮,腰似车轴,身似钻杆。

手不离腮,肘不离肋。

腿不过膝,腿踢下步。

进退起落,手足相合。

起为钻,落为翻。

出手似钢锉,回手似杆钩。

彼未动我先知,彼微动我先动。

一动俱动,一静俱静。

打蛇打头,擒贼擒王。

眼若鹰寻兔,神似猫扑鼠。

拳高不抬架。

见刚则偷手。

起腿半边虚。

眼歪膀子斜,必定腿过来。

打在彼旧力已过,新力未发之际。

进中有退,退中有进;虚中有实,实中有虚。

刚者,如铁杆碎石,石尽化为粉;柔者,如迎风斗条,缠绕不脱。

抢中门夺中门。

拳到衣边用寸劲。

勾刊连环铁刺手。

打闪纫针,出手雕翎箭,伸手不见手。

彼进我也进,插进门里,先击其面,后开其手。

不招不架就是一下,犯了招架,十下八下。

后手跟前手,跟上难逃走。

闪则打,不闪也打,闪躲不及必犯招架,犯了招架叶底藏花。

有手勾其手,无手刊其面,手手皆不空。

无手最难防。

拳脚到头,捆封底漏。

三、修身养性歌

节欲保身渡难关,蓄精养气浩自然,身心常动血气旺,腹内永存不老丹。

精养灵根气养神,养精养灵见天真,丹田藏着长生宝,万两黄金不如人。

神藏气，气藏神，五内丹道成。

第三节　有关单香陵及六合螳螂拳的文章、书籍

《体育报》1983 年 4 月 16 日登载言武子的文章《"武林隐贤"单香陵》。

《武林》杂志 1983 年第 12 期登载马有清的文章《部长笔下的双锦拳》。

《武林》杂志 1984 年第 8 期登载马有清的文章《沉痛悼念螳螂拳家单香陵老师》。

《武林》杂志 1988 年第 3 期登载赵国忠的论文《六合螳螂拳技击法》。

《武林》杂志 1988 年第 12 期登载赵国忠的文章《螳螂拳家单香陵教武纪实》。

《武林》杂志 1990 年第 2 期登载赵国忠的论文《六合螳螂上乘技法——捆·封·漏》。

《中华武术》杂志 1990 年第 6 期登载赵国忠的文章《单香陵和〈六合螳螂拳法秘诀〉》。

《武魂》杂志 1988 年第 6 期登载马汉清的论文《六合螳螂拳实用技击法精粹》。

《中国当代武林名人志》（百花文艺出版社 1996 年出版）中收录赵国忠的论文《六合螳螂拳》。

《武魂》杂志 2001 年第 3 期登载杜金果的文章《单香陵与六合螳螂拳》。

慕昱、林宜腾所著《一代宗师单香陵》一书由中国文联出版社于 2001 年出版。

刘敬儒编著的《六合螳螂拳》一书由人民体育出版社于 2003 年出版。

另外，马汉清20世纪80—90年代在《中国体育报》《武林》《武魂》《武术健身》《技击》《力与美》杂志刊物发表了有关文章。

图 12-3　发表的文章

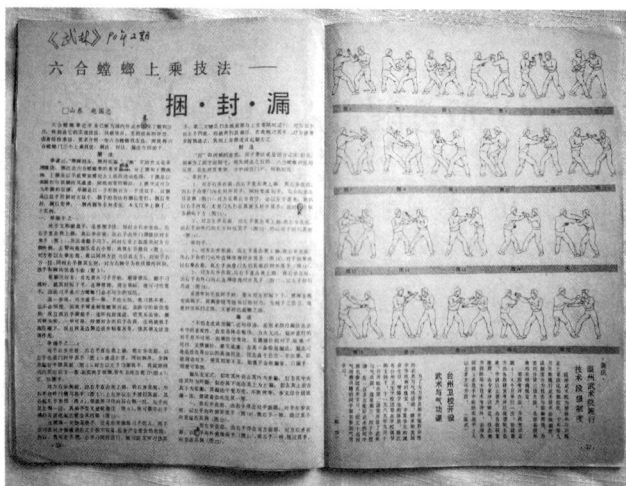

图 12-4　发表的文章

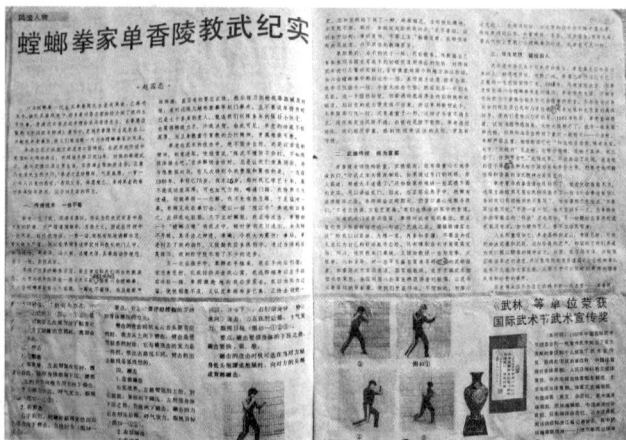

图 12-5　发表的文章

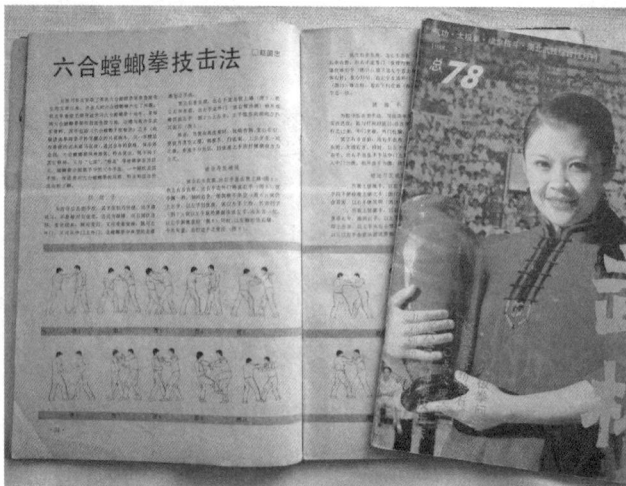

图 12-6　发表的文章

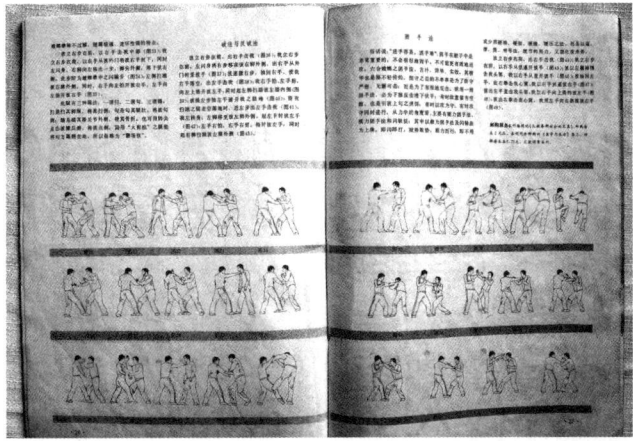

图 12-7　发表的文章

图 12-8　发表的文章

图 12-9　发表的文章

第十三章　激浊扬清

第一节　激浊扬清非常必要

有两段话说得好:"把知道的真相告诉大家,是一种正义;把明白的常识告诉大家,是一种责任;把目睹的罪恶告诉大家,是一种良知;把了解的事实告诉大家,是一种道德;把听到的谎言告诉大家,是一种博爱;把亲历的苦难告诉大家,是一种告诫;把面临的风险和不幸告诉大家,是一种善意""只有对国家民族满怀深沉挚爱的人,才会批评社会的阴暗面;只有怀揣光明的人,才会去发现和揭露生活中的龌龊;因为他们知道,这是一种责任,一种现代公民义不容辞的责任"。

社会的进步,需要有良知、有道德、有正义感和有责任心的人;需要有面对邪恶,敢于批评、揭露和斗争的人。只有正能量强大,邪恶才会低头;国家才有希望,才会强盛。

正本清源,指从根本上进行改革和治理;激浊扬清,指清除坏的,奖励、发扬好的。这些富于正能量的思想与正义的作为,自古以来就被人们所重视。例如,生产产品,要出合格品;销售产品,要销售正品。对于制造、销售假冒伪劣品的行为,正规厂家及消费者都深恶痛绝,国家坚决打击。然而,这一行为屡禁不止,像一颗毒瘤,不断地侵蚀着社会,带来大危害,成为亟待解决的问题。

解决问题,说起来容易,做起来难。有些问题,甚至说起来也难。以武术界来说吧,若说谁的是假的或不正宗的,便是揭了人家的短处、动了人家的利益、损了人家的名声,可犯了大忌,定会遭到攻击、诽谤。因此,正本清源也好,激浊扬清也罢,是一个严肃而沉重的话题,谁都不愿去触碰。有人说,这是把"双刃剑","杀敌一千,自损八百";有人说,这是个"雷区",谁触碰,谁先死。

本人已近古稀之年,早已过容易冲动的年龄,何况年轻时也少有冲动对别人品头论足。这与本人性格内向、为人谨慎有关。"静坐常思己过,闲谈莫论人非。"我与人交流,谈到具体的人或敏感的话题,总想避开。我不是那种轻狂、不讲理、爱搬弄是非之人。

既然如此,为什么本书还要用一章的篇幅来触碰这个敏感的话题,"明知山有虎,偏向虎山行"呢?

行事,要有原则;做人,要讲良心。我知道"以和为善"的道理。这章写与不写,我纠结了好久。但是,在单香陵老师大恩大德的感召下,在师兄弟们及老师家人的鞭策下,在大是大非面前,我还是选择站出来。

社会在进步,人类在发展。在历史的长河中,一代又一代的先人不断积累经验,用智慧创造了一个个奇迹,留下了许多宝贵的文化遗产。今天,中国与世界各国的交往日益频繁,交流更加深入,中西方文化相互碰撞、融通,越来越多的西方人对中国的传统文化感兴趣。他们崇尚中华古老文明与智慧,武术成为中国一张响当当的名片。我们也为自己是中华儿女感到自豪,为我们先人的智慧感到骄傲。对于传统武术,保护好、传下去,并将其进一步发展,是我们义不容辞的责任。

看到武术被改变得不伦不类,有良知的人都会感到惋惜。对于自己所喜欢、所了解和研习几十年的武术,有些人混淆是非,进行虚假宣传,把"糟粕"说成"宝贝",把"宝贝"说成"糟粕",让人痛心和无奈!照此长久下去,"李鬼"会变成"李逵",使人上当受骗,丢了"宝贝",捡了"糟粕"。传统武术走到今天,鱼龙混杂,遭到了一些质疑,与此不无关系。

传统武术遭到的破坏,有多种原因。有人为了满足自己的虚荣心,在没掌握其精华的情况下,便急于去更改或编造。还有人不懂装懂,为了牟取暴利,招摇撞骗,误人子弟。被骗的人非但学不到本领,还可能练出一身的毛病。没有人会容忍这样的人继续坑人害人。

以上问题的根源,是人的问题。可怕的是,往往问题出在一些聪明人的身上。有人有着较强的社会活动能力,名利双收,拥有了"成功人士"的标签。自然,他们站在高台上,即便指鹿为马,都有人相信。外人哪里知道,这是打着"正宗"的招牌,沽名钓誉!论武技,其离"正宗"相去甚远;论武德,更不敢恭维。这些人虽已为人师表,但德不配位。有人甚至做出破坏教过他的老师(单香陵)的磁像和墓碑的丑行!

北京社会科学院国学研究中心主任刘伟见对我说:"孔子的思想是'以德报德,以直报怨'。"作为一个习武人,武术所赋予的铮铮铁骨和正气,不容我在困难和压力面前低头。"玉可碎,不可改其白;竹可焚,不可毁其节!"

虽然自己没有能力去改变别人,但做个正直有德之人是我一生的宗旨,恩师求真务实的教诲刻骨铭心,师兄弟们的嘱托是压在我身上的担子,总在提醒我应尽的义务。因而,我一把年纪了,还如此执着地去较真。我唯愿单氏武学得以传承并发扬光大!

当年徐悲鸿问马夫,用自己画的马换马夫的马如何,马夫说:"你想得美,用你的假马换我的真马!"马夫不懂得什么叫价值。凡•高在世时,他的画没人要,然而他死后,一幅作品被拍卖到数千万美元。我们还是应该本本分分做人,踏踏实实做事。天不言自高,地不语自厚。浮云总是浮云,飘过,天空依然蔚蓝。

第二节 澄清有关单香陵的不实之言

单香陵已成为世人皆知的六合螳螂拳家、一代武学大家。他的一生是不平凡的,在他身上发生了许许多多的传奇故事。这些故事,反映出了他高超的武功、高尚的武德以及人格魅力,长期被人们传颂。

单香陵已离世几十年了。当今媒体已无法从单香陵本人那获取第一手资料,而单香陵的家人、正传弟子和相关知情人对单香陵的史实传扬不够广泛。现今流传的有关单香陵其人其事的言论不属实,有关单氏六合螳螂拳的论述失之原本。更有人为达一己之利,不惜编造故事并肆意传播,歪曲单门之传承历史!今对相关不实记载予以澄清,并希望媒体在今后的报道中尊重事实,还原历史的本来面目。

一、单香陵的名字和出生时间

(一)名字

单香陵,本名单丕薰。"香陵"是字,"丕薰"是名。然而,几乎所有的媒体报道,都将单丕薰写成了"单丕勋"。

传统中,书香人家或是名门大户的子弟的名、字都是有讲究的。

单氏一族是大户人家,在取名、用字方面都突显出了学问。单香陵的哥哥单丕猷、弟弟单丕暠,"猷"和"暠"也是不常用的字。即使认识他们的人,能将"猷"和"暠"字写准的也不多。为此,我还就单香陵的名字一事询问过单香陵的儿子单毅基及其五服内侄子——《单氏族谱》主笔人单农基。他俩的回答是一致的。

(二)出生时间

单香陵出生于哪一年?目前有两种说法:1905年和1906年。

《龙口市志》记载的、单毅基说过的、冯读俭在单香陵迁葬仪式上的祭词中讲的,都是1906年。

那么,出生于1905年的说法从何而来?

出生于1905年的说法最早出现于香港的马有清1984年发表于《武林》杂志第8期的《沉痛哀悼螳螂拳家单香陵老师》一文,此后有人据此传播。这个问题,可能是周岁和虚岁两种年龄表述方式造成的。提及自己的年龄,单香陵习惯用虚岁。胶东一带传统习俗中,小孩一出生就称1岁,到了1周年时即为2岁,此为虚岁。单香陵常说8岁跟吕孟超学武,此"8岁"即是虚岁,实际是7周岁;又说28岁(1933年)时打擂,实际是27周岁时打擂。

二、单香陵的习武时间、打擂时间

(一)习武时间

关于单香陵跟随丁子成习武的时间,社会上流传的说法是5年。可单香陵老师给我们说的是8年,冯读俭师兄在单香陵老师的迁葬仪式上宣读的祭词中也说是8年。

(二)打擂时间

关于单香陵参加在北平举行的北方国术擂台赛的时间,有两种说法,即1933年和1938年。究竟哪种说法正确?答案是1933年。

为什么有1938年的说法?问题出在哪里?

追根溯源,1938年之说,最早见于1983年《体育报》的一篇报道——《武林隐贤单香陵》。探究出错的原因如下:"3"和"8"在视觉上容易混淆。很有可能是1933年的"3",

在打字或排版时,被错搞成"8"。

单香陵参加的这届擂台赛是武术界人士所共知的。他本人也对我们说过几次。例如,他曾指着挂在墙上的照片说,那年(1933年)他28岁。关于这届擂台赛,早在1975年,陈云涛所写《螳螂拳略论》一文中清清楚楚记载的就是1933年。冯读俭在单香陵迁葬仪式上宣读的祭词中,以及单毅基有关资料中都明确过,单香陵在北平参加北方国术擂台赛的时间是1933年。1938年,他没有参加过任何擂台赛。

三、单香陵的其他有关事项

(一)初去北平定居的时间

单香陵初去北平定居的时间是1929年,而不是有些媒体和人士所传的1927年、1932年等。

(二)单氏家族在北京开的粮店名字

单氏家族在北京开的粮店名字为"元兴隆粮店",而非流传的"源源永粮店"。单毅基在本书序中已有叙述。

(三)究竟打过多少个日本兵

"九一八"事变后,单香陵途经大连时,曾在一店铺徒手打过6个日本兵。有资料记载,单香陵打了20多个日本兵,他们是在街心摆开阵势的。这一记载是不实的。详情见本书第五章第一节。

(四)单掌劈碎几块砖

20世纪30年代,单香陵在北平富连成戏社曾单掌劈碎7块砖(并非后来所流传的9块或10块砖),化解了梨园人士间的矛盾。

(五)得到许世友夸赞是哪年?

1948年,单香陵参加了在莱阳举行的运动会,演练的六合螳螂拳,得到了许世友"好拳法,正宗正派"的称赞。此次运动会的时间,并非流传的1952年。详情见本书第六章第二节。

(六)究竟传有哪些兵器技法?

单香陵传下来的武术器械套路有哪些?这涉及单氏六合螳螂拳门派传承的历史和内容,后学者们应该知道。

有人把从别人那里学到的一些器械套路,说成是单香陵所传的,并冠以"六合螳螂"的名号,甚至加一些"绝命""追魂"等标签。这样做,会让人感觉这是六合螳螂拳门中固有的器械,歪曲了真实的传承史。

这里不是说别人的东西不好,更不是说不可以向人学习。我们反对故步自封,提倡相互学习。发展是必需的。我们想说的是,应该实事求是,尊重历史,东西从哪里来的,就应该说是哪里的,不能大网一撒——"都是我们的""我们什么都有"。这样会使得传承的本来面貌混乱不清,对传承没有好处。

有人这样做,可能主观是好的,为了丰富六合螳螂拳系。但也不排除一种可能,即有人将"六合螳螂"作为包装自己的手段,想给人一种感觉:只有他得到了真传,学到的东西多。

单香陵所传器械情况,跟随其多年的弟子们都知道。其去世后,师兄弟们还多有交流,对此都如数家珍。本书第七章第一节及第十一章第一节中对此均有介绍。

第三节　没有研习好,不要说创造

传统武术精深,后辈们应该勤于研习,不要轻言"明白了""掌握了""创造了""发展了"。

单香陵毫无疑问是一位身怀绝技之人。他所拥有的武术理念是科学而先进的,即使放在当今也不落伍;他所掌握的武术技法是优良的,能够经得住时间的检验;他所积累的丰富经验是宝贵的。因此,想要得到单香陵的真传不容易,得到其全部更是难上加难。

1979 年,烟台市武术工作会议及武术展演比赛在招远县举行。虽然只是个小规模的表演赛,但单香陵还是不顾年迈,毅然接受了邀请。他觉得这是国家重视武术的表现。单香陵回来后便说:"国家也知道,再不抢救,武术真的要断根了!"就是这年的秋季,从 20世纪 60 年代就担任山东省武术队总教练的于海和他的七星螳螂门师兄弟钟连宝,一同来单香陵家里拜访。

20 世纪 70 年代初期,单香陵老师曾对我们说过:"少林寺的真东西(武术真传)失传了很多,不知还有没有了?"20 世纪 80 年代初,少林寺已渐渐有些宣传。电影《少林寺》上演之后,"少林功夫"名扬世界,世人沉浸在"少林神话"之中。海灯法师被誉为少林寺的第一高手。我们曾在荧幕上看过海灯老人的展示,包括他的剑法、二指禅等。同时,我们也疑惑,难道少林寺只有这些?

我的徒弟,青岛的李明日,酷爱传统武术,特别喜欢螳螂拳,擅长散打,实战经验较为丰富。他当过多年武术教练,开过武馆。一次,李明日对我说:"师父,我很早就听说过单香陵老前辈在北平的事迹,他是我最崇拜的人。我一直在找他的传人。后来我看到了一位自称'单香陵弟子'的名家表演,觉得不对劲。我很疑惑,这是单老的东西吗?这样能打人吗?我不禁对单老前辈的功夫起了怀疑。直到《康龙·武林大会》期间接触了你,我的疑虑才得以消除,我相信老前辈真是名不虚传。"他还问及了有人问过的问题:单老先生教拳保守不保守?门中的传承情况怎样?

单香陵是性情中人,侠义豪爽,善待朋友,对弟子也是有问必答、爱护有加。一般来讲,其对于弟子的学习需求都能满足。他对来讨教的朋友或武林中人也不吝啬,都能让对方满意。

尽管如此,作为旧时代过来之人,也算是江湖中人,单香陵的传统观念很难消除,有些老规矩一直在遵守。他在教学中一丝不苟,话语不多,很威严。讲打法时,他有保守的一面,不是对谁都教,甚至不对人说、不给人看。人品不好他不教,基础不到他不教,跟他时间太短他不教。因此,真正把他的武学继承下来的人不多。

遗憾的是,有人事实上没跟单香陵老师学习几天,却大肆宣传,说"几岁便跟随老师,晚上到老师家里学习,得到了真传,得到了绝技,创造发展了六合螳螂拳"。"文化大革命"期间,有人在街头贴出"小字报"说单香陵开黑店教武术,为了避嫌,单香陵基本不教本村人。对于这类为打造自己而精心编造的故事,单香陵老师的家人及得意弟子们都心照不宣。

单香陵老师传授技艺非常严谨,每次教动作不过二三个。弟子动作不规范,他总要提出来,并让反复练习。弟子练好了,他才教新的。因此,要学规范、学全面老师教的内容,需要时间和耐力。

有人"聪明",没跟随老师学习多长时间,而选择走捷径,走出自己的"武术"之路。其演练的所谓的六合螳螂拳,大开大张、趴地造式、停顿造型、动作夸张。这种风格,往往因其动作舒展大方、造型生动而赢得掌声。不可否认,这些褒奖,也是对其下过功夫的回报。任何一种表现风格的形成,与个人的学习经历和修为有关。鉴赏者见仁见智,我们六合螳螂拳的研习者自然有我们自己的评判标准。

对武术的"好"与"不好",内行与外行的评判标准不一样。我们认为,不能因为表演得"漂亮",赢得了掌声、获得了奖牌或成了"专家",就判定是正统的、是好的。六合螳螂拳以实战为目的,以技击为特长,套路结构严谨,招招实用。另外,六合螳螂拳的表现形式是古朴自然、平实无奇,甚至有些看似粗拙。民间有种说法:"好看的不好用,好用的不好看。"六合螳螂拳似乎符合这种说法。花里胡哨的动作招式看起来华美,却不实用。而练拳,是为了实用,怎么练就怎么用。

六合螳螂拳的"六合"是核心,有人称六合螳螂拳为"六合拳"。"六合"在健身、技击等方面有着非常重要的作用,是检验习练者动作规范性、合理性的试金石。没有达到创拳水平,便闭门造车,去更改、创编套路,其"创造"难以达到"六合"之境,也难以发挥出应有的技击功能。

传承是否正宗,师承很重要,规范很重要,努力很重要,只靠包装是不行的,与拿的奖和行政职务等也没多大关系。20世纪80年代初到80年代中期,武术展示平台很少。想要登台,首先要获得地方上的选派,而选派时,有门路、有关系的往往可"近水楼台先得月"。大多数习武者得不到这方面的信息,更不用说有机会参加表演比赛了。另外,六合螳螂拳传播面不广,少有人见,因而在观摩交流或表演比赛中一枝独秀,表演者很容易得奖。

单香陵老师一生中传授了众多的弟子。我们这些弟子虽然不在一个地方,但相互间还多有联系和交流。大家对年轻时的习武经历记忆犹新,将老师所授的拳法规范铭记心中。对个别人虽然所练与单香陵之拳法风格相去甚远,偏于花拳绣腿,却自诩"单香陵拳法再现""吃透了、提高了、创造了"的做法,我们不予认同,也很反感。这种以假乱真的做法,给人造成错误认知,给学习者增加障碍,给单氏六合螳螂拳蒙上迷雾。

第四节　不懂装懂会误人子弟

一、"好棍不响"是误区

有位武林同人告诉我,报纸上的一篇报道介绍某位名家六合大杆子如何厉害,这位名家说是跟单香陵学的,并强调了"好棍不响"的说法。

他问我:"赵老师,你是单香陵先生的弟子,都说你的枪棍术得单老真传。请问真的有'好棍不响'一说?练棍、用棍不能碰出声响?"

这是一个学术问题。对其进行探讨,是基于对武术传承的责任。

我之所学,系单香陵老师所传,没有修饰和篡改。"对棍"练习,是在单练进行到一定程度,有了基础后才进行的。当初,学习对棍,是在老师精心传授和严格要求下进行的。老师教枪棍术,一丝不苟。通过较长时间的训练,技术动作规范,已形成习惯,想改很难。常在一起练习的师兄弟们都知道,单香陵老师在枪棍上下的功夫了得,很难赶超。因此,大家都在认真学习,不会轻易篡改动作内容。

"十面埋伏棍"是单香陵老师所传棍法的一个系列,从基础到高级,环环相扣,缺一不可。基础之一就有"震把"训练,即两人持棍对磕、对拨、对砸,而且要用粗棍和大力练习,这是提升功力必不可少的一环。老辈人总结,手拿枪棍,总要用点力气,不然所拿枪棍会被对手的兵器打飞。我们做过试验,即使人自身很有力气,若没练过这一基本功,持棍、拨棍的力量也不会很大。初练者,用力对磕数下,会被震得两臂酸痛、两手发麻甚至失去知觉。

单香陵老师说过,练我们的枪棍术,训练用棍起码得有"一搂"之多,粗棍、细棍、长棍、短棍都要有。"一搂",指能搂抱多少根棍的意思。粗棍练震把,长棍练枪法,短棍练棍法。单老师75岁那年,还拿着大棍与我们做震把练习。

有人会说:"我们不练这个,只用巧的。我们走的是捷径。"可以说,在棍法中,"十面埋伏棍",处处机关,处处埋伏,非常厉害。那为什么还要练习"震把"这一类的基本功?难道古人不够聪明,传承下来的技法不够高超?当然不是。中国冷兵器技法,凝聚着先人从战场上用鲜血甚至生命换取的宝贵经验。"十面埋伏棍"便是一优秀范例。

劈棍、挑棍,几乎是各家各派都有的棍法,有的门派还特别强调劈棍、挑棍的脆硬劲,有"拳无三下手,棍响定输赢""黄金难买一声响"的说法。本门棍法中,有一招名为"回身扑地虎",要求棍要砸劈到地面,并要有力度和砸棍声,以示棍法之刚猛。又如,枪棍对练中,有"我以枪杆拍击对手头部,对手以棍上架防守"一招,两棍相碰岂能无声?

步兵白刃战,最常用的"防左刺(左拨枪)""防右刺(右拨枪)"是最简洁、实用的技法,是部队格斗训练中的主要内容。其技法用的是拨、磕、拧、压、带等"劲力"。运用这些技法与敌人格斗,避免不了与敌人刺刀强势磕碰,有时还要较劲抢占"中路生命线",自然要用大的力量,也难免发出声响。

传说中武松打虎,把哨棒都打断了,声响自然会有。能说武松武艺不高?

古代战场上,大将被打落马下之例并不少见,能说把大将打落马下的人不是高手?使用的技法不对?不是好枪好棍?

我们并不否认,"斗敌如戏婴"是最理想的状态了。可双方本领真若那么悬殊,讲技击、讲技巧和讲声响也没什么意义。棋局中,一兵一卒也不损失就把对手将死是不可能的。

单香陵老师教我们"封枪"的时候也说过,最好是圈划对方的枪,这样除了省力,还可化打、抢把位(抢占有利位置)。但我们从来没听他说过"好棍不响",也没听说过当敌人抢棍猛劈、猛砸或猛刺时,我方不能与敌棍硬接触,不得碰出声音。

有人在不了解、没学到的情况下，便去否定单香陵传下来的枪棍术，是典型的"吃不到葡萄，说葡萄酸"的做法。

"好棍不响"的说法，很容易误导练武之人，特别是没有基础、没有武术知识的初练者，使他们误入练武不练真功、只能轻轻飘飘地秀花拳绣腿、只会纸上谈兵之歧途。

二、不懂装懂会误人子弟

有两件师徒传技的事值得我们思考。

第一件事，20世纪90年代末，我与一位姓栾的小伙子偶聚。他伸出两只手给我看：所有手指都是弯曲的，伸不直，手指的粗细失常，有的手指一段粗、一段细！他告诉我，是练铁砂掌练的。他的老师让他天天打树，要使劲打，手打疼了也要坚持。他还告诉我，他老师说这是单香陵前辈传授的方法。

看了他畸形的手指，我很难受，当即告诉他：这样练不行，铁砂掌不是一天练出来的，要循序渐进。练功要讲科学，不能乱来。我郑重提醒他已练成了残疾，再这样练下去，会越练越糟。我还告诉他，我们也跟单香陵老师练过铁砂掌，他可从来没教过任何人这么练啊。

第二件事，单香陵老师去世后，有位师弟从我们的师兄那里学得一套枪棍对练。这本来是件好事，应珍惜和好好练习，掌握之后再传授发扬。可遗憾的是，其在没搞懂、没练好的情况下便急于传授弟子，致使训练方法不正确、动作不规范、技法不明白。结果在公开场合表演时，发生了骨折的可怕事件。

这两件事启示我们，做人、做事与练武，都要实事求是，不能故弄玄虚、不懂装懂、妄下断语，否则会给武术蒙上阴影，误人子弟。

第五节　真实严谨更重要

一、并非"鸡蛋里挑骨头"

我读过烟台大学王开文教授2017年出版的《螳螂拳》一书。王教授先后就读于山东体育学院、苏州大学体育学院，曾在国内外有影响的期刊上发表武术论文百余篇，出版有《齐鲁武术》等专著，参编"中国武术段位制系列教程"《螳螂拳》、《中国武术通用教程》等教材。

这本38万字的《螳螂拳》，洋洋大观，阐述了螳螂拳的起源、源流、风格等内容，并较为系统地阐述了七星螳螂拳、梅花螳螂拳，也对六合螳螂拳做了部分介绍。此书丰富了螳螂拳的理论，为螳螂拳的传承发扬做出了贡献。

我是六合螳螂拳传人，只致力于六合螳螂拳的学习和研究。对其他门派之武术，我只偶有涉猎，故不敢妄议。我只对《螳螂拳》书中有关六合螳螂拳的部分内容进行探讨。

书中对六合螳螂拳的记述不是很多，正如王教授所说，"尽管六合螳螂拳也是螳螂拳大家庭中的一员，但我们通常不将其作为研究的对象"[①]。不过书中也提到了六合螳螂拳的

---

① 王开文，《螳螂拳》，北京：人民体育出版社，2017，第31页。

源流、套路名称等内容。书中所述有关六合螳螂拳的内容,与龙口一支所传,特别是单香陵所传,还是有一定的出入的。王教授所得信息渠道不一样,主要研究的对象又不是六合螳螂拳,因此书中出现一些困扰是可以理解的。本书对此不一一探讨,只将一处关系六合螳螂拳传承历史的问题指出,以避免以错传错。

关于六合螳螂拳,王教授采访了张道锦先生。书中记录了张先生说的一段话:"……1926 年他(丁子成)创建了黄县第一家武馆——黄县武术研究会,1936 年更名为国术馆,自任会长、馆长。其间,邀请烟台八卦掌拳师宫宝田、招远罗汉拳师傅通、莱阳通背拳名师吕孟超、沧州八极拳师李书文、莱阳螳螂拳名家姜化龙及其弟子曹厚作来馆授艺。"①

1926 年到 1936 年这段时间,宫宝田、傅通、吕孟超、李书文、姜化龙、曹作厚几位前辈是否真的都到馆授艺?

(1)傅通当时在世吗?

虽没有傅通确切的生卒时间,但从传承中得到的信息和民间流传的传奇故事看,傅通很可能是 1926 年前过世的。

很多人都知道傅通和黄县"二老爷"江湖中的故事,民国时期出版的《海岱风云》一书中对此也有记载。"二老爷"称傅通为"傅老先生","二老爷"的孙子王吉臣比丁子成还大好多岁。据此粗略一算,1926 年,"二老爷"如果在世,应是 100 岁左右的人了。1990 年出版的《招远县志》记载:"百年前,傅家村傅通和川里林家村林世春,在全县影响颇大。"林世春 1825 年生人,与傅通是同时代的人。因此,1926 年,傅通如果在世,也在 100 岁左右。也就是说,傅通很可能是 1926 年前过世的。就算 1926 年傅通在世,百岁老人到馆授艺的可能性也微乎其微。

(2)吕孟超当时在世吗?

单香陵的正传弟子们都知道,吕孟超是太平天国晚期的一位将领。单香陵 7 岁时开始跟随 70 多岁的吕孟超老先生学枪棍,一学就是 8 年;1921 年开始跟随丁子成先生学习螳螂拳。吕孟超先生 80 岁那年(1921 年)便回了莱阳老家安度晚年,4 年后便去世了。吕孟超去世的时间是在 1925 年。

(3)姜化龙当时还在世吗?

研究螳螂拳的人或是姜化龙的传人都知道,一代螳螂拳宗师姜化龙是 1924 年去世的。这在许多资料上也有记载。对姜化龙去世的时间,尚未见到其他说法。

综上所述,这几个人到黄县武术研究会任教的说法是不符合历史事实的。

王教授也曾经到我家里采访过我,我给他讲了门中历史等很多内容,也给他看了一些没有公开过的第一手资料。我今天探讨问题,供专家参考研究,也让读者多了解一些情况,还历史本来面目。做学问,务必严谨和实事求是。专家的一言一行会给群众产生大的影响。从专家说的,即便是错误的,也会被外人信以为真。

---

① 王开文,《螳螂拳》,北京:人民体育出版社,2017,第 172 页。书中误将"曹作厚"写为"曹厚作"。

二、志书类记载需要真实

大家都知道,志书类典籍具有纪实性、权威性。志书所记载的内容广泛,包含各行各业。

2013 年华夏文史出版社出版的《莱阳螳螂拳》一书,属志书类。此书对螳螂拳各门派做了叙述,对各派螳螂拳的源流及传人着墨较多。此书传播广泛,影响较大。

《莱阳螳螂拳》一书对六合螳螂拳的记载有不妥之处,门中传人希望我指出并澄清。限于篇幅,我只针对书中有关六合螳螂拳传人的记载说明真相。书中对六合螳螂拳其他内容的记载,虽与实际有一定的出入,但此不赘述。

1. 问题一:书中对林世春弟子的记载与林世春墓碑记载不符

《莱阳螳螂拳》一书第 163 页《螳螂拳传承总表》及第 168 页《六合螳螂拳传承表》中记载,林世春传林文蔚、丁子成、王吉臣、赵同书、吕省五、温道本、林春祥、马丘云、丁旭农。这与 1917 年所立的林世春墓碑所载名字和排序不符。原碑文所载林世春弟子如下:丁子成、丁文廷、丁旭农、赵同书、林文蔚、王立生、王吉臣、吕省五、林春祥。见本书第十章第三节所载林世春墓碑图片。

2. 问题二:书中对单香陵弟子的记载与实际不符

《莱阳螳螂拳》一书第 168 页载有《六合螳螂拳传承表》,其中记载了单香陵的弟子张某某等 6 人。

书中所述 6 人,都是龙口籍,有些人还小有名气。这 6 人中,有 2 人曾跟单香陵老师学习过;其余 4 人,我们这些跟随单香陵老师习武十几年的弟子们并不知道。我们相信,如果当着单香陵老师家人及众多弟子的面,这几人不会自称单香陵老师的弟子。2012 年清明节,一代宗师单香陵的墓葬迁移,单香陵老师的家属、弟子及再传弟子等 100 余人参加了纪念活动。《莱阳螳螂拳》提到的"单香陵的弟子"中,也有人作为晚辈参加了这次活动。这几人中,有的和我还是朋友。书中记载失实,不是这几位的责任,或许他们还不知道此书的出版。

需要强调的是,武林中的辈分和家族中的辈分一样,非常确凿,不能乱来,否则会让人嗤之以鼻。

单香陵老师的弟子众多,仅在包头、北京、哈尔滨和龙口等地就有不少。单氏螳螂拳门对单香陵老师弟子的认定依据有 4 项:单香陵老师认定;老师家属及众多师兄弟认定;老师去世时参加吊唁的弟子;老师墓碑记载。

单香陵老师的墓碑记载了他的 30 位弟子。当然,由于联系不便等原因,还有一些没载入者。第八章第一节已对单香陵老师的弟子做了详细介绍,此不赘述。遗憾的是,《莱阳螳螂拳》这么有影响的书,有着庞大的编写队伍,却没有据实对此进行记载。

3. 问题三:书中对六合螳螂拳传人名字、籍贯、辈分、师承关系的多处记载错乱

《莱阳螳螂拳》一书第 72 页记载:"丁子成传艺于单香陵(黄县)等,单香陵传艺于张道锦等,一脉传承至今,门派甚大。赵同书传艺于赵春合(招远)、赵国忠,赵春合传艺于张玉坤,一脉传承至如今。"

书中第168页《六合螳螂拳传承表》记载："赵同书传赵春合、温国襄、孙玉彩、赵丰利、赵国忠。"

书中第74页记载："赵乾一（招远）"。

书中第168页《六合螳螂拳传承表》记载："林文蔚传赵乾一。"

我是单香陵的弟子，是第五代传人。但在书中被记载为了第三代传人赵同书的弟子。赵同书在招远，我在黄县；赵同书1939年去世，而我是1954年出生的。我们也没听说招远一支六合螳螂门中有"赵国忠"这样一个同名之人。因此，这些记载是错误的。

赵乾一是黄县关北巷村人，不是招远人。赵乾一是丁子成早期弟子，民国初期便跟随丁子成学武，是丁子成的得意弟子之一，曾协助丁子成教过学，不是招远人林文蔚的弟子。赵乾一长子赵明整理的家传拳谱，多处注明自己是"赵乾一之长子"，是"黄县北巷子村人"，并清楚地记载赵乾一的老师只有丁子成。

三、手迹拳谱之真伪

有人在出版物上冒用"单香陵手迹拳谱"之名大肆宣传，混淆是非，以假盖真。这里说明真相，弘扬正气。

单香陵老师为弟子写拳谱，既是为了传承，也是师徒之间感情的体现。他曾为弟子马有清和我写过拳谱。

单香陵老师教过的人很多，但只给少数弟子写过信，为弟子写拳谱等武术资料的情况更是少之又少。其原因可能有如下3点：一是老师年龄大，没有精力去做这些；二是后学者跟随老师的时间短、交流少，老师还没来得及做这些；三是师徒间的感情没到那个份儿上。

有人没有先生的手迹拳谱，却以假乱真，冒用"单香陵手迹拳谱"之名在出版物上宣传。此非疏忽大意，而是有意为之，欲借单香陵老师之名，彰显其得到了六合螳螂拳真传，以表明其作品之权威性。

这个冒名的"单香陵手迹拳谱"，是用硬笔书写的，而且出现了一些错漏。单香陵老师的拳谱、书信都是用毛笔书写的，他的字是魏碑体，与此冒名拳谱的书写不同。

第六节　弘扬国术刻不容缓

一位国外拳击教练给我讲："当初打拳击不带拳套，规则也不完善。有一位拳王称霸拳坛数年，其绝技是用拳头击打对手颈部，凡与之交手者不死即伤。许多拳手闻名丧胆，宁愿弃权也不与他较量。拳击比赛规则因而做了改变：戴拳套，不准击打颈部等。这位老拳王带着拳套打了最后一场，获得冠军。退役时，他说了一句话：'我不是最厉害的，我的技术也不是最好的，最好的打人技术是用手指'。"

这吻合了我多年的见解：用手指比用拳头快，且灵活多变。螳螂拳是以手法见长的拳术，其手法凌厉，击打要害，是真正的搏杀术。

单香陵将得于吕孟超、丁子成的"通背猿黏拳""六合枪棍术""六合螳螂拳"等武术绝技集于一身，并取诸家之长，兼收并蓄，融入他钟爱的六合螳螂拳之中，从而创立了包容多门绝技的单氏六合螳螂拳,为我国武术宝库增添了新的内容,为武术发展注入了生机与活力。

作为单香陵的弟子,我们深知其武功和绝技来之不易,凝聚着他的智慧与汗水。他一生都在孜孜不倦地探索,期望武术能薪火相传。

单香陵75岁那年,还身体力行,拿着大棍和我们对练。没练过此功的人可能有所不知,即使身体强壮、臂力过人的人,用大棍对磕数下,一般都会两手发麻。仅从这一点,便可知道单香陵深厚的功底和超人的毅力。然而,现代的年轻人,很少有人去练这些技法,更少有人能下大功夫去练。枪棍基本功中的扎枪训练与划杆训练也很吃功夫。扎枪时,要扎点精准,势如穿梭;划杆时,切入点要精准,划弧巧妙,手、眼、身、步相合。可现在练枪的人,哪有端着枪一扎就是10分钟、20分钟的?更别说几十年如一日地练习了。

得真传,靠缘分;下功夫,靠自己。当年单香陵所练之拳术,已达随心所欲之境地;所练之枪棍,也达神出鬼没之境地。遗憾的是,到了20世纪七八十年代,这样的老练家子已经不多了。

当今改革开放,国内外的交流多了,各种徒手的擂台赛相继出现,锻炼了选手,提高了水平。走上擂台的,大多是专业选手。他们根据搏击比赛规则,有针对性地进行训练,大大提高了速度,增强了力量、耐力,增加了比赛经验。

现代的技击技术进步之快是空前的。前天没有的技术,昨天有了;昨天使用的技术,今天就已被淘汰了;今天的技术,可能明天还会被淘汰。后浪推前浪,永无止境。

传统武术的传承,面临着严峻的挑战。武林人士长期受保守思想的影响,传授他人都留一手。久而久之,很多武术精华失传。传统武术声誉一落千丈。因此,便出现了"传统武术的真东西已失传""传统武术不能打""到深山老林里,也找不到能打的传武高人"等说法。

然而,也有人相信传统武术的优良内容仍具有勃勃生命力。当今,包括综合格斗优秀选手刘文擘、王赛、张伟丽等在内的诸多人,在寻找传统武术高人或已在学习传统武术。

我们深知,像单香陵这样身怀绝技之人凤毛麟角。我们为能成为他的弟子感到幸运和自豪!老师含辛茹苦、殚精竭虑地把平生所学、所创之技传授给我们。我们也深知身上的担子有多重。传承发扬,任重道远。

传统武术是实战中的经验积累的成果。尽管有些技击技法已不适应现代比赛,有些技法也被比赛规则所限制,但传统武术仍是搏击中克敌制胜的法宝。特别是在传统兵器的使用方面,现代人远远比不了古代人。在冷兵器时代,使用兵器为的是杀敌保命,搏杀术是古人用鲜血和生命换来的。传统武术不仅在强身健体方面发挥重要作用,也为现代技击技术的提升提供启迪。历史悠久、博大精深的中华武术,仍有其宝贵的价值。

传承武学与绝技,并发扬光大,是我们义不容辞的责任。不论遇到什么困难,我们都将义无反顾,奋力向前。

时 光 掠 影

1. 20 世纪 70 年代末,黄县政协常委集体合影,前排右二为单香陵

赵国忠收藏照片

2. 单香陵与山之南等老友相聚在范恕之家中

赵国忠收藏照片

3. 单香陵故居

赵国忠拍摄照片

4. 单香陵之子单毅基全家福

赵国忠收藏照片

5. 2008年，我陪同来自委内瑞拉的傅松南师兄参观龙口丁氏故宅

6. 2012 年,我拜访丁子成外孙曹思寿夫妇

赵国忠拜访丁子成外孙曹思寿夫妇(2012)

7. 2012 年,六合螳螂拳研讨会现场

8. 2010 年,我到莫斯科传授螳螂拳技击术

9. 2012 年，俄罗斯武术联合会专家委员会主席尼古拉先生参加我的讲习会并与学员合影

10. 2012 年，我到圣彼得堡传授六合螳螂拳

11. 圣彼得堡体育馆门前对我来讲学的宣传

12. 2012 年，我到瑞士传授搏击术

13. 2016 年，我到韩国仁川参加中韩武术文化交流活动

14. 外国学员到烟台参加武术节

15. 2013 年,在莱州中华武校召开烟台螳螂拳工作会议

16. 2011 年,参加山东省首届全民健身运动会传统武术比赛的烟台代表队成员合影

17. 2021 年,奥运冠军张常鸿拜访单氏六合螳螂拳传人

18. 马有清转交给单香陵的"陈云涛早年在家乡所学之拳笔记"

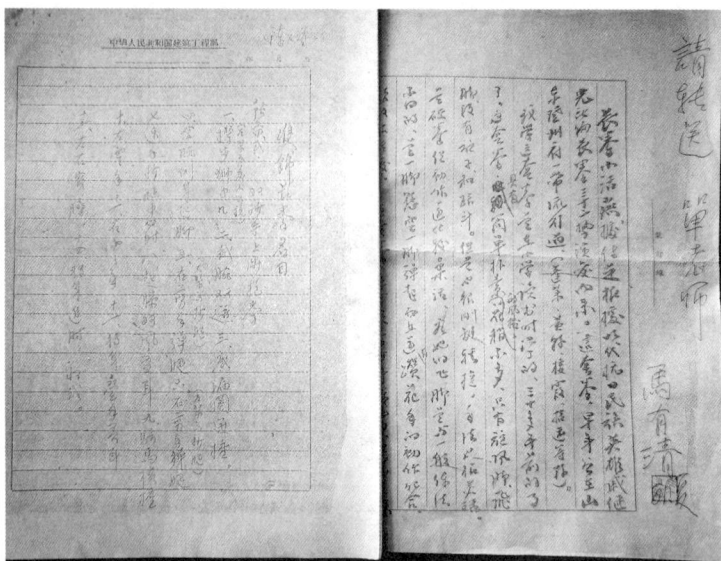

19. 马有清送给单香陵和我的照片背面标注

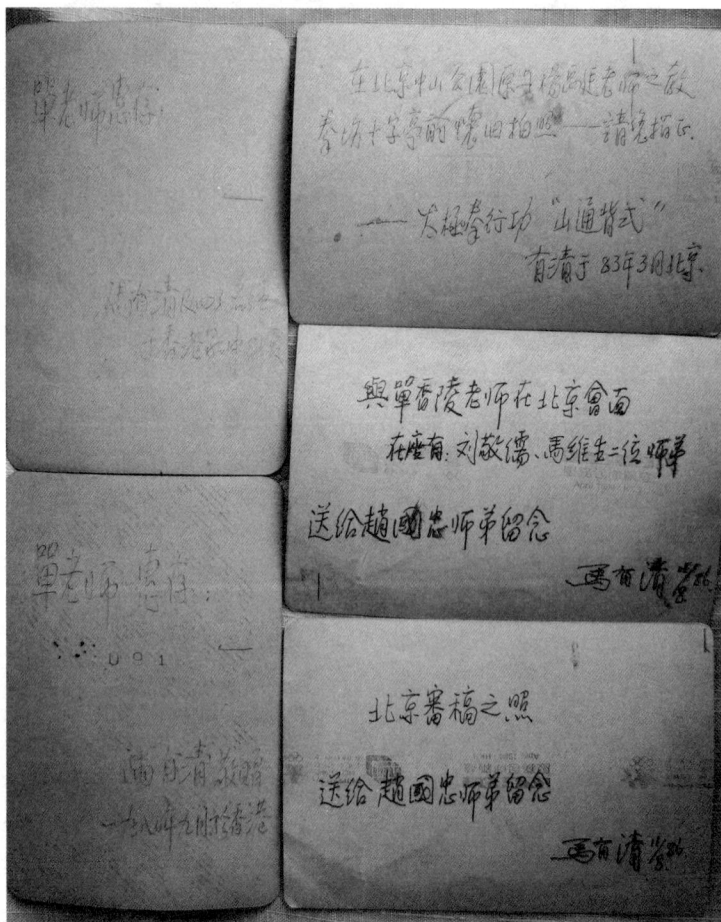

20. 作者拳式：单氏六合螳螂拳"垂钩钓鱼"（2014 年摄于北京戒台寺）

21. 20 世纪 70 年代，单香陵与作者的师徒留影

单香陵　赵国忠

22. 单香陵 1933 年留影

赵国忠收藏照片

23. 20 世纪 30 年代，单香陵与梅兰芳夫妇等人合影

徐兰沅　单香陵　傅芝芳　梅兰芳

赵国忠收藏照片

24. 单香陵夫人冯焕玉及子女（1943 年摄于北平）

赵国忠收藏照片

25. 单香陵拳照（摄于 20 世纪 70 年代）

赵国忠收藏照片

26. 单香陵的大棍,晚年传予了冯读俭和作者

27. 单香陵的拳谱，晚年传予了作者

28. 著名书法家山之南先生为单香陵先生写的书法作品

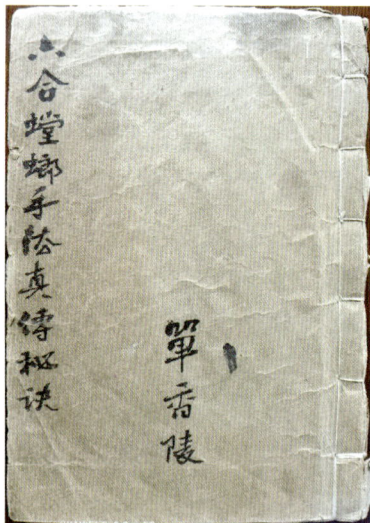

赵国忠收藏作品

29. 1991年"烟台首届螳螂拳研讨会"部分与会者合影

30. 1992年，中国武术研究院夏柏华教授领衔拍摄《武术世界》纪录片，摄制组人员与螳螂拳三大门派传人于天程、赵国忠、曲滋君合影

31. 2012 年，作者到瑞士传授搏击术

32.《龙口市志·人物录》记载了作者

33. 单香陵之子单毅基的证明

34. 1984 年，单香陵去世。吊唁仪式上，单香陵的家人及弟子们一致推举作者为本门派掌门人，并于 2008 年形成书面资料上报有关部门